世界武器鉴赏系列

空战武器

鉴赏

（珍藏版）

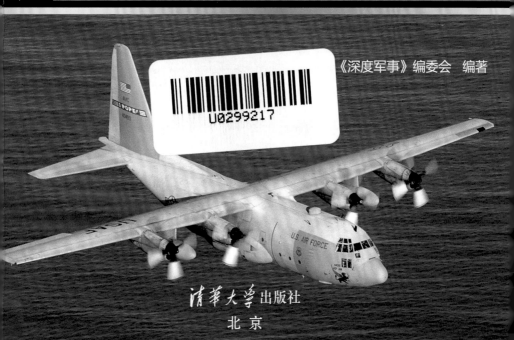

《深度军事》编委会 编著

清华大学出版社
北京

内 容 简 介

本书共分为8章，精心选取了二战以来的三百余种经典空战武器。第1章简明扼要地介绍了空战武器的发展历史、前沿技术、未来趋势等知识，第2～8章则分别介绍了不同类型的空战武器中的重要型号，涵盖战斗机、截击机、攻击机、战斗轰炸机、轰炸机、直升机、无人机、太空武器、空军导弹和炸弹等。

本书内容翔实，结构严谨，分析讲解透彻，图片精美丰富，适合广大军事爱好者阅读和收藏，也可以作为青少年的科普读物。

图书在版编目(CIP)数据

空战武器鉴赏：珍藏版 / 《深度军事》编委会编著. —北京：清华大学出版社，2022.6（2024.8重印）
(世界武器鉴赏系列)
ISBN 978-7-302-60764-9

Ⅰ.①空… Ⅱ.①深… Ⅲ.①空军—武器—鉴赏—世界 Ⅳ.①E926

中国版本图书馆CIP数据核字(2022)第078724号

责任编辑：李玉萍
封面设计：王晓武
责任校对：张彦彬
责任印制：刘 菲
出版发行：清华大学出版社
　　　　网　　　址：https://www.tup.com.cn, https://www.wqxuetang.com
　　　　地　　　址：北京清华大学学研大厦A座　　邮　　编：100084
　　　　社 总 机：010-83470000　　　　　　　　邮　　购：010-62786544
　　　　投稿与读者服务：010-62776969, c-service@tup.tsinghua.edu.cn
　　　　质量反馈：010-62772015, zhiliang@tup.tsinghua.edu.cn
印 装 者：涿州汇美亿浓印刷有限公司
经　　　销：全国新华书店
开　　　本：146mm×210mm　　印　　张：13.125　字　　数：420千字
版　　　次：2022年7月第1版　　印　　次：2024年8月第3次印刷
定　　　价：79.80元

产品编号：094071-01

丛书序

FOREWORD

　　国无防不立，民无防不安。一个国家、一个民族，最重要的两件大事就是发展和安全。国防是人类社会发展与安全需要的产物，是关系到国家和民族生死存亡的根本大计。军事图书作为学习军事知识、了解世界各国军事实力的绝佳途径，对增强国民的国防观念，加强青少年的军事素养有着重要意义。

　　与其他军事强国相比，我国的军事图书在写作和制作水平上还存在许多不足。以全球权威军事刊物《简氏防务周刊》（英国）为例，其信息分析在西方媒体和政府中一直被视为权威，其数据库广泛被各国政府和情报机构购买。由于种种原因，我国的军事图书在专业性、全面性和影响力等方面都存在明显不足。

　　为了给军事爱好者提供一套全面而专业的武器参考资料和为广大青少年提供一套有趣、易懂的军事入门级读物，我们精心推出了"世界武器鉴赏系列"图书，内容涵盖了现代飞机、现代战机、早期战机、现代舰船、单兵武器、特战装备、世界名枪、世界手枪、美国海军武器、二战尖端武器、坦克与装甲车等。

　　本系列图书由国内资深军事研究团队编写，力求内容的全面性、专业性和趣味性。我们在吸收国外同类图书优点的同时，还运用了一些独特的表现手法，努力做到化繁为简、图文并茂，以符合国内读者的阅读习惯。

本系列图书内容丰富、结构合理，带领读者在熟悉武器历史的同时，还能帮助读者了解各种武器的作战性能。在武器的相关参数上，我们参考了武器制造商官方网站的公开数据，以及国外的权威军事文档，做到有理有据。每册书都有大量的精美图片，配合别出心裁的排版，具备较高的欣赏价值和收藏价值。

前言

PREFACE

在现代化三军中，空军是发展最晚的一支，以军用飞机为主的空战武器也出现较晚，但空军和空战武器的发展速度却非常快。20世纪初，现代空军才开始萌芽。到了二战时期，空军开始成为战争中的重要力量，这场战争以航空兵空袭开始，并以航空兵核空袭而结束，标志着空中力量开始脱离陆军和海军的附属地位，并在一定程度上左右了战役乃至整个战争的进程和结局。

二战结束后，空军继续保持高速发展，并在一些局部战争中发挥了重大作用。据统计，在二战结束后190多场局部战争和武装冲突中，有空军参战的占90%。空军的大量投入、首先使用甚至是单独使用，对局部战争的进程和结局产生了显著的影响。如果说二战期间，空军的作用还主要表现在保证和配合陆海军作战行动上，而在二战结束后，特别是在20世纪80年代发生的局部战争中，空军则独立承担了许多对战争胜负有决定影响的战略、战役任务。

空军力量在不断壮大的同时，各类空战武器也经历着翻天覆地的变化。本书对二战以来的近300种经典空战武器进行了全面介绍，涵盖战斗机、截击机、攻击机、战斗轰炸机、轰炸机、直升机、无人机、太空武器、空军导弹和炸弹等多个类别。每种武器均对研制时间、制造厂商、整体结构、作战性能等知识进行了详细讲解。

本书紧扣军事专业知识，带领读者不仅熟悉武器构造，而且还可以了解武器的作战性能，特别适合作为广大军事爱好者的参考资料和青少年朋友的入门读物。全书共分为8章，涉及内容全面合理，并配有丰富而精美的图片。

本书是真正面向军事爱好者的基础图书。全书由资深军事团队编写，力求内容的全面性、趣味性和观赏性。全书内容丰富、结构合理，关于武器的相关参数还参考了武器制造商官方网站的公开数据，以及国外的权威军事文档。

本书由《深度军事》编委会创作，参与本书编写的人员有阳晓瑜、陈利华、高丽秋、龚川、何海涛、贺强、胡姝婷、黄启华、黎安芝、黎琪、黎绍文、卢刚、罗于华、黄成等。对于广大资深军事爱好者，以及有意掌握国防军事知识的青少年，本书不失为最有价值的科普读物。希望读者朋友们能够通过阅读本书，循序渐进地提高自己的军事素养。

本书赠送的资料均以二维码形式提供，读者可以使用手机扫描下面的二维码下载并观看。

目 录
CONTENTS

第 7 章　太空武器 303

第 8 章　导弹和炸弹 339

第 1 章
空军和空战武器

　　空军是以航空兵为主体，进行空中作战、空对地作战和地对空作战的军种，通常可分为航空兵、地面防空兵、雷达兵和空降兵等兵种。空军具有远程作战、高速机动和猛烈突击的能力，既能协同陆军、海军作战，又能独立作战。

现代空军发展简史

　　与历史悠久的陆军和海军相比，空军是一支非常年轻的军种，距今不过百余年的历史。这一军种的出现，与飞机的问世是密不可分的。

　　1903年12月17日，美国莱特兄弟制造出了世界上第一架真正意义上的飞机，开启了一个崭新的时代。1909年，意大利陆军军官朱里奥·杜黑预见性地提出，天空将成为重要性不弱于陆地和海洋的另一个战场，制空权将变得和制海权同等重要。航空兵的重要性将日益提高，它将独立于陆军与海军之外，成为第三支武装力量。

莱特兄弟为美国陆军制造的军用飞机

　　1911年9月，意大利为争夺殖民地与土耳其开战。意大利在陆军中组建了第一支航空部队，拥有20余架军用飞机，隶属于陆军指挥。同年10月23日，航空队队长皮亚扎上尉首次驾机侦察土耳其阵地，揭开了世界战争史上飞机参战的序幕。11月初，加沃蒂少尉驾驶一架军用飞机携带4枚2千克炸弹投到土军的阵地上，开创了空中轰炸的先河。

　　1912年，意大利又派遣35架飞机组成第二航空队参战，并开创了夜间空中侦察及夜间轰炸的纪录。1912年6月27日，鉴于飞机在战争中的表现，意大利决定组建一个航空营，科德罗中校任第一任航空营营长。随后数月里，杜黑撰写了一份报告，详细论述了空军的组织结构、飞机和人员的数量等，成为意大利空军建设的基本框架。1912 年年底，杜黑被任命为航空营营长，他一边参加飞行训练，一边潜心研究制空权理论。

　　第一次世界大战（简称"一战"）中，法国飞行员于 1914 年 10 月 5 日用机枪击落一架德国侦察机，揭开了空战的序幕。到 1914 年年末，人们已清楚地认识到空中优势给地面作战带来的影响，制空权理论开始萌芽。1918 年，英国成立了世界上第一支独立的空军，而其他国家也陆续建立了独立的空军或性质相同的陆军航空队。在此期间，飞机从最初的侦察用途，演进出以飞机投掷炸弹攻击地面敌军的轰炸任务，为了阻止敌方飞机，飞机上也装设了能攻击敌机的机枪等武器。

1917 年开始服役的英国布里斯托尔 F2B 战斗机

　　1921 年，意大利陆军部决定出版杜黑的首部著作《制空权》。杜黑在该书中系统地阐述了建设空军和使用空军的思想，创立了制空权理论。这对两次世界大战之间各国的空军建设，尤其对轰炸机的发展产生了重要的影响。杜黑也因此被称为"战略空军之父"，其空军理论至今影响着现代战争。

　　到了第二次世界大战（简称"二战"），飞机开始成为战争的主角。由于在一战后期飞机的战略作用被各个国家所认识，到二战开始时，军用飞机得到了很好的发展，各种不同作战用途的战机纷纷应运而生。与此同时，各国空军的建设也已颇具成效。不过，在空军诞生后相当长的时期里，其主要任务都是支援陆军、海军作战。

美国陆军航空部队在二战期间使用的 P-51 战斗机

二战结束后，随着装备技术水平、战争形态和作战样式的演进，现代空军不仅能与其他军种实施联合作战，还能独立执行战役、战略任务，对战争的进程和结局产生了重大影响，在现代战争中具有重要的地位和作用。

美国空军 F-15 战斗机和 F-16 战斗机在科威特作战

美国空军目前最先进的 F-22 战斗机（上二）和 F-35 战斗机（下二）编队飞行

瑞典空军装备的 JAS 39 "鹰狮" 战斗机

世界著名空军部队

美国空军

美国空军军旗

　　美国空军 (United States Air Force，USAF) 是美国军队的中坚力量，其任务是"通过空中、外太空和赛博空间中的武力保护美国及其利益"。美国空军的前身为美国陆军航空部队，1947 年 9 月 18 日，美国《国家安全法案》要求组建与美国陆军和美国海军地位平等的独立的美国空军，美国陆军航空部队就此归入美国空军序列。

　　美国空军的最高行政领导机构是空军部 (Department of the Air Force，DAF)，最高军事指挥机构是空军参谋部 (Air Staff)。截至 2015 年年底，美国空军现役军官约有 6.24 万人，士兵约有 25 万人，另有空军学院学员约 3900 人。此外，还有民间雇员 17.86 万人、空中国民警卫队 10.5 万人、空军后备部队 10.73 万人。

美国空军国籍标志

俄罗斯空军

俄罗斯空军军旗

俄罗斯空军是苏联空军的最大继承者。1991 年 11 月，随着苏联解体，15 个独立的国家瓜分了苏联的战机与机组人员。1991 年 8 月 24 日，苏联空军总司令彼得·杰伊涅金上将成为俄罗斯首任空军总司令。俄罗斯继承了苏联大多数的现代战机和 65% 的人员。一些在哈萨克斯坦、白俄罗斯和乌克兰境内的飞机，在日后被俄罗斯通过债务抵偿的方式换回，少部分被拆解。

俄罗斯空军现编为 7 个战役司令部，构成"战役司令部 – 空军基地（旅）– 大队（团）"三级指挥结构。第一空防司令部归西方军区指挥，第二空防司令部归中央军区指挥，第三空防司令部归东方军区指挥，第四空防司令部归南方军区指挥。此外，还有空天防御战役战略司令部、军事运输航空兵司令部、远程航空兵司令部。

俄罗斯空军国籍标志

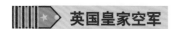

英国空军军旗

英国皇家空军 (Royal Air Force，RAF) 为英国军队的航空作战部门，组建于 1918 年 4 月 1 日，并成为世界上第一支被编成独立军种的空军。一战结束后，英国皇家空军成为当时世界上最庞大的空军。

自创立之后，英国皇家空军在英国军事史，尤其是在二战中的不列颠战役里扮演了重要角色。二战结束后，英国皇家空军先后参加了第二次中东战争、马岛战争、"沙漠风暴"行动、波黑战争、"沙漠之狐"行动、北约空袭南联盟、阿富汗战争和伊拉克战争等局部战争或军事行动。

英国空军国籍标志

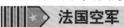

法国空军标志

　　法国空军是法国武装部队的空中作战部队。它于 1909 年成立，初名"航空勤务队"，当时是隶属于法国陆军，于 1933 年成为一个独立的军事部门。

　　截至 2015 年年底，法国空军拥有兵力约 6 万人，设有 1 个防空司令部 (下辖"斯特里达" II 防空系统、6 个雷达站、1 个预警机中队、11 个地空导弹连、若干个高炮连)、1 个空中作战司令部 (下辖 6 个攻击战斗机中队、7 个战斗机中队、2 个侦察机中队、3 个教练机中队、1 个电子战中队)、1 个空中机动支援司令部 (下辖 14 个运输机中队、1 个电子战中队、5 个直升机中队、1 个教练机中队)、1 个空中训练司令部。

法国空军国籍标志

空战武器前沿技术

头盔显示系统

　　在航空领域，头盔显示器与头盔跟踪系统、记忆卡构成了头盔显示系统。头盔显示系统包括两大类：第一类是头盔瞄准具，如米格 –29 等战机配备的头盔目标指示系统，能向飞行员提供简单的武器瞄准标记；第二类是头盔显示器，如美军 F–16 战机配备的联合头盔指示系统，不仅能显示武器瞄准标记，还可以显示主飞行信息及累加合成图像。

　　配备头盔显示系统的战机具备四大优势：一是对付同一威胁，杀伤 / 损失率从 1.8：1 提高到 3.8：1；二是同等时间内发射导弹数量增加 1 倍；三是飞行员往往能先敌开火；四是支持飞行员并行完成多种任务。经过多年发展，头盔显示系统支持通信联络、态势感知、武器瞄准等多种作战需要，已成为现代战机的"力量倍增器"。

美国 F-22"猛禽"战斗机配备的"蝎子"头盔显示系统

有源相控阵雷达

有源相控阵雷达是相控阵雷达的一种。二战期间由于军事上的迫切需要，雷达得以广泛应用及发展，并随着技术革新日臻完善。相控阵雷达作为一种多功能设备，天线阵列由多组天线单元组合而成，采用有源相控阵雷达天线的雷达被称为有源相控阵雷达。和无源相控阵雷达相比，有源相控阵雷达优势明显，因此被作为现代相控阵雷达一个重要研究方向。

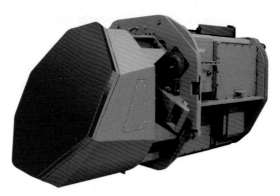

美国 AN/APG-77 有源相控阵雷达

有源相控阵雷达的每个辐射器都配装有 1 个发射 / 接收组件，每个组件都能自己产生、接收电磁波，因此，在频宽、信号处理和冗余度设计上都比无源相控阵雷达具有更大优势。正因为如此，也使得有源相控阵雷达的造价昂贵，工程化难度加大。但有源相控阵雷达在功能上有独特优点，大有取代无源相控阵雷达的趋势。目前，美国空军除了 F-22 和 F-35 等新一代战机都毫无例外地装备有源相控阵雷达外，还计划对现役的旧军用飞机进行有源相控阵雷达改进。

多普勒导航雷达

多普勒导航雷达是利用多普勒效应测定多普勒频移，从而计算出飞机当时的速度和位置来进行导航的。飞机因侧风而偏航时，多普勒雷达还用于测量偏流角的数值并对航向进行修正。

多普勒导航系统的优点是：无须地面设备配合工作；不受地区和气候条件的限制；飞机速度和偏流角的测量精度高。这种系统也存在缺点：飞机姿态超过限度时，多普勒雷达因接收不到回波而不能工作；定位误差随时间推移而增加；多普勒雷达的工作与反射面状况有关。

装有多普勒导航雷达的美国 F-15 战斗机

◆ 可变后掠翼

可变后掠翼是指机翼后掠角在飞行中可以改变的机翼。在飞机的设计过程中，有一个不易克服的矛盾：要想提高飞行马赫数，必须选择大后掠角、小展弦比的机翼，以降低飞机的激波阻力，但这类机翼在亚音速状态时升力较小，诱导阻力较大，效率不高。从空气动力学的角度来讲，要同时满足飞机对超音速飞行、亚音速巡航和短距起降的要求，最好采用可变后掠，用不同的后掠角去适应不同的飞行状态。

可变后掠翼的研究始于20世纪40年代，但直到60年代才设计出了实用的可变后掠翼飞机。一般的可变后掠翼的内翼段是固定的，外翼同内翼用铰链轴连接，通过液压助力器操纵外翼前后转动，以改变外翼段的后掠角和整个机翼的展弦比。可变后掠翼的缺点是结构和操纵系统复杂，重量较大，不太适合轻型飞机使用。

采用可变后掠翼的米格-23战斗机

隐形材料技术

所谓隐形，是指控制目标的可观测性或控制目标特征信号的技巧和技术的结合。目标特征信号是描述某种武器系统易被探测的一组特征，包括电磁（主要是雷达）、红外、可见光、声、烟雾和尾迹等特征信号。据统计，空战中飞机损失 80% ~ 90% 的原因是飞机被敌方观测到。降低平台特征信号，就降低了被探测、识别、跟踪的概率，因而可以提高其生存能力。在各种隐身技术中，隐形材料技术是至关重要的一种。

军事探测和制导技术的发展促进了隐形材料的发展，从最早的可见光隐形材料到后来的激光隐形材料，隐形材料的研究和发展一直没有间断过。目前，各国正在研制的新型隐形材料有以下四类。

较早将隐形理念付诸实践的美国 F-117 攻击机

（1）多频段吸波材料。当前多模复合制导技术的不断发展以及探测手段的日益多样性，战场武器装备可能同时面临雷达、红外、激光以及可见光等探测手段的威胁，因此多波段复合隐形材料的发展很早就受到了专家以及相关研究者的关注和重视。如何使涂层在几个波段彼此兼容，是今后主要研究方向之一。

（2）纳米涂层材料。近年来，纳米吸波涂料成为隐形涂料新的亮点。它是一种极具发展前景的涂料，一般由无机纳米材料与有机高分子材料复合，通过精细控制无机纳米粒子均匀分散在高聚物基体中，以制备性能更加优异的新型涂料。其机械性能好，面密度低，是高效的宽频带吸波涂料，可以覆盖电磁波、微波和红外线。它能增强其腐蚀防护能力，耐候性好，涂装性能优异。基于以上优点，各国竞相在此领域投入人力、物力开发研制。

（3）手性吸波材料。手性是指一种物质与其镜像不存在几何对称性，且不能通过任何操作使其与镜像重合。手性吸波涂料是近年来开发的新型吸波材料。与一般吸波涂料相比，它具有吸波频率高、吸收频带宽的优点，并可以通过调节旋波参量来改善吸波特性，在提高吸波性能，扩展吸波带方面具有很大潜能。

（4）导电高聚物材料。这种材料是近几年才发展起来的，由于其结构多样化、高度低和独特的物理、化学特性，引起科学界的广泛重视。将导电高聚物与无机磁损耗物质或超微粒子复合，可望发展成为一种新型的轻质宽频带微波吸收材料。

无论哪种隐形材料，今后的发展趋势都向着质轻、带宽、高效、耐久的方向发展。而且，随着多模技术的发展，传统具有单一隐形功能的材料已经无法同时躲避多种探测手段的围攻，因此，多波段兼容的隐形材料是未来的发展趋势。

▐▐▐▐◆ 载人航天技术

载人航天是人类驾驶和乘坐载人航天器在太空中从事各种探测、研究、试验、生产和军事应用的往返飞行活动。其目的在于突破地球大气的屏障和克服地球引力，把人类的活动范围从陆地、海洋和大气层扩展到太空，更广泛和更深入地认识整个宇宙，并充分利用太空和载人航天器的特殊环境进行各种研究和试验活动，开发太空极其丰富的资源。

载人航天是集国家政治、军事、科技实力于一体的高难度系统工程。要真正把人送入太空乃至使人长时期在太空生活，必须要突破三大技术难题。

（1）研制出推力足够大、可靠性极好的运载工具。苏联发射"东方"号、"上升"号、"联盟"号等载人飞船的运载火箭都是运载能力5吨以上，而且在发射中极少发生事故的优秀运载工具。为了确保其发射时万无一失，运载火箭及飞船的关键部件必须是双备份或三备份，火箭、飞船在上天前，必须经过一系列极严格的地面测试和模拟飞行，直到没有一丝隐患才能放行上天。由于对其可靠性的重视，与航海、航空及陆上各种交通运输工具比较，航天器的活动有着最好的安全记录。

（2）获得空间环境对人体影响的足够信息，了解人体所能承受的极限条件并找到防护措施。空间环境与陆地环境有着天壤之别。太空中高度真空，没有氧气也没有水，如果没有任何保护，人体暴露在这样的环境里，用不了一分钟，就会由于身体内外的巨大压差而爆炸，体液会迅速沸腾汽化。

太空中温差极大，由于没有空气，航天器朝阳面温度可达100℃以上，而背阴面则会在 –100℃以下，在远离地球的深空中，温度则可达到人体根本无法耐受的 –273℃。太空中还充满了有害的宇宙辐射。

另外，太空失重环境，特别是飞船上升、返回阶段的加速度和减速度会使人体发生平衡功能紊乱、体内组织位移、肌肉萎缩、骨质脱钙等病变。要在这种环境里保证人的生存，就必须研制出密封的防辐射飞船，飞船中要配备能供人正常生活的空气、水、温度等基本生命保障条件。同时还要为航天员装备上航天服，一旦航天员要走出飞船座舱到太空中工作，所有的生命保障系统便全由航天服提供。在载人航天实践中，苏联研制出了"东方"号、"上升"号、"联盟"号三代载人飞船，美国也成功使用了"水星"号、"双子星座"号和"阿波罗"号三代载人飞船以及航天飞机。

美国"挑战者"号航天飞机发射瞬间

（3）可靠的救生技术及安全返回技术。载人航天与不载人航天最大的区别就在于救生技术的应用和安全返回的绝对可靠。载人航天的救生装置有弹射座椅、逃逸塔、分离座舱和载人机动装置等。它们在飞行的不同高度发挥各自的作用。一般来说，飞行高度在10千米左右时，航天员既可以采用弹射座椅的方式弹出发生危险的航天器，跳伞救生，也可以启动逃逸塔，让逃逸塔拉着飞船甩掉出毛病的火箭另行降落救生。如果火箭高空发生问题，航天员跳伞不行了，逃逸塔已按飞行程序抛掉了，则只有采取分离飞船座舱的办法，让飞船座舱自己返回救生。飞船入轨后，一旦自身遭到损坏或航天员生病，需要营救时，那么只有暂时采用船上救生装置，等待地面发射飞船救生的办法。

飞船的安全返回也不容易，它需要启动反推火箭减速、调姿、进入返回轨道等技术，还要闯过三道难关：一是过载关，飞船高速进入稠密大气层时会产生巨大的冲击过载，就像飞机撞山一般；二是火焰关，飞船返回与空气的剧烈摩擦会产生几千摄氏度的高温，没有防护，钢铁也会化为灰烬；三是撞击关，飞船降落尽管有降落伞，但它的降落速度仍达 14 米／秒，必须采取缓冲措施。

此外，落点的精度也是一大难题，苏联的一艘飞船返回时出现落点偏差，结果营救人员找不到航天员，被困在冰天雪地里的航天员差点被冻死。

英国航天员海伦·沙曼返回地球

一箭多星技术

一箭多星，即用一枚运载火箭同时或先后将数颗卫星送入地球轨道的技术。一箭多星是一种优越的发射方式，如果在近似同一地球轨道上，需要两颗以上卫星，彼此相隔一定距离，互相配合地进行一种探测，那么一箭多星就是最好的发射方式。

一箭多星的发射成功，标志着运载火箭能力的提高，标志着分导核弹头、发射技术和火箭与卫星分离技术上的新突破。一箭多星技术可以充分利用运载火箭的运载能力余量，经济便捷地将多颗卫星送入地球轨道，尤其是对微小卫星的发展而言更加重要。

最早实现一箭多星的国家是美国。1960 年，美国首次用一枚火箭发射了两颗卫星，1961 年又实现了一箭三星。接着，苏联多次用一枚火箭发射多颗卫星。除了美国和俄罗斯外，掌握了一箭多星技术的还有欧洲航天局、印度、日本等。

在国际上，一箭多星的发射常用两种方式。第一种是把几颗卫星一次送入一个相同的轨道或几乎相同的轨道上；第二种是分次分批释放卫星，使几颗卫星分别进入不同的轨道。就是说，运载火箭达到某一预定轨道速度时，先释放第一颗卫星，使卫星进入第一种轨道运行，然后火箭继续飞行，达到另一种预定的轨道速度时，又释放第二颗卫星，依此类推，逐个把卫星送入各自的预定运行轨道。

为了实现一箭多星，需要解决许多技术难题。首先是要提高火箭的运载能力，以便把质量更大的数颗卫星送入轨道。其次是需要掌握稳定可靠的"星－箭分离"技术，做到万无一失。最后运载火箭在飞行过程中，卫星按预定设计的程序从卫星舱里分离出来，不能相互碰撞，还需选择最佳的飞行路线和确定最佳的分离时刻，使多颗卫星在各自的轨道上运行。

另外，还必须考虑火箭运载卫星以后，火箭结构角度和重心分布发生变化，会使火箭在飞行中姿态难以稳定；多颗卫星和火箭在飞行中，所载的电子设备可能会发生无线电干扰等特殊问题。从技术上说，一枚运载火箭发射多颗不同轨道的卫星是比较复杂的，不容易被掌握。

印度空间研究组织进行一箭多星发射

太空加油技术

美国国家航空航天局（NASA）正在研究如何为在轨运行的卫星提供燃料加注服务，未来或将研制出燃料补给卫星，对其他卫星进行在轨燃料补给，以延长其服役寿命。

卫星的服役寿命取决于多种因素，一般情况下，科研人员在研制卫星时，卫星的设计寿命往往取决于它能够携带多少燃料。虽然卫星上都安装着太阳能帆板电池，但由于卫星要长期在轨运行，还是需要消耗燃料来进行轨道维持、误差修正、调整姿态以及应急变轨等动作的。

当前，随着技术的不断成熟，卫星本身元器件的可靠性、性能已经达到一个相当的高度，而燃料却成为影响卫星服役寿命的重要瓶颈。如果燃料耗尽，卫星就无法继续在轨运行。轨道高度的降低将使得卫星逐渐坠入大气层烧毁，而有些卫星本身性能、元器件都完好无损，仅仅是因为燃料耗尽而无法维持其轨道高度，地面控制中心也不得不将其放弃。因此，美国科研人员试图研究进行轨道燃料加注的相关技术，以便未来对燃料耗尽的卫星进行补给。

从技术层面上说，目前人类已经掌握的交会对接、空间机械臂等技术，能够支持NASA完成"太空加油"任务。但在风险控制方面还有待加强，尤其是加注过程中容易发生泄漏等危险，如何避免这些，还需要进一步探讨。

卫星上通常使用的氧化剂是四氧化二氮，它是一种非常危险的化学物质，有毒，也有腐蚀性，需要经过特殊的处理，在转移过程中需要非常小心，稍有不慎就会导致加注失败，甚至使卫星失效。为了解决这一问题，美国科研人员已经进行了地面卫星燃料的转移测试。通过机器人测试了如何安全地转移氧化剂，全过程模拟了卫星所处的轨道环境，其中包括压力和流量、转移过程中需要与操作员等保持一定的安全距离等。此外，美国科研人员还试图使用乙醇作为卫星燃料的替代产品。

值得一提的是，现今的卫星设计都是以一次性使用为前提的，补加燃料的可行性不大。今后的卫星如果需要进行在轨补加燃料，在设计之初就要安装一套较为复杂的加注系统，但这也会占用一定的卫星有效载荷。

虽然目前"太空加油"计划看上去困难重重，但其未来的应用价值不可低估。卫星在轨燃料加注需要先进的自动交会对接系统、机械臂等捕获装置，该技术未来甚至可以为行星防御、大型轨道结构的安装等进行服务。"太空加油"技术一旦被广泛采用，将会对后续卫星、飞船等航天器的设计理念有所突破，太空开发的成本也将有效降低，同时还能有效减少太空垃圾的数量。

美国"奋进"号航天飞机准备与国际空间站对接

人工智能空战系统

　　人工智能与基因工程和纳米科学并称为 21 世纪三大尖端技术。2016 年围棋大战中谷歌公司的 AlphaGo 击败李世石震惊了世界，掀起了人工智能技术研究的新一轮高潮。在军事领域，人工智能的军事应用更是受到各军事大国或强国的高度关注。

　　随着人工智能技术的发展，其开始被运用于空战领域。作为美军人工智能空战系统代表的 AlphaAI，在 2020 年空战模拟中同样完胜人类飞行员，引发巨大关注。2020 年 8 月，在美国军方举行的"阿尔法狗斗"模拟飞行对抗竞赛中，人工智能系统以 5 ∶ 0 的成绩击败了美国空军顶尖战斗机飞行员。

　　此次"阿尔法狗斗"对抗竞赛由美国国防部下属的高级研究计划局（DARPA）主导，竞赛的目的旨在展示先进的人工智能系统在空战中的能力。首场对抗赛于 2019 年 11 月 19 日至 21 日在马里兰州约翰霍普金斯大学应用物理实验室进行。几个月后，即 2020 年 1 月 28 日，又在应用物理实验室进行了第二次试验，展示了更加先进的算法性能，与应用物理实验室开发的能力更强的"红军"代理进行了对抗。为了更好地验证，试验从第一次试验的 F-15 战斗机更改为第二次试验的 F-16 战斗机。第三场对抗赛也就是最后的决赛，原计划于 2020 年 4 月举行，试验地点为内华达州拉斯维加斯的"空军工厂"美空军创新中心，但受新冠肺炎疫情影响延迟至 2020年 8 月。参与竞赛的飞行员是一名教员，呼号是"邦格"，但人工智能在五轮模拟空战中都将其击落。一场战斗的录像显示，这位经验丰富的人类战斗机飞行员避开了人工智能对手的第一轮攻击并试图迂回。但是，人工智能向人类飞行员连续开火三次，每一次都快速地击中他。

相关研究显示，和人类飞行员相比，人工智能在空战中协调战术计划的速度快 250 倍，并且能够在空战中快速采集敌方战机信息，研究其飞行作战特点。这是人工智能能够全胜的核心因素。这一竞赛也显示了，人工智能在未来空战中将扮演重要角色，与人类战斗机飞行员"联手"可大大提升战机的作战能力。

美国空军飞行员与人工智能空战系统展开模拟对抗

忠诚僚机

"忠诚僚机"是指能够与传统有人战机编组执行任务的无人机。与传统的作战无人机不同，"忠诚僚机"并不会由人进行精细的远程操作，而是会介入有人战机的数据链系统，并由长机飞行员为其下达命令，再由人工智能系统自行决定如何去执行长机的命令。

　　2016 年 3 月 30 日，美国国防部举行了"忠诚僚机"概念研讨会，确定美国空军计划将 F-16 改装为可自主飞行的无人机，并在未来战场上作为 F-35 战斗机的"僚机"与其协同使用。2020 年，澳大利亚、俄罗斯首次向外界公布了自身的"忠诚僚机"。此外，法国、英国也都展开了相关的研究。

　　目前，美国在"忠诚僚机"上已经占得先机，XQ-58"女武神"无人机已于 2019 年 3 月 5 日首飞成功，正接受各种测试。该机是一种隐形、远程、高亚音速无人机，由美国空军研究实验室（AFRL）与卡拉托斯无人机系统公司合作开发，主要被设计用来与 F-35 这类有人隐形战斗机协同作战，是"忠诚僚机"项目主要候选者之一。

　　2020 年 5 月，美国波音公司的澳大利亚分公司在澳大利亚悉尼向澳大利亚空军交付了该国首架喷气式无人机的原型机"忠诚僚机"，该机是由波音公司正在生产的 3 架原型机中的第一架。波音公司在一份声明中指出，这也是波音公司"五十多年来在澳大利亚设计和制造的首架飞机"。据波音公司网站介绍，"忠诚僚机"采用隐形设计，其利用人工智能独立飞行，或为有人驾驶的飞机提供支持，同时在飞行时保持与其他飞机之间的安全距离。波音公司表示，"忠诚僚机"不仅可以执行电子战、情报搜集、侦察和监视任务，而且还可以在这些任务之间快速切换。

　　目前，"忠诚僚机"的作战用途主要集中在以下四个方面：为有人战机提供前置传感器、为有人战机提供额外挂架、为大型目标进行护航和在紧急情况下作为"肉盾"为有人战机"挡刀"。具体来说，美国空军设想了这样一种作战场景：1 架 F-22 战斗机与 3 架"忠诚僚机"进行编组，其中一架"忠诚僚机"携带雷达模块前出进行搜索，而 F-22 战斗机则在后方保持雷达静默。这样一来，即使敌军使用了反向雷达定位也不能发现 F-22 战斗机的真实位置，只能找到一架"忠诚僚机"，而 F-22 战斗机仍旧握有战术上的主动权。

　　随着无人机技术的进步，更小、更快、更灵活的无人机投入使用后，数十架"忠诚僚机"形成的立体打击体系，如同蜂群一样的作战手段，会使现有空战规则发生深刻变化。

美国 XQ-58 "女武神"无人机

高速直升机

现代直升机尽管具有诸多优势，但飞行速度始终落后于固定翼飞机，最大速度只有 350 千米 / 时。其中，直升机旋翼是限制其速度提高的一大障碍，它赋予了直升机的垂直升力，而弱化了它的水平速度，从结构上限制了直升机速度的提升。在过去几十年间，直升机的飞行速度始终徘徊不前。近年来，由于军用和民用需求的推动，以新技术、新材料、新工艺为基础的直升机技术的发展和更新都在加速。而军事领域对直升机的速度日益严格的要求，则是高速直升机快速发展的直接推动力。目前，美国、欧洲和俄罗斯都已经加快了高速直升机的研究进度，高速直升机的时代即将来临。

直升机的提速将使直升机迎来新的革命，新一代高速直升机需在空气动力总体布局、旋翼结构、机体结构、新材料和新工艺的应用、动力装置配置、航电系统更新等方面进行大的改进。从目前来看，直升机提高飞行速度的方式主要有以下几种。

（1）附加推力式。设计思想是在保留现有直升机旋翼、机身、起落架等基本部件和系统的同时，通过去除尾桨及其传动装置，附加水平推力装置和操纵系统，通过增加直升机前飞时的水平拉力或推力来提高飞行速度，提升原有性能。附加推力式通常采用共轴双旋翼布局，旋翼系统为上下四桨叶反转型。旋翼之间刚性连接使间距大大缩短，因此避免了直升机柔性旋翼在高速飞行时桨叶挥舞过大而导致上下桨叶相碰撞。同时，这种旋翼形式能尽量利用前行桨叶提供升力，反转的刚性旋翼允许当速度增大时减小后行桨叶过载，从而消除旋翼后行桨叶的失速现象，提高了旋翼的升阻比，改善了直升机的高速性能。双尾翼能提供方向稳定与操纵，其区别传统直升机之处则是尾部增加了共轴式螺旋桨，为前后三片桨叶的反转型，专门提供水平推力，以此提高直升机的飞行速度。

（2）交叉组合式。设计思想是通过直升机与其他航空器技术的交叉与结合，达到优势互补，扬长避短，提高飞行速度，提升原有性能。例如，直升机与旋翼机交叉结合，直升机与飞艇交叉结合，等等。当前已经取得成功并投入使用的倾转旋翼机就是直升机与固定翼飞机交叉结合的结果。有关的设计具体涉及机翼、旋翼、动力舱、转动机构、操纵系统等部分，分别属于可倾转型、动力舱倾转型、倾角倾转型。可倾转型的机翼为主动倾转部件，发动机和旋翼伴其随动，其他部件保持不动。动力倾转型的动力舱为主动倾转部件，旋翼伴其随动，其他部件保持不动。倾角倾转型的机翼为主动倾转部件，通过改变迎角完成倾转，动力舱和旋翼伴其随动，其他部件保持不动。

（3）圆盘旋翼式。圆盘旋翼式的旋翼作为直升机的关键部件，首先具有机翼的功能，能产生向上的升力；其次还具有类似于飞机推进装置的功能，产生向前的力；最后还具有类似于飞机操纵面的功能，能够产生改变机体姿态的俯仰力矩或滚转力矩。圆盘旋翼式旋翼机的最大技术特色是垂直起降与水平推进的职能分工明确，前者交由圆盘旋翼完成，后者则由翼吊双发完成。其另外一个技术特色是旋翼收入圆盘内并锁定后，整机就变成了一架固定翼飞机，即以机体为主，圆盘翼在前上方，机翼在后方。由于不存在尾翼，也没有尾翼的干扰。作为运输机使用，人员、物资和装备与旋翼机接近性更好，车辆可以直接进出货舱，装卸作业非常方便，工作效率大大地提高。同时，其气动力优势更明显，能够在飞行中获得更大的升力。

美国西科斯基 X2 高速直升机

高超音速飞行器

从广义上讲，高超音速飞行器包括目前已出现的高超音速无人机、高超音速导弹、空天飞机，以及未来可能出现的高超音速轰炸机等新型武器。与现有航空器相比，高超音速飞行器具有以下优势。

（1）速度优势。高超音速巡航飞行器在未来实战中的应用，很可能改变现代战争的模式。包括弹道导弹和空天飞行器在内的飞行器，未来具备远程战略与战术打击能力后，能使部队在缺少前方存在的情况下，1～2小时内完成对敌目标的遏制与摧毁，将成为可替代核武器完成进攻与防御的重要一环。

美军多次进行的 X-51A 飞行器试验，基本上以轰炸机为发射载体。从战术角度考虑，轰炸机作为发射平台具备了长滞空时间的能力，在敌方攻击范围外长时间巡航待机，其优势在于能为高超音速飞行器的快速打击创造有利条件。

（2）高度优势。夺取制空权、保持空中优势一直是空战的首要目标，高度优势可看作主导空战的重要因素。高超音速飞行器在飞行高度上突破了现有战斗机的飞行范围，飞行高度在 30 千米以上，适合在大气层边缘的近地空间进行高超音速巡航。飞行器投放的炸弹或导弹具有极大的动能，即使是体积很小的炸弹也能造成巨大的杀伤力，对地面及海上目标的威胁很大。

美国 X-51A 飞行器飞行示意

（3）突防能力优势。随着反隐形技术的不断提高，战斗机突防时的战场生存力会逐渐被削弱，高空与超高速的结合能有效避免其隐形手段的不足，有效缩短敌方的发现距离，使其不能迅速做出拦截。

高超音速巡航飞行器能有效进行高空高速突防和退出，对敌方直接打击或作为远距离发射平台，大大提高了作战效能。同时，它能在敌方的防区外发射或从远离目标的空域发射，迅速击中目标。远程高超音速飞行器能有效提高战场生存能力，使敌方的防空系统难以拦截，并能对重要目标进行快速而猛烈的打击。如高超音速巡航飞行器以 5 马赫以上的速度在 30 千米以上突防，这就要求敌方的拦截防御武器至少具备 7 马赫以上的飞行能力，现有的防空系统无法做到有效拦截。

另外，由于高超音速巡航飞行器在巡航段的飞行时间长，机动动作少，被雷达探测并锁定的概率相对较大，若采用一些辅助措施（飞行性能与隐形特性一体化设计、红外隐形、雷达隐形、有源电子干扰或在必要时投放干扰诱饵）用于突防，可大幅度提升高超音速飞行器的战场生存能力。

以 B-52 轰炸机为发射载体的 X-51A 飞行器

空战武器未来趋势

多代战斗机同步发展

目前，第五代战斗机的研发受到各国重视，大量正式列装并使用第五代战斗机的美国仍处于领先地位。2017 年，美军 F-22 战斗机在阿富汗战场成功投放"小直径炸弹"，标志着美军第五代战斗机转入常态化实战运用阶段。F-22 战斗机武器火控系统得到升级，隐形性能向 F-35 战斗机看齐；而 F-35 战斗机的采购量继续扩大，到 2021 年 4 月，总产量已经超过 600 架。

获得军方编号苏 -57 的俄罗斯第五代战斗机，于 2020 年 12 月正式服役。该机在未完成全部试飞任务的情况下已在叙利亚完成了实战首秀，俄罗斯技术人员声称其可以"超越美国的 F-22 和 F-35"。此外，在叙利亚战场大出风头的苏 -35S 战斗机也吸引了世界的眼球。该机在超音速飞行时展示的强大实战能力已接近第五代战斗机。拟替代"米格"系列战斗机的第五代轻型多功能前线战斗机 LMFS 也已开始研制，该机将采用鸭式布局，在米格 -29 系列基础上重新设计。

此外，日本、英国等国家也在同步对其引入的 F-35 战斗机进行加装和增强。鉴于装备"代差"常会带来悬殊战力对比，甚至一边倒的战局，在第五代战斗机尚未普及的现阶段，军事强国已纷纷投身到第六代战斗机研发的激烈竞争之中，为重塑未来空战格局预先布局。

在第五代战斗机和第六代战斗机之间，美国空军利用成熟技术加紧推进"穿透型制空飞机"研发，试图在 2030 年前推出一款过渡机型填补第五代战斗机和第六代战斗机之间的能力空隙。

引领第六代战斗机研发的依然是美国。虽然高超音速、定向能技术和武器开发尚无突破，但适配的新一代变循环发动机已经开始试车。波音公司在 2008 年 1 月首先提出 F/A-XX 第六代战斗机概念方案，并在 2015 年 4 月推出了新版概念模型，引起广泛关注。洛克希德·马丁公司于 2012 年 1 月公布了其第六代战斗机设计新概念，重点突出了新一代战斗机速度更高、航程更大以及宽带隐形等新特点。从两家公司公布的设计概念方案来看，第六代战斗机不仅继承了第五代战斗机的优势和特性，而且在创新和性能上又有新的突破。目

美国空军 F-35"闪电 II"战斗机

前，最受关注的还是波音公司的新版 F/A-XX 概念机，其主要特征可概括为"六超"，即超扁平外形、超音速巡航、超常规机动、超远程打击、超维度物联、超域界控制。

与此同时，俄罗斯也在积极探索第六代战斗机概念，瞄准超隐形、超机动、高可控、高智能、高超音速能力的第六代战斗机研发取得新进展。俄罗斯第六代战斗机拟采用有人 / 无人机编队飞行的方式作战，一两架有人驾驶战机和二三十架搭载不同任务载荷的无人机协同。该原型机拟于 2025 年前完成首次试飞。

紧跟美俄，其他发达国家也在联合开发新一代空战系统上集体发力。2018 年 4 月月初，德国媒体证实，德国与法国将携手推动研发一款"未来战斗机"，取代"阵风"战斗机和"台风"战斗机。该机是一种可组合有人驾驶和无人机两种飞行方式的双发双座隐形战机，计划于 2030 年至 2040 年服役。

俄罗斯空军苏-57 战斗机

战略轰炸机再展雄风

冷战结束后，美国随即调整全球战略，其中包括叫停发展"下一代轰炸机"计划，转而对 B-1、B-2、B-52 等现役轰炸机进行升级改造，以满足现实需要。2011 年，时任美国国防部长罗伯特·盖茨叫停了"下一代轰炸机"（NGB）项目，原因是研发费用太高，一时给战略轰炸机的发展带来阴影。但不久，美国又启动了较为高端且更为廉价的"远程打击轰炸机"（LRS-B）项目，从而使美国新型战略轰炸机的发展起死回生，并引起世界各国军方的关注。LRS-B 主要采用"现有技术"建造，节省了研发新硬件和软件的费用。

2015 年 10 月 27 日，五角大楼宣布诺斯洛普·格鲁曼公司赢得了美国空军 LRS-B 项目，这种下一代轰炸机将在 2025 年前后服役。有关军事专家分析，LRS-B 很可能集隐形与超音速于一体，这将是史上首次做到这一点的超级轰炸机。2016 年 2 月 26 日，在美国空军协会主办的 2016 年度空中战争讨论会上，美国空军部长德博拉·李·詹姆斯正式公布了美军下一代战略轰炸机的正式名称：B-21。美国国防部长卡特在新闻发布会上表示，这款远程轰炸机将有效地支持美国的国防战略，提高美国空军未来的打击和威慑能力。卡特还称，LRS-B 将在未来 50 年内满足美军对于远程轰炸的需求。

面对美国的战略挤压，俄罗斯也开始研制新一代战略轰炸机。据俄罗斯卫星网于 2015 年 5 月 26 日报道，"俄罗斯已向航空战略方向迈出了重要一步"。俄罗斯国防企业已经开始进行新一代战略轰炸机 PAK DA（未来远程航空兵系统）的研制工作。俄罗斯新一代战略轰炸机将装备全新的系统，以支持新型机载高精度武器系统设备。另据相关报道，俄罗斯新一代 PAK DA 轰炸机将具有超强的隐形能力和强大的火力，可以保证俄罗斯空军未来与美国拥有同一个档次的战略轰炸力量。该轰炸机可以完全替代俄现役的图 –160、图 –95MS 和图 –22M3 轰炸机。俄罗斯空军总司令邦达列夫透露，PAK DA 轰炸机将在 2023 年开始服役。

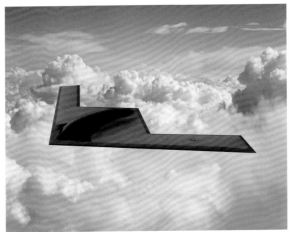

美国空军 B-21 轰炸机概念图一览

俄罗斯空军 PAK DA 轰炸机概念图

直升机突破性发展

由于技术突破，直升机呈现快速发展的势头。特别是由于飞行速度的提高和智能化技术的应用，使直升机特别是军用直升机被各国列为重点发展项目。

从未来军用直升机的发展趋势来看，高速度是一个关键性指标。目前直升机的巡航速度一般在200～300千米/时，很显然难以满足现代战争的需要，因此世界各国将突破速度限制的新型直升机定义为新一代直升机，巡航速度要达到400～500千米/时，其机动性、作战能力及运输效率将有非常大的提升，同时续航时间也相应延长2～3倍。如美国S-97"侵袭者"高速直升机采用了独特的共轴双旋翼加后机身推进式螺旋桨复合动力布局，最高飞行速度超过440千米/时，约为美军现役AH-64"阿帕奇"直升机的1.5倍。其具备了超强低速机动能力、速度超过370千米/时的大过载转弯能力，在炎热天气下，其悬停高度达3048米。西方军事专家认为，该机代表了未来直升机的发展方向。

除高速度外，未来直升机还有以下几个发展趋势。

（1）高度智能化。目前，武装直升机带给飞行员的工作量还相当大，有的还需要两名飞行员，一个负责驾驶，一个负责火控。随着电传飞控技术的发展与应用，智能程度不断提高，将会大幅减轻飞行员的工作强度。

（2）模块化设计。模块化设计能够大幅提高飞行保障能力，特别是当直升机出现战损或故障的时候，战场保障人员可以不依赖设计人员的评估，而直接进行模块化的更换，快速解决问题以提高战斗力。

（3）重视隐形性能。采用先进的隐形技术，不仅提高武装直升机攻击的隐蔽性，而且战场生存能力也大大增强。

（4）提高生存能力。如采用先进复合材料旋翼系统，不断提高桨叶气动特性、旋翼总体性能及直升机的机动能力；采用综合显示、任务计算机、高速数据总线和先进火控集成系统，配备有高级的红外、激光和电子对抗设备，以提高其战场生存能力；加强自身防护，如对机身与起落架采用适坠性设计，具有良好的坠毁生存能力，一旦发生坠落事故时，能有效保护飞行员及乘员不受伤害。

（5）无人化。未来的信息化战争，无人直升机作战平台的作用将更加突出，如无人直升机作战的最大优势就是可以实现零伤亡，并有效保障作战人员的生命安全，从而大大降低战争成本。

美国 S-97"侵袭者"高速直升机

无人机研发加速推进

近年来，军用无人机进入快速发展阶段。特别是随着无人机大量应用于实战，无人机的优势和地位也逐渐显现出来，因此，世界各国都把无人机作为优先发展项目。美国不仅频频进行多款无人机试验，而且研制部署无人机作战系统的步伐明显加快。由于无人机的优势日渐突出，特别是经过实战的应用和检验，确立了无人机不可动摇的重要地位，给进一步发展各类无人机创造了有利条件。未来无人机的发展已显现出以下几种发展趋势。

美国 X-47B"咸狗"无人机

（1）多种型号同步发展。由于美国全球战略需要，其对各类无人机的需要和依赖程度不断增大，尽管近年来美军军费一再压缩和削减，但对无人机的研制项目不减反增。无人机研制方面多种型号同步发展，既有具有战略意义的试验验证机和概念机，如 X-37B、X-51、SR-72、RQ-180 等无人飞行器，又有具备实战应用的战术无人机项目，如 X-47B、F/A-XX 等无人机系统，形成多种型号同步发展格局，以满足美国的现实利益和未来的战略利益。

（2）采用新的设计理念。新型无人机采用新的复合材料，并在现有隐形技术的基础上进一步提高全向宽频雷达隐形能力。与此同时，还将隐形与超高效气动布局融合起来，从而使隐形能力、战术性能、飞行高度、续航时间得到进一步提升。美国 SR-72 无人机采用涡喷发动机与超燃冲压发动机的组合循环推进系统，可以使其巡航速度达高超音速，从而达到隐形的目的，这一理念将对现有的防空体系产生重大影响。

（3）注重多功能和一机多用。单一性能的机型已难以完成复杂多变的任务需要，因此新机型在设计时便要充分考虑其多项功能，实现一机多用。美军在研制第五代战斗机时就采取一机多用或一机多型的设计思路，最大限度地提高飞机的使用效能。这种设计思路也被引入无人机的设计上。如 SR-72 高超音速飞机，在研制初期先设计小型的有人驾驶验证机，然后再过渡到无人机。该机除了速度优势外，更侧重于执行不同的任务。按照"臭鼬"工厂的设想，SR-72 无人机不仅具有很高的速度优势，而且集多种功能于一体，可以根据作战需要执行集情报搜集、侦察、监控、远程打击等多重任务。

总的来看，大型化、隐形化、智能化和多功能一体化等都是军用无人机未来发展的基本趋势。

美国 SR-72 无人机概念图一览

第 2 章
战斗机和截击机

  战斗机和截击机是用于在空中消灭敌机和其他飞行器的军用飞机，其主要任务是与敌方歼击机进行空战以夺取制空权；其次是拦截敌方轰炸机、攻击机和巡航导弹。

美国 F-22 "猛禽" 战斗机

F-22 "猛禽" 战斗机于 2005 年 12 月开始服役，是世界上最先服役的第五代战斗机。

结构解析

F-22 战斗机采用双垂尾双发单座布局，垂尾向外倾斜 27 度。两侧进气口装在边条翼下方，与喷嘴一样，都作了抑制红外辐射的隐形设计。主翼和水平安定面采用相同的后掠角和后缘前掠角，水泡形座舱盖凸出于前机身上部，全部武器都隐蔽地挂在 4 个内部弹舱之中。

基本参数	
机身长度	18.92 米
机身高度	5.08 米
翼展	13.56 米
空重	19 700 千克
最大速度	2410 千米／时
最大航程	4830 千米

作战性能

F-22 战斗机在设计上具备超音速巡航（无须使用加力燃烧室）、超视距作战、高机动性、对雷达与红外线隐形等特性。该机安装有 1 门 20 毫米 M61 "火神" 机炮，备弹 480 发。在空对空构型时，通常携带 6 枚 AIM-120 先进中程空对空导弹和 2 枚 AIM-9 "响尾蛇" 空对空导弹。在空对地构型时，则携带 2 枚联合直接攻击弹药（或 8 枚 GBU-39 小直径炸弹）、2 枚 AIM-120 先进中程空对空导弹和 2 枚 AIM-9 "响尾蛇" 空对空导弹。

美国 F-35 "闪电 Ⅱ" 战斗机

F-35 战斗机是 F-22 战斗机的低阶辅助机种，属于具有隐形设计的第五代战斗机，绰号"闪电 Ⅱ"。

结构解析

F-35 战斗机采用与 F-22 战斗机相同的双垂尾设计，不过发动机被改为单发，其隐形设计借鉴了 F-22 战斗机的很多技术与经验。F-35 战斗机采用了美国古德里奇公司为其量身定制的起落架系统，配备了美国固特异公司

基本参数	
机身长度	15.7 米
机身高度	4.33 米
翼展	10.7 米
空重	13 300 千克
最大速度	1931 千米／时
最大航程	2220 千米

制造的"智能"轮胎，轮胎中内置了传感器和发射装置，可以监测胎压胎温。

作战性能

与美国以往的战机相比，F-35 战斗机具有廉价耐用的隐形技术、较低的维护成本，并使用头盔显示器完全替代了抬头显示器。该机安装有 1 门 25 毫米 GAU-12/A "平衡者"机炮，备弹 180 发。除了机炮外，F-35 战斗机还可以挂载 AIM-9X、AIM-120、AGM-88、AGM-154、AGM-158、海军打击导弹、远程反舰导弹等多种导弹武器，并可携带联合直接攻击炸弹、风修正弹药撒布器、"铺路"系列制导炸弹、GBU-39 小直径炸弹、Mk 80 系列无导引炸弹、CBU-100 集束炸弹、B61 核弹等，火力十分强劲。

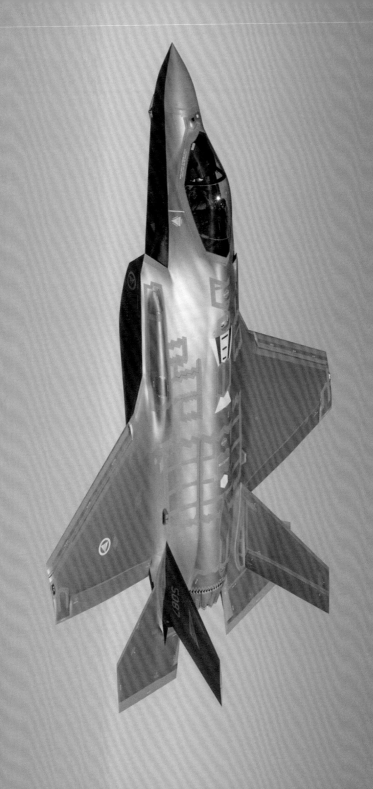

美国 F-16 "战隼" 战斗机

F-16 战斗机是由美国通用动力公司研制的喷气式战斗机，绰号"战隼"。

结构解析

F-16 战斗机的机身采用了半硬壳式结构，外形短粗，采用翼身融合体形式与机翼相连接，使机身与机翼圆滑地结合在一起。尾部有全动式平尾，平面形状与机翼相似，翼根整流罩后部是开裂式减速板。垂尾较高，安定面大，后缘是全翼展的方向舵。腹部有

基本参数	
机身长度	15.02 米
机身高度	5.09 米
翼展	9.45 米
空重	8272 千克
最大速度	2173 千米／时
最大航程	3890 千米

两块面积较大的安定翼面。起落架为前三点式，可收放在机身内部。座舱盖为气泡状，飞行员的视野很好，内装零－零弹射座椅。

作战性能

F-16 战斗机安装有 1 门 20 毫米 M61 "火神" 机炮，备弹 511 发。该机可以携带的导弹包括 AIM-7、AIM-9、AIM-120、AGM-65、AGM-88、AGM-84、AGM-119 等，另外，还可挂载 AGM-154 联合防区外武器、CBU-87/89/97 集束炸弹、GBU-39 小直径炸弹、Mk 80 系列无导引炸弹、"铺路" 系列制导炸弹、联合直接攻击炸弹、B61 核弹等。

美国 F-15 "鹰" 式战斗机

F-15 "鹰" 式战斗机是由美国麦克唐纳·道格拉斯公司研制的全天候双发战斗机，于 1976 年 1 月开始服役。

结构解析

F-15 战斗机的机身为全金属半硬壳式结构，机身由前、中、后三段组成。前段包括机头雷达罩、座舱和电子设备舱，主要结构材料为铝合金。中段与机翼相连，部分采用钛合金件承受大载荷。后段为钛合金结构发动机舱。

基本参数	
机身长度	19.43 米
机身高度	5.68 米
翼展	13.03 米
空重	12 973 千克
最大速度	3000 千米／时
最大航程	5741 千米

锯齿形前缘的平尾为全动式，面积大，可满足高速飞行和机动需要。机翼前梁为铝合金，后三梁为钛合金。

作战性能

F-15 战斗机使用的多功能脉冲多普勒雷达具备较好的下视搜索能力，利用多普勒效应可避免目标信号被地面噪声所掩盖，能追踪树梢高度的小型高速目标。F-15 战斗机安装有 1 门 20 毫米 M61A1 机炮，另有 11 个武器挂架 (机翼 6 个，机身 5 个)，总外挂可达 7300 千克，可使用 AIM-7、AIM-9 和 AIM-120 等空对空导弹，以及包括 Mk 80 系列低阻力通用炸弹在内的多种对地武器。

美国 P-51 "野马" 战斗机

　　P-51 "野马" 战斗机是由北美航空公司研制的一款轻型战斗机，被认为是二战中综合性能最出色的主力战斗机。

结构解析

　　P-51 战斗机在布局上没有特别之处，但它将航空新技术高度完美地融合于一身，采用先进的层流翼型，高度简洁的机身设计，合理的机内设备布局，使它的气动阻力大大下降，并且在尺寸和重量与同类飞机相当的情况下，载油量增加了 3 倍。

基本参数	
机身长度	9.83 米
机身高度	4.17 米
翼展	11.29 米
空重	3232 千克
最大速度	703 千米／时
作战半径	2092 千米

作战性能

　　早期的 P-51 战斗机配备了低空性能出色的艾里逊 V-1710 一级增压发动机，后因实战需要和美国陆军航空队第八航空军提出的护航需求，换装了梅林 V-1650 系列发动机，大大提升了其空战性能。P-51 战斗机在不同型号中采用了不同的武器装备，如 P-51A、P-51B 和 P-51C 安装有 4 挺 12.7 毫米机枪，P-51D 和 P-51H 则采用 6 挺 12.7 毫米机枪。

美国 F-84 "雷电喷气" 战斗机

F-84 "雷电喷气" 战斗机是美国空军在二战结束后服役的第一款战斗机，由美国共和飞机公司设计，于1947年6月开始批量生产。

结构解析

F-84 战斗机为机头进气，增压座舱具有泪滴状座舱盖和弹射座椅。采用悬臂下单翼，机腹座舱下方安装有大型减速板。F-84战斗机共有A、B、C、D、E、F、G、H、J等十多种机型，其中性能最好的机型是后掠翼版本的F-84F。

基本参数	
机身长度	10.24 米
机身高度	13.23 米
翼展	4.39 米
空重	5200 千克
最大速度	1059 千米／时
最大航程	1384 千米

作战性能

F-84 战斗机是美国第一种能运载战术核武器的喷气式战斗机。其中 F-84F 的机翼由垂直改为后掠，低空性能较为出色，作战半径为725 ~ 1370 千米，装有6挺12.7毫米口径的机枪，机翼下可挂载24枚火箭弹或4枚454千克常规炸弹，最大载重量为2720千克。

美国 F-86 "佩刀" 战斗机

F-86 "佩刀" 战斗机是二战结束后美国设计的第一代喷气式战斗机，于 1949 年 5 月开始服役。

结构解析

F-86 战斗机是美国第一种后掠翼喷气式战斗机，也是美国第一款装设了弹射椅的战斗机，而 F-86D 型还是美国空军第一架全天候战斗机。F-86D 型搭载具备后燃器的 J47-GE-17 涡轮喷气发动机，并且具备微

基本参数	
机身长度	11.4 米
机身高度	4.6 米
翼展	11.3 米
空重	5046 千克
最大速度	1106 千米／时
最大航程	2454 千米

电脑控制的燃料分配系统。该机型机鼻安装有 1 具 AN/APG-36 雷达，为了空出雷达装设空间，机首进气口被下移。

作战性能

F-86 战斗机的主要武器为 6 挺 12.7 毫米勃朗宁 M2HB 机枪 (H 型改为 4 门 20 毫米机炮)，并可携带 900 千克炸弹或 8 支 166 毫米无导向火箭。与苏联第一代喷气式战斗机米格 -15 战斗机相比，F-86 战斗机最大的水平空速较低，最大升限较低，中低空爬升率较低，但其高速状态下的操控性较佳，运动性灵活，也是一个稳定的射击平台，配合雷达瞄准仪，能够在低空有效对抗米格 -15 战斗机。

美国 F-94 "星火" 截击机

F-94 "星火" 截击机是美国第一种大量服役的喷气式截击机，于1950年开始服役。

结构解析

F-94 截击机是在洛克希德公司 TF-80C 教练机基础上改进而来的，美国洛克希德公司为TF-80C 加装了火控系统武器等一系列配置后，采用了带加力燃烧室的 J33-A-33 发动机，并加大了尾翼面积。F-94 截击机采用气泡状座舱罩、收放式起落架、翼尖油箱，发动机进气口位于机身两侧较低处。

基本参数	
机身长度	11.48米
机身高度	3.58米
翼展	11.43米
空重	4560千克
最大速度	975千米／时
最大航程	1852千米

作战性能

F-94 截击机是 20 世纪 50 年代最知名的全天候截击机，它在机头安装了4挺12.7毫米勃朗宁机枪，或在机头和翼下荚舱中携带"巨鼠"火箭吊舱。

美国 F-101"巫毒"战斗机

F-101"巫毒"战斗机是由美国麦克唐纳公司研制的双发超音速战斗机，于 1954 年 9 月首次试飞。

结构解析

F-101 战斗机采用中单翼，2 台有后燃器的 J-57-P-55 涡喷发动机，进气口位于机身两侧，发动机喷嘴在机身中后部，后机身结构向后延伸安装垂直尾翼。水平尾翼接近垂直尾翼的顶部，为全动式设计。虽然 F-101 战斗机设计上是担任轰炸机护航任务的长程战斗机，但之后被改装为担任核攻击的战斗轰炸机、全天候截击机以及战术侦察机。

基本参数	
机身长度	21.54 米
机身高度	5.49 米
翼展	12.10 米
空重	12 680 千克
最大速度	1825 千米／时
最大航程	2450 千米

作战性能

F-101 战斗机的武器包括 4 门在机身内的 20 毫米 M39 机炮，以及外部挂架挂载的 3 枚 AIM-4E 或 AIM-4F 空空导弹，2 枚 AIR-2A 无控空空火箭弹（带核弹头）。该机是第一款水平飞行速度超过 1600 千米/时的量产型战机，作战半径达 1100 千米，转场航程为 3440 千米。起飞滑跑距离为 1340 米，着陆滑跑距离为 940 米。

美国 F-102 "三角剑" 截击机

F-102 截击机是由美国康维尔公司研制的单座全天候截击机,绰号"三角剑"。

基本参数	
机身长度	20.83 米
机身高度	6.45 米
翼展	11.61 米
空重	8777 千克
最大速度	1304 千米／时
最大航程	2715 千米

结构解析

F-102 截击机采用无平尾三角翼布局,悬臂式中单翼,前缘前掠 10°,翼尖呈矩形。机翼为全金属结构,每侧有五根锻压的整体大梁。机身为全金属半硬壳式结构,前段包括座舱,中段包括进气道和导弹舱,后段包括 1 组锻造的铝合金加强框,用以承受机翼升力和弯矩并支持发动机,除了燃烧室和加力燃烧室段为钛合金隔框、隔热圆筒和机翼接头外,其余部分均采用铝合金。

作战性能

F-102 截击机的导弹舱内带 1 枚 AIM-26A 和 3 枚 AIM-4C 空对空导弹,装在可快速伸出的发射导轨上。导弹舱门上的发射管内还装有 24 枚 69 毫米火箭弹。所有武器都由 MG-10 火控系统控制,可自动发射。

美国 F-104"星"式战斗机

F-104 战斗机是由美国洛克希德公司研制的超音速轻型战斗机，绰号"星"。

结构解析

F-104 战斗机曾被戏称为"飞行棺材"或"寡妇制造机"，这是因为该机为了追求高空高速，被设计成机身长而机翼短小、T 形尾翼等，都是为了最大限度地实现减阻，但却牺牲了飞机的盘旋性能。如果遇到发动机空中熄火或飞机失速等动力故障，其他飞机或能滑翔着陆，而 F-104 战斗机则会立刻以自由落体方式坠毁。

基本参数	
机身长度	16.66 米
机身高度	4.11 米
翼展	6.36 米
空重	6350 千克
最大速度	2137 千米／时
最大航程	2623 千米

作战性能

F-104 战斗机通常安装有 1 门 20 毫米 M61 机炮，备弹 750 发。执行截击任务时，携带"麻雀"空对空导弹和"响尾蛇"空对空导弹各 2 枚。执行对地攻击任务时，可携带"小斗犬"空对地导弹 2 枚，900 千克核弹 1 枚以及多枚普通炸弹，最大载弹量为 1800 千克。

美国 F-106 "三角标枪" 截击机

F-106 "三角标枪" 截击机是由美国康维尔公司研制的一款超音速全天候三角翼截击机,于 1959 年 6 月开始服役。

结构解析

与 F-102 截击机一样,F-106 截击机也使用了巨大三角翼无尾布局的设计,两者机翼的区别并不大。与 F-102 截击机纯三角形的垂直尾翼不同,F-106 截击机的垂尾为梯形结构,同时前后缘都有后掠角。垂尾上面的减速板改为左右打开的方式,减速伞改为收藏在垂尾的根部。

基本参数	
机身长度	21.56 米
机身高度	6.18 米
翼展	11.67 米
空重	11 077 千克
最大速度	2455 千米/时
最大航程	4300 千米

作战性能

F-106 截击机的主要目标是截击各种远程轰炸机,标准武器配置是 4 枚 AIM4 空对空导弹、1 枚 AIR-2 "妖怪" 核火箭。F-106 截击机原本没有机炮,后来加装了 1 门 M61 "火神" 机炮。

俄罗斯苏 -57 战斗机

苏 -57 战斗机是俄罗斯在"未来战术空军战斗复合体"计划下研制的第五代战斗机，于 2020 年 12 月开始服役。

结构解析

苏 -57 战斗机大量采用复合材料，其比重约占机身总重量的四分之一，覆盖了机身表面面积的 70%，钛合金占苏 -57 机体重量的四分之三。该机的机鼻雷达罩在前部稍微变平，底边为水平。为降低机身雷达反射截面积及气动阻力，苏 -57 战斗机的两个内置武器舱以前后配置，置于机身中轴的两个发动机舱之间，长度约 5 米。驾驶舱的设计着重于提高飞行员的舒适性，配备了新型弹射椅和维生系统。

基本参数	
机身长度	20.1 米
机身高度	4.74 米
翼展	14.1 米
空重	18 000 千克
最大速度	2440 千米／时
最大航程	3500 千米

作战性能

苏 -57 战斗机采用优异的气动布局，雷达、光学及红外线特征都较小。从飞机的整体布局来看，苏 -57 战斗机的机身扁平，显然延续了苏 -27 战斗机的升力体设计。加上其机翼面积较大，翼载荷较低，因此，苏 -57 战斗机具备较大的升力系数。另外，其机翼前缘后掠角大于 F-22 战斗机，这显示了苏 -57 战斗机更重视高速飞行和超音速拦截能力。该机装有 1 门 30 毫米 GSh-301 机炮，并拥有两个大型武器舱，主要用于装载远程空对空导弹和中程空对空导弹，也可装载空对地导弹和制导炸弹。

俄罗斯米格-35 "支点F" 战斗机

米格 –35 战斗机是由俄罗斯米高扬设计局研制的一款多用途喷气式战斗机，于 2019 年 6 月开始服役。

结构解析

米格 –35 战斗机不仅配备了智能化座舱，还装有液晶多功能显示屏。它取消了米格其他机型进气道上方的百叶窗式辅助进气门设计，并在进气口安装了可收放隔栅，防止其吸入异物。进气道的下口位置可以调节，能增大起飞时的空气量。机身的后部位置延长以保持其静稳定性。

基本参数	
机身长度	17.3 米
机身高度	4.7 米
翼展	12 米
空重	11 000 千克
最大速度	2600 千米／时
最大航程	6000 千米

作战性能

米格 –35 战斗机可在不进入敌方的反导弹区域时，对敌方的地上和水上高精准武器进行有效打击。该机装备了全新的相控阵雷达，其火控系统中还整合了经过改进的光学定位系统，可在关闭机载雷达的情况下对空中目标实施远距离探测。米格 –35 战斗机装有 1 门 30 毫米机炮，用于携带导弹和各型航弹的外挂点为 9 个，总载弹量为 6000 千克。

俄罗斯米格 -31 "捕狐犬" 战斗机

　　米格 –31 战斗机是由米格 –25 战斗机发展而来的串行双座全天候截击战斗机，于 1981 年开始服役。

结构解析

基本参数	
机身长度	22.69 米
机身高度	6.15 米
翼展	13.46 米
空重	21 820 千克
最大速度	3255 千米／时
最大航程	3300 千米

　　米格 –31 战斗机采用了二元进气道两侧进气、悬臂式后掠上单翼、双垂尾正常式布局。机身为全金属，其中合金钢占 50％，钛合金占 16％，轻质合金占 33％，其余为复合材料。与米格 –25 战斗机相比，米格 –31 战斗机的机头更粗（加装大型雷达）、翼展更大，增加了锯齿前缘，进气口侧面带附面层隔板，换装了推力更大的发动机并加强了机体结构，以适应低空超音速飞行。此外，该机增加了外挂点，其攻击火力大大加强。

作战性能

　　米格 –31 战斗机是俄制武器 "大就是好" 的典型代表，其机身巨大、推力发动机耗油高、相控阵雷达功率极强，至今仍能接受各种升级改装。该机在前机身右侧下部整流罩内，装有 1 门 23 毫米 GSH–23–6 六管机炮，备弹 230 发。全机有 8 个外挂架，可挂载 R–33 导弹、R–37 导弹、R–40T 导弹或 R–60 导弹。

俄罗斯米格-29"支点"战斗机

米格-29战斗机是由俄罗斯米高扬设计局研制的双发高性能制空战斗机，于1983年开始服役。

结构解析

米格-29战斗机的整体气动布局为静不安定式，低翼面载荷，高推重比。精心设计的翼身融合体，是其气动设计上的最大特色。米格-29战斗机没有使用线传飞控系统，而是采用液压控制与SAU-451三轴自动飞行仪。为了方便飞行员进行机种转换，米格-29战斗机的驾驶舱没有大量采用人体工学设计，并尽可能地使其类似于之前的米格-23战斗机。

基本参数	
机身长度	17.32 米
机身高度	4.73 米
翼展	11.36 米
空重	11 000 千克
最大速度	2400 千米／时
最大航程	1500 千米

作战性能

米格-29战斗机配装有1门30毫米Gsh-301机炮，备弹量为150发。机炮埋入机首左侧的翼边内，从正面看是一个小孔。米格-29战斗机的机翼下有7个挂点，机翼每侧3个，机身中轴线下有1个，最大载弹量为2000千克。与以往的苏制战机相比，米格-29战斗机的驾驶舱视野有所改善，但仍然不及同时期的西方战斗机。

俄罗斯米格-25"狐蝠"战斗机

米格-25战斗机是由俄罗斯米高扬设计局在20世纪60年代研制的一款高空高速战斗机，于1970年正式服役。

结构解析

米格-25战斗机的气动布局与之前的米格飞机有较大差别，采用了中等后掠上单翼、两侧进气、双发、双垂尾布局。为了保证机体能够承受住高速带来的高温，米格-25战斗机大量采用了不锈钢结构。

基本参数	
机身长度	19.75米
机身高度	6.1米
翼展	14.01米
空重	20 000千克
最大速度	3600千米／时
最大航程	2575千米

作战性能

米格-25战斗机在设计上强调高空高速性能，曾打破多项飞行速度和飞行高度的世界纪录，可在2.4万米高度上以2.8马赫的速度持续飞行。不锈钢结构给米格-25战斗机带来了更大的重量和更高的耗油量，在其突破3马赫高速飞行时油料不仅不能支撑太久，而且机体本身的重量也限制了其载弹量。

苏联米格 -23 战斗机

米格 –23 是由俄罗斯米高扬设计局研制的多用途超音速战斗机，于 1970 年进入苏联空军服役。

▶ 结构解析

米格 –23 战斗机采用可变后掠上单翼布局，有 3 种推荐机翼后掠角，分别为用于起降与巡逻的 18° 40′，用于空战的 47° 40′和用于超音速与低空高速飞行的 74° 40′，而飞行员也可以通过座舱里的操作手柄对机翼角度进行调整。

基本参数	
机身长度	16.7 米
机身高度	4.82 米
翼展	13.97 米
空重	9595 千克
最大速度	2445 千米／时
最大航程	2820 千米

▶ 作战性能

米格 –23 战斗机的设计思想强调了较大的作战半径、在多种速度下飞行的能力、良好的起降性和优良的中低空作战性能。在武装方面，该机除了 1 门固定的 GSh–23L 双管 23 毫米机炮外，还可以通过机翼和机身下的挂架挂载包括 R–3、R–23/24 和 R–60 在内的多款空对空导弹。而米格 –23MLD 型战斗机更是可以使用先进的 R–27 和 R–73 空对空导弹。

苏联米格 -21 战斗机

米格 –21 战斗机是由俄罗斯米高扬设计局研制的单座单发轻型战斗机，于 1959 年正式服役，直到现在仍有不少国家在继续使用。

结构解析

米格 –21 战斗机是一种设计紧凑、气动外形良好的轻型战斗机，采用了三角形机翼、后掠尾翼、细长机身、机头进气道、多激波进气锥。各种改型机除了机身有些变化和垂尾加大外，其他地方基本上保持了原有布局。但由于其机载设备和武器的不同，各种改型的作战能力有明显差别。

基本参数	
机身长度	15.4 米
机身高度	4.13 米
翼展	7.15 米
空重	5700 千克
最大速度	2125 千米／时
最大航程	1580 千米

作战性能

米格 –21 战斗机不仅具有简单、轻便和善于缠斗的特点，而且价格也较为便宜，适合大规模生产。该机的主要武器为 1 门 23 毫米 G3–23 双管机炮，备弹 200 发，另有 4 个外部挂架，可携带红外制导或雷达制导的近距空对空导弹或对空、对地火箭和炸弹。

俄罗斯苏-35 "侧卫 E" 战斗机

苏-35 战斗机是由俄罗斯苏霍伊航空集团研制的单座双发、超机动多用途重型战斗机。

结构解析

苏-35 战斗机是由俄罗斯苏霍伊航空集团在苏-27 战斗机基础上研制的深度改进型，属于第四代半战斗机。该机的整体外形非常简洁，大部分天线、传感器都改为隐藏式。垂直尾翼加大，以得到更好的偏航稳定性能。

基本参数	
机身长度	22.2 米
机身高度	6.43 米
翼展	15.15 米
空重	17 500 千克
最大速度	2450 千米／时
最大航程	4000 千米

此外，垂尾及其方向舵的形状也略为改变，在垂尾顶端，由苏-27 战斗机的下切角改成平直角，是苏-35 战斗机的重要识别特征。

作战性能

苏-35 战斗机除了采用三翼面设计带来了绝佳的气动力性能外，还大幅提升了航空电子性能。这也导致机身重量增加，必须有其他改良才能避免机动性、加速性、航程的下降。因此，除了以前翼提升操控性外，苏-35 战斗机还装备了推力更大的发动机，主翼与垂尾内的油箱容量也相应增大。从整体来说，苏-35 战斗机在机动性、加速性、结构效益、电子设备性能等方面都全面优于苏-27 战斗机，而不像其他改型般有所取舍。

俄罗斯苏-30"侧卫C"战斗机

苏-30战斗机是由俄罗斯苏霍伊航空集团研制的一款多用途重型战斗机，于1996年开始服役。

结构解析

苏-30战斗机为双发双座设计，外形与苏-27战斗机非常相似。苏-30战斗机采用了整体气动布局，即飞机的机身和机翼构成统一的翼型升力体，从而保证了飞机在机动中有较高的气动性能和升力系数。这种从机身到机翼平缓过渡的布局还使飞机内部空间得到了最合理的使用，如增加油箱容积等。苏-30战斗机广泛采用了钛合金，座舱安装了弹射座椅。

基本参数	
机身长度	21.935米
机身高度	6.36米
翼展	14.7米
空重	17 700千克
最大速度	2120千米／时
最大航程	3000千米

作战性能

苏-30战斗机安装有1门30毫米GSH-301机炮，带弹150发，另有12个外挂架，总载弹量为8000千克。该机的油箱容量较大，不仅具有长航程的特性，而且还具备空中加油能力。苏-30战斗机具有超低空持续飞行能力、极强的防护能力和出色的隐形性能，在缺乏地面指挥系统信息时仍可独立完成攻击任务，其中包括在敌方纵深执行战斗任务。

俄罗斯苏 -27 "侧卫" 战斗机

苏 -27 战斗机是由俄罗斯苏霍伊航空集团设计的单座双发全天候重型战斗机。

结构解析

苏 -27 战斗机的基本设计与米格 -29 战斗机相似，不过个头要比后者的大上很多。苏 -27 战斗机的机身为全金属半硬壳式，机头略微下垂。为了最大限度地减轻重量，它采用了约30% 的钛，这个比例高于同期所有飞机，但苏 -27 战斗机没有采用复合材料。

基本参数	
机身长度	21.94 米
机身高度	5.93 米
翼展	14.7 米
空重	17450 千克
最大速度	2876 千米／时
最大航程	3790 千米

作战性能

苏 -27 战斗机的机动性和敏捷性较好，续航时间长，可以进行超视距作战。不过，苏 -27 战斗机的机载电子设备和座舱显示设备较为落后，且不具有隐形性能。苏 -27 战斗机的固定武器选用和米格 -29 一样的 30 毫米 AO-17 双管机炮，导弹也采用同样的 R-27、R-73 和 R-60M，不同之处在于挂载导弹的数量。

苏联雅克 -28 战斗机

雅克 -28 战斗机是由俄罗斯雅克列夫设计局设计，服役较长的双发战机家族的最后一员，于 1960 年开始服役。

结构解析

雅克 -28 系列第一个服役的型号为雅克 -28B，随后的型号为雅克 -28I/L 以及 1961 年出现的雅克 -28P 全天候截击机。1963 年，俄罗斯雅克列夫设计局还推出了专用的照相侦察机雅克 -28R，并在其基础上发展出了雅克 -28PP 电子战飞机。各个型号在外形上的差异不大，都采用了后掠式单翼布局，后掠式的高垂尾，带翼尖护翼轮的自行车式起落架。

基本参数	
机身长度	21.6 米
机身高度	3.95 米
翼展	12.5 米
空重	9970 千克
最大速度	2009 千米／时
最大航程	2630 千米

作战性能

雅克 -28B 型战斗机在机鼻处安装有 RBR-3 轰炸机雷达系统。雅克 -28P 型战斗机是专为中低空作战设计，其尖锐的雷达罩内安装有"鹰"D 型雷达，取代了原来的玻璃化机鼻，随后在服役期间得到了多次改进。到 1967 年停产时，后续生产的雅克 -28P 型战斗机的雷达罩已经有明显的加长，总体性能也有所提升。

苏联雅克-9战斗机

雅克-9战斗机是由俄罗斯雅克列夫设计局研制的单发战斗机，是苏联在二战中生产数量最多的战斗机之一。

结构解析

雅克-9战斗机是根据作战经验由雅克-7战斗机改良而来，主要特征是完全使用气泡状封闭座舱，可以很明显地与早期的雅克-1战斗机区别开来。

作战性能

基本参数	
机身长度	8.55米
机身高度	3米
翼展	9.74米
空重	2350千克
最大速度	591千米／时
最大航程	1360千米

虽然雅克-9战斗机的整体性能还算不错，但也有一些较严重的缺点，例如，防弹和抗毁性较差等。作为一款成功的战斗机，雅克-9也与其他著名战斗机一样被发展为一个成员数量庞大的系列，其中比较重要的包括战术侦察型雅克-9P、战斗轰炸型雅克-9B和雅克-9T，以及长程型雅克-9D和后期的标准型雅克-9U等。

苏联雅克 -7 战斗机

雅克 –7 是在雅克 –1 的基础上发展起来的一款双座教练机，于 1941 年被改成了单座战斗机。

结构解析

雅克列夫设计局在雅克 –7 战斗机的驾驶舱后面的机身上配备了一个折叠式的空间，这是训练机留下来的设计。这部分用途很多，可载运货物、调动部队人员，或放置 100 千克的备用燃料，使雅克 –7 战斗机的功能更多。

基本参数	
机身长度	8.48 米
翼展	10 米
乘员	1 人
空重	2450 千克
最大速度	571 千米／时
最大航程	643 千米

作战性能

除了作为战斗机外，雅克 –7 还不断改进，有高空截击机、重装备战斗机 (3 门 20 毫米机炮或 1 门 37 毫米机炮)、长距离截击机、高速前线侦察机、炮兵校射机、高级官员联络机等共 18 种机型。

苏联雅克 -3 战斗机

雅克 –3 战斗机是苏联在二战后期装备的空战性能最好的战斗机，也常被认为是整个二战中最灵活和敏捷的战斗机。

结构解析

雅克 –3 战斗机是一种下单翼单座液冷式螺旋桨战斗机，采用全金属结构和后三点收放式起落架。该机取消了雅克 –1 机首下方的油冷器吸气口，改为在翼根两个较小的吸气口。雅克 –3 战斗机使用气泡状座舱，外形比雅克 –1 战斗机更短粗。

基本参数	
机身长度	8.5 米
机身高度	2.39 米
翼展	9.2 米
空重	2105 千克
最大速度	655 千米／时
最大航程	650 千米

作战性能

雅克 –3 战斗机的武器为 1 门 20 毫米机炮和 2 挺 12.7 毫米机枪。该机的动力装置为 1 台 M–105R 液冷十二缸 V 形发动机，功率为 925 千瓦。雅克 –3 战斗机刚一服役便战绩惊人，1944 年 7 月 14 日，一队刚编成的雅克 –3 中队共 18 架，迎战 30 架德国 Bf 109 战斗机，共击落 15 架敌机而自身无一损伤。

苏联拉 -9 战斗机

拉 –9 战斗机是 20 世纪 40 年代末期性能较先进的一款活塞式战斗机，于 1946 年 11 月投入批量生产，1947 年开始装备部队。

结构解析

拉 –9 战斗机基本保持了拉 –7 战斗机的气动布局和外形特点，主要改进是采用了全金属结构、层流翼形。

作战性能

拉 –9 战斗机的主要武器为 4 门 NR–23 型 23 毫米机炮，但很多时候左侧机炮会被拆除，

基本参数	
机身长度	8.62 米
机身高度	2.54 米
翼展	9.8 米
空重	2600 千克
最大速度	690 千米／时
最大航程	1735 千米

不过机炮整流罩依旧保留。该机的动力装置为 1 台 ASh–82FN 发动机，功率 1360 千瓦。拉 –9 战斗机是 20 世纪 40 年代末期性能较先进的一款活塞式歼击机，但由于当时喷气歼击机已开始装备部队，拉 –9 战斗机在生产不到两千架就停产了。

苏联拉 -7 战斗机

拉 –7 是拉 –5 的改进型，也是二战中苏联红军最实用的战斗机之一。

结构解析

　　拉 –7 战斗机的主要结构仍是木材，机身主梁和各舱段隔板为松木，蒙皮为薄胶合板和多层高密度织物压制而成，厚度由机头至机尾为 6.8 毫米至 3.5 毫米，其强度要比拉 –5 战斗机的更大。机头由于要镶上发动机和弹药舱等，故采用铬钼合金钢管焊接的支架，驾驶舱也采用金属钢管焊接的支架结构。座舱材料为 55 毫米厚的有机玻璃。

基本参数	
机身长度	8.6 米
机身高度	2.54 米
翼展	9.8 米
最大起飞重量	3315 千克
最大速度	661 千米／时
最大航程	665 千米

作战性能

　　拉 –7 战斗机的速度快，火力强大，是苏军打击德国空军的重要力量。该机可用于对地攻击和对空攻击，对海攻击效果不算好，可用于掩护轰炸机、可单独或组队拦截。拉 –5 和拉 –7 战斗机是培养苏联王牌飞行员的摇篮，其中包括最著名的王牌飞行员阔日杜布。

苏联拉-5战斗机

拉-5是苏联在二战中后期的主力战斗机之一，还常被认为是苏联当时综合表现最优秀的战斗机。

结构解析

拉-5战斗机为单座单发式螺旋桨战斗机，最大特色是首创了前缘襟翼的构造，使用后三点式收放式起落架，配备三叶式螺旋桨和气泡式座舱，有外露式的无线电天线。

基本参数	
机身长度	8.67米
机身高度	2.54米
翼展	9.8米
空重	2605千克
最大速度	648千米／时
最大航程	765千米

作战性能

拉-5战斗机使用M-82星型十四缸气冷发动机，配备机械增压器，最大功率为1268千瓦。拉-5战斗机在机身前上方安装有2门20毫米机炮，备弹200发。此外，机翼下可挂载200千克炸弹。相对于另一款苏联战时主力战斗机雅克-9因受制于任务性质而毁誉参半的评价，或专司格斗而用途过狭的雅克-3型，各项性能比较均衡的拉-5战斗机几乎是一边倒地受到实战部队的欢迎。

英国"闪电"战斗机

"闪电"战斗机是由英国电气公司研制的一款双发单座喷气式战斗机，于 1959 年开始服役。

结构解析

"闪电"战斗机最大的设计特点是在后机身内使 2 台"埃汶"发动机别出心裁地呈上下重叠安装。该机采用机头进气，在后来战斗机型的圆形进气口中央有 1 个内装火控雷达的固定式调节锥。"闪电"战斗机的机翼

基本参数	
机身长度	16.8 米
机身高度	5.97 米
翼展	10.6 米
空重	14 092 千克
最大速度	2100 千米／时
最大航程	1370 千米

设计也很独特：前缘后掠为 60°，并带缺口（作为涡流发生器用），后缘沿着飞机纵轴互为垂直的方向切平。该机的副油箱或导弹被高高地"驮"在机翼上表面的挂架之上，需要采用弹射方式投出。

作战性能

"闪电"战斗机在英军与美军的联合演习中多次成功"拦截"在高空飞行的 U-2 侦察机，为此赢得了军方的青睐。该机的前机身可装 2 门"阿登"机炮，前机身的侧面可挂 2 枚"火光"或"红头"导弹，机腹下各种尺寸的流线型囊式保形吊舱用来安装机身内安放不下的武器和燃油。

英国"蚊蚋"战斗机

"蚊蚋"战斗机是由英国弗兰德公司研制的单座轻型战斗机，于1959年开始服役。

结构解析

"蚊蚋"战斗机的高单翼后掠40°，机翼较厚，具有5°下反角。半硬壳构造的机身头部呈锥形，两侧突出部从发动机进气口一直流畅地延伸到机尾，整体式透明座舱盖向后上方打开，风挡平面玻璃固定在机身上。起落架的双前轮收在座舱下面、主轮收在机身两侧。

基本参数	
机身长度	8.74米
机身高度	2.46米
翼展	6.75米
空重	2175千克
最大速度	1120千米／时
最大航程	800千米

作战性能

"蚊蚋"战斗机安装有2门30毫米"阿登"机炮，可外挂2枚227千克炸弹或36枚火箭弹。该机一反当时追求更快、更高的潮流，而是追求操作灵活、容易整备。由于高推重比和低翼载，加上助力操纵装置的"蚊蚋"战斗机具有相当好的机动性和操纵性，爬升到13500米用时不到4分钟。但追求简易性的独特设计也存在一些缺点，如液压助力操纵系统常出故障。

英国"标枪"战斗机

"标枪"战斗机是由英国格罗斯特公司研制的一款双发亚音速战斗机，于1956年开始装备部队。

结构解析

"标枪"战斗机既是英国研制的第一架三角翼战斗机，也是世界上最早使用三角翼的实用战斗机。该机采用中单三角翼、T形尾翼、机身两侧进气布局。座舱为串列双座。全机以铝合金结构为主，也有少量的钢制部件。

基本参数	
机身长度	17.15 米
机身高度	4.88 米
翼展	15.85 米
空重	10 886 千克
最大速度	1140 千米／时
最大航程	1530 千米

作战性能

"标枪"战斗机主要依靠截击雷达和空对空导弹作战，安装有2门30毫米机炮。该机的动力装置为2台阿姆斯壮·西德利"蓝宝石"ASSa.6涡轮喷气发动机，单台推力49千牛。"标枪"战斗机的机身设计非常坚固，在静力试验中加载达到118%才宣告破坏。

英国"猎人"战斗机

"猎人"战斗机是由英国霍克·西德利公司研制的一款单发高亚音速喷气战斗机，于1953年5月16日首次试飞。

结构解析

"猎人"战斗机有单座和双座机型，只安装了简单的测距雷达。早期型号使用副翼作为气动刹车会引发严重的机首朝下的高速度直俯冲，于是在其机身下侧安装了一种简单的铰链制动器。

基本参数	
机身长度	14米
机身高度	4.01米
翼展	10.26米
空重	6405千克
最大速度	1150千米／时
最大航程	3060千米

作战性能

"猎人"战斗机不具备全天候作战能力，但可兼作对地攻击用。该机的武器装备为4门30毫米"阿登"机炮，另有4个挂架，最大挂弹量为1816千克。动力装置为1台"埃汶"207涡喷发动机，推力为45千牛。

英国"毒液"战斗机

　　"毒液"战斗机是由英国德·哈维兰公司研制的一款单发战斗机,于1951 年开始服役。

▶ 结构解析

　　作为"吸血鬼"战斗机的后继机,"毒液"战斗机继承了前者的气动布局,两者的侧面轮廓几乎一样,很容易被搞混。事实上,"毒液"战斗机采用了比"吸血鬼"战斗机更薄的机翼和推力更大的"幽灵"104 涡喷发动机,其机

基本参数	
机身长度	11.21 米
机身高度	2.59 米
翼展	12.8 米
空重	4000 千克
最大速度	950 千米／时
最大航程	1610 千米

翼在 1/4 弦长处略微后掠,并装有翼尖油箱,油箱末端有一小片稳定翼,油箱前段内侧还有小边条。

▶ 作战性能

　　"毒液"战斗机的机鼻中安装有 4 门伊斯帕诺 Mk 5 型 20 毫米机炮,翼下 2 个挂架最大可挂载 900 千克外挂物,典型的挂载方案为 2 枚 450 千克炸弹或 8 枚 RP 火箭,或 2 个副油箱。"毒液"战斗机同样具备"吸血鬼"战斗机的敏捷性和良好的操控性,平飞速度有所提高,爬升率大幅改善。

英国"吸血鬼"战斗机

　　"吸血鬼"战斗机是由英国德·哈维兰公司研制的喷气式战斗机，于1945 年开始服役。

结构解析

　　"吸血鬼"战斗机采用气泡状座舱、平直机翼、双尾翼双尾撑，发动机的进气口与进气道开在左右机翼根部夹层内，前三点起落架可完全收入机内。这样煞费苦心的造型设计是为了使喷气管长度尽量缩短，减少了排气损失。

基本参数	
机身长度	9.37 米
机身高度	2.69 米
翼展	11.58 米
空重	3304 千克
最大速度	882 千米／时
最大航程	1960 千米

作战性能

　　"吸血鬼"战斗机是英国继"流星"战斗机之后第 2 种进入可实用阶段的喷气式战斗机，服役时间长达 20 多年。该机的原型机是当时西方国家首款时速超过 805 千米的飞机。"吸血鬼"战斗机还衍生出了多种型号，可用作战斗轰炸机和夜间战斗机，后者带有双人座舱和截击雷达。

英国"喷火"战斗机

"喷火"战斗机是英国在二战中装备的主流单发战斗机。

结构解析

　　"喷火"战斗机无论从技术还是性能上看，都是英国当时最先进的战斗机。它采用的新技术包括单翼结构、全金属承力蒙皮、铆接机身、可收放起落架、变距螺旋桨和襟翼装置等，机身小得只能装下 1 名飞行员。

作战性能

基本参数	
机身长度	9.1 米
机身高度	3.9 米
翼展	11.2 米
空重	2300 千克
最大速度	602 千米／时
最大航程	1840 千米

　　"喷火"战斗机的机动性比德国的同类战斗机略差，但稳定性更佳，可以大大减轻飞行员的负担。从 1936 年第一架原型机试飞开始，"喷火"战斗机不断地被改良，不仅担负英国维持制空权的重大责任，转战欧洲、北非与亚洲等战区，提供其他盟国使用，战后还到中东地区参与当地的冲突。

　　"喷火"战斗机的改进型种类繁多，光"喷火"的改型就有 24 个，这还不包括"海火"的改型。

法国"幻影 F1"战斗机

　　"幻影 F1"战斗机是由法国达索公司研制的一款空中优势战斗机，于1966 年 12 月 23 日首次试飞，1970 年开始服役。

结构解析

　　"幻影 F1"战斗机的性能非常适合担任低空、低速的地面支援任务，但当时法国空军已经装备的"幻影 Ⅲ E"和"美洲虎 A"都已经能够满足需要，所以法国空军首批订购的"幻影 F1"战斗机转而担任空中截击和夺取空中优势任务，并为此进行了一些改进。

基本参数	
机身长度	15.3 米
机身高度	4.5 米
翼展	8.4 米
空重	7400 千克
最大速度	3300 千米／时
最大航程	2338 千米

作战性能

　　"幻影 F1"战斗机的武器包括 2 门 30 毫米机炮，其翼尖可携带 2 枚"魔术"红外制导空对空导弹，翼下的 4 个挂架可挂载 R530 空对空导弹。在执行对地攻击任务时，可在翼下的 4 个挂架和机身挂架上挂载各种常规炸弹火箭发射器和 1200 升的副油箱。

法国"幻影 2000"战斗机

　　"幻影 2000"战斗机是由法国达索公司研制的一款多用途战斗机，于 1984 年开始在法国空军服役。

结构解析

　　"幻影 2000"战斗机重新启用了"幻影Ⅲ"的无尾三角翼气动布局，以发挥三角翼超音速阻力小、结构重量轻、刚性好、大迎角时的抖振小和内部空间大以及储油多的优点。但在技术发展的条件下，解决了无尾布局的

基本参数	
机身长度	14.36 米
机身高度	5.2 米
翼展	9.13 米
空重	16 350 千克
最大速度	2530 千米／时
最大航程	3335 千米

一些局限。其主要措施为采用了电传操纵、放宽静稳定度、复合材料等先进技术，弥补了该布局的局限。进气道旁靠近机翼前缘处有小边条，边条有明显的上反角。

作战性能

　　"幻影 2000"战斗机可执行全天候、全高度／全方位、远程拦截任务，全机共有 9 个武器外挂点，其中 5 个在机身下、4 个在机翼下。各单座型号还安装有 2 门德发公司研制的 30 毫米机炮。

法国"阵风"战斗机

"阵风"战斗机是由法国达索公司研制的一款第四代半战斗机，于
2001 年 5 月开始服役。

结构解析

"阵风"战斗机采用了"复合后掠"三
角翼及先天不稳定气动布局，有较大的高位
活动鸭式前翼和单垂尾，机身为半硬壳式，
前部分主要使用铝合金制作而成，后部分则
大量使用了碳纤维复合材料。该机进气道位

基本参数	
机身长度	15.27 米
机身高度	5.34 米
翼展	10.8 米
空重	9500 千克
最大速度	2130 千米／时
最大航程	3700 千米

于下机身两侧，这种设计可有效改善进入发动机进气道的气流，从而提高
大迎角时的进气效率。起落架为前三点式，可通过液压收放在机体内部。

作战性能

"阵风"战斗机虽然没有采用像 F-22 战斗机这类第五代战斗机的技术，
如外形设计的隐形技术、矢量推力技术、超音速巡航技术等，但比起现代
服役的第四代战斗机又采用了大量的先进技术，因而其综合作战性能不仅
有了很大提高，而且有相当大的进一步发展空间。

法国"暴风雨"战斗机

"暴风雨"战斗机是由法国达索公司在二战结束后研制的第一种喷气式战斗机，于1952年开始服役。

结构解析

从外观上来看，"暴风雨"战斗机是典型的第一代喷气式战斗机：纺锤形机体、机头进气、平直下单翼、单垂尾。由于当时法国没有喷气式发动机，所以选用了英国的发动机。

作战性能

基本参数	
机身长度	10.73米
机身高度	4.14米
翼展	13.16米
空重	4140千克
最大速度	940千米／时
最大航程	960千米

作为达索公司研制的第一种喷气式战斗机，虽然"暴风雨"战斗机看上去还很简陋，但是这架飞机使达索公司积累了设计喷气式战斗机的经验，尤其是飞机与发动机的匹配问题。"暴风雨"战斗机是一款更擅长对地作战的飞机，机身坚固异常，其作战性能非常出色。

法国"神秘"战斗机

"神秘"战斗机是由法国达索公司研制的一款单座喷气式战斗机，于1954年开始服役。

结构解析

"神秘"战斗机沿用了"暴风雨"战斗机的机身，但为了安装机翼，中部做了一些改动，机翼的后掠角从"暴风雨"战斗机的14°增大到30°，机翼的相对厚度也要比原来的小。

基本参数	
机身长度	11.7 米
机身高度	4.26 米
翼展	13.1 米
空重	5225 千克
最大速度	1060 千米／时
最大航程	885 千米

作战性能

"神秘"战斗机有多种型号，使用"渐改法"逐步完善性能和发展出各种用途，以满足不同的作战要求，是"神秘"战斗机取得成功的关键。以昼间用的战斗轰炸机改型"神秘"Ⅳ A 型为例，其机头下安装 2 门 30 毫米机炮，机翼下 4 个挂架可挂 4 枚 225 千克炸弹或 4 具 19 孔 37 毫米口径的火箭发射巢或副油箱。

法国"超神秘"战斗机

　　"超神秘"战斗机是由法国达索公司研制的一款超音速战斗机，于 1955 年 3 月首次试飞，次年开始批量生产。

结构解析

　　"超神秘"战斗机在气动外形上借鉴了美国 F-100"超佩刀"战斗机，虽然和"神秘"Ⅱ型很相似，但实际上是一款全新的飞机。"超神秘"战斗机采用了更后掠 (45°) 和更薄的机翼，改进了进气道，并使用视界更好的凸出型半水泡座舱盖，外形线条更趋向曲线型。

基本参数	
机身长度	14.13 米
机身高度	4.6 米
翼展	10.51 米
空重	6390 千克
最大速度	1195 千米／时
最大航程	1175 千米

作战性能

　　"超神秘"战斗机在安装了带加力燃烧室的"阿塔"101 涡喷发动机后，其飞行性能相应提高，成为西欧各国空军中第一种平飞速度超过音速的战斗机。该机安装有 1 门双联"德发"551 型 30 毫米机炮，翼下可选挂 907 千克火箭弹或炸弹。

法国"幻影Ⅲ"战斗机

　　"幻影Ⅲ"战斗机是由法国达索公司研制的单座一款单发战斗机，于1961年开始服役。

结构解析

　　"幻影Ⅲ"最初被设计成截击机，但随后就发展成兼具对地攻击和高空侦察的多用途战机，为无尾翼三角翼单发设计。该机在1958年10月第35次试飞时达到2马赫的极速，成为第一架速度达2马赫的欧洲战斗机。

基本参数	
机身长度	15 米
机身高度	4.5 米
翼展	8.22 米
空重	7050 千克
最大速度	2350 千米／时
最大航程	2400 千米

作战性能

　　"幻影Ⅲ"战斗机的主要武器包括2门固定30毫米口径的机炮及7个外挂点。挂载的武器除了4枚空对空导弹外，通常是炸弹、空对地导弹或是空对舰导弹等。与同期其他2马赫的战斗机相比，"幻影Ⅲ"战斗机具有操作简单、维护方便等优点。在1967年爆发的中东战争中，以色列装备的"幻影Ⅲ"战斗机曾创下单日12次出击的惊人纪录，每次落地挂弹、加油再升空的时间从一般的20分钟减至7分钟。

德国 Bf 109 战斗机

Bf 109 战斗机是由德国梅塞施密特公司研制的单座战斗机，于 1936 年开始生产。

结构解析

Bf 109 战斗机在设计中采用了当时最先进的空气动力外形和可收放的起落架、可开合的座舱盖、下单翼、自动襟翼等。该机的应用超越了其最初设计目的，并衍生出包括战斗轰炸机、夜间战斗机和侦察机在内的诸多型号。

基本参数	
机身长度	8.95 米
机身高度	2.6 米
翼展	9.925 米
空重	2247 千克
最大速度	640 千米／时
最大航程	1000 千米

作战性能

Bf 109 战斗机与 1941 年开始服役的 Fw 190 战斗机一起成为德国空军的标准战斗机。最常与 Bf 109 战斗机一起进行比较的是英国"喷火"战斗机，这两款战斗机不仅从二战初期一直较劲到二战结束，地点也覆盖了西欧、东欧和北非。在整个二战中，德国空军总战果中有一半以上是用 Bf 109 取得的。

德国 Me 262 "雨燕" 战斗机

　　Me 262 "雨燕" 战斗机于 1944 年 6 月开始服役，是世界上第一种投入实战的喷气式飞机。

结构解析

　　Me 262 战斗机是一种全金属半硬壳结构轻型飞机，流线型机身有一个三角形的断面，机头集中装备 4 门 30 毫米机炮和照相枪。近三角形的尾翼呈十字相交于尾部，2 台轴流式涡轮喷气发动机的短舱直接安装在后掠的下单翼的下方，前三点起落架可收入机内。

基本参数	
机身长度	10.6 米
机身高度	3.5 米
翼展	12.51 米
空重	3800 千克
最大速度	870 千米／时
最大航程	1050 千米

作战性能

　　作为新型动力装置，Me 262 战斗机采用的是由德国容克公司研发生产的尤莫 109-004 型发动机，海平面静止推力为 8.8 千牛。虽然燃料的缺乏使得 Me 262 战斗机未能完全发挥其性能优势，但其采用的诸多革命性设计对二战结束后战斗机的发展产生了重大影响。

瑞典 JAS 39 "鹰狮" 战斗机

JAS 39 "鹰狮" 战斗机是由瑞典萨博公司研制的一款单座全天候战斗机，于 20 世纪 90 年代后期开始服役。

结构解析

JAS 39 战斗机采用了鸭翼（前翼）与三角翼组合而成的近距耦合鸭式布局，机身广泛采用复合材料。机翼和前翼的前缘后掠角分别为 45° 和 43°。该机的座舱盖为水滴状，单片式曲面风挡玻璃。座椅向后倾斜 28°，类似美制 F-16 战斗机。

基本参数	
机身长度	14.1 米
机身高度	4.5 米
翼展	8.4 米
空重	6620 千克
最大速度	2204 千米／时
最大航程	3200 千米

作战性能

JAS 39 战斗机优秀的气动性能使其能在所有高度上实现超音速飞行，并具备较强的短距起降能力。该机可携带的武装除固定的 27 毫米机炮外，机身的 7 个外挂点还可以挂载 AIM-9 导弹、Rb-47 导弹、"魔术" 导弹和 AIM-120 导弹等武器。

瑞典 SAAB 35 "龙" 式战斗机

SAAB 35 "龙" 式战斗机是由瑞典萨博公司研制的一款多用途超音速战斗机，于 1960 年开始服役。除了瑞典本国使用外，丹麦、芬兰、奥地利等国也有装备。2005 年，各国空军装备的 SAAB 35 战斗机全数退役。

结构解析

SAAB 35 战斗机采用特殊的无尾、双三角翼翼身融合体布局，三角形的发动机进气口布置在翼根部，采用大后掠垂直尾翼，并在其前方设有 1 个小型三角形天线，有利于避免失速。该机的机身前后两段是由螺栓连接，很容易将飞机分成前后两段，直接对发动机进行必要的维护。

基本参数	
机身长度	15.34 米
机身高度	3.87 米
翼展	9.42 米
空重	6590 千克
最大速度	1900 千米／时
最大航程	3250 千米

作战性能

SAAB 35 战斗机的第一种生产型安装了 2 门 30 毫米机炮，可以携带"响尾蛇"空对空导弹进行空战。最初的军队服役证明这是一款成功的作战飞机，瑞典空军驾驶过该机的飞行员一致认为其是真正属于飞行员的飞机：操纵简单，毛病极少。这个评价不仅证明了萨博公司出色的设计理念，还充分体现了该公司高超的飞机制造技术。

瑞典 SAAB 29 "圆桶"战斗机

SAAB 29 "圆桶"战斗机是由瑞典萨博公司研制的单发单座轻型喷气式战斗机，于 1950 年开始服役，1976 年退出现役。除了瑞典空军外，奥地利空军也有装备。

结构解析

SAAB 29 战斗机的外形较为丑陋，机身短粗，就像它的绰号一样，看起来像只圆桶，机翼为后掠角 25°的后掠翼。为了减小其着陆速度，在外翼段安装了前缘襟翼，副翼放下时襟翼自动伸出。

基本参数	
机身长度	10.23 米
机身高度	3.75 米
翼展	11 米
空重	4845 千克
最大速度	1060 千米／时
最大航程	1100 千米

作战性能

虽然外形不佳，但 SAAB 29 战斗机的机动性能颇为优秀。该机的主要武器为 4 门 20 毫米机炮（每门备弹 180 发），翼下有 4 个挂架。由于主起落架距地高度太低，SAAB 29 战斗机的机腹下无法挂载武器，也就没有安装机腹挂架。该机的动力装置为 1 台 RM2 喷气发动机，加力推力为 27 千牛。

欧洲"狂风"战斗机

"狂风"战斗机是由德国、英国和意大利联合研制的双发战斗机，于1979年开始服役。

结构解析

"狂风"战斗机采用串列式双座、可变后掠悬臂式上单翼设计。后机身内并排安装有2台涡轮风扇发动机，进气道位于翼下机身两侧。在机身后上部两侧各装有一块减速板，可在高速飞行中使用。座舱2个座位为前后串列式布置，均采用马丁·贝克Mk.10A弹射座椅。

基本参数	
机身长度	16.72 米
机身高度	5.95 米
翼展	13.91 米
空重	13 890 千克
最大速度	2417 千米／时
最大航程	3890 千米

作战性能

"狂风"战斗机有多个型号，其武器也各不相同。以"狂风"IDS GR.4 型为例，其武装除了1门27毫米毛瑟BK–27机炮外，机身和机翼下的7个挂架可挂载各种导弹、炸弹和火箭弹等。

欧洲"台风"战斗机

"台风"战斗机是由欧洲战机公司研制的一款双发多功能战斗机，于2003 年开始服役。

结构解析

"台风"战斗机采用鸭式三角翼无尾式布局，矩形进气口位于机身下。这一布局使其具有优秀的机动性，但是隐形能力则相应被削弱。该机广泛采用碳素纤维复合材料、玻璃纤维增强塑料、铝锂合金、钛合金和铝合金等材料制造，复合材料约占全机比例的 40%。

基本参数	
机身长度	15.96 米
机身高度	5.28 米
翼展	10.95 米
空重	11 150 千克
最大速度	2124 千米／时
最大航程	3790 千米

作战性能

"台风"战斗机是世界上少数可以在不开后燃器的情况下超音速巡航的量产战斗机，其采用的 2 台 Eurojet EJ200 涡扇发动机非常优秀，单台推力可达 60 千牛。"台风"战斗机是集便于组装、隐形性、高效能和先进航空电子于一身的多功能战机，除空战能力强之外，还拥有不错的对地作战能力，可使用各种精确对地武器。与其他同级战机相比，该机也更具智能化，可有效降低飞行员的工作量，提高其作战性能。

以色列"幼狮"战斗机

"幼狮"战斗机是由以色列航空工业有限公司在"幻影"战斗机基础上研制的一款单座单发战斗机，于1976年开始服役。

结构解析

"幼狮"战斗机的机身采用全金属半硬壳结构，机身前横截面的底部比"幻影Ⅴ"战斗机更宽更平。机头锥用以色列国产的复合材料制成。"幼狮"C2型在机头锥靠近尖端的两侧各安装有一小块水平边条，这个边条可以有效改善偏航时的机动性能和大迎角时机头上的气流。前机身下的前轮舱的前方装有超高频天线。

基本参数	
机身长度	15.65 米
机身高度	4.55 米
翼展	8.22 米
空重	7285 千克
最大速度	2440 千米／时
最大航程	3232 千米

作战性能

"幼狮"战斗机保留了"幻影"系列飞机作为标准装备的2门30毫米"德发"机炮，并能携带各种外挂武器。该机共有9个外挂点，5个在机身下，每个机翼下各有2个外挂点，可挂载包括"谢夫里"空对空导弹和LUZ-1空对地导弹在内的多种武器。

南非 "猎豹" 战斗机

"猎豹" 战斗机是由南非阿特拉斯公司在 "幻影 Ⅲ" 战斗机基础上改进而来的战斗机，于 1987 年开始服役。

结构解析

除了一个加长的机鼻外，"猎豹" 战斗机在气动布局方面的修改包括：机鼻两侧装上可以防止在高攻角下脱离偏航的 "幼狮" 式小边条，一对固定在进气道的三角鸭翼，锯齿形外翼前缘，以及代替前缘翼槽的短翼刀。双座机

基本参数	
机身长度	15.55 米
机身高度	4.5 米
翼展	8.22 米
空重	6600 千克
最大速度	2350 千米／时
最大航程	1300 千米

型也会在驾驶舱下两侧加上曲线型边条。机体结构上的修改着重于延长主翼梁的最低寿命 (800 小时)。

作战性能

"猎豹" 战斗机安装有 2 门 30 毫米机炮，载弹量为 4000 千克。该机的动力装置为 1 台斯奈克玛 "阿塔" 9K-50 涡轮喷气发动机，推力为 49.2 千牛，加力推力为 70.6 千牛。

埃及 HA-300 战斗机

HA-300 战斗机是埃及于 20 世纪 60 年代研制的一款轻型超音速战斗机，因多种原因未能量产。

结构解析

HA-300 战斗机采用中置的三角翼、水平尾翼的常规布局，机翼前缘后掠角为 57.5°，相对厚度为 4%，进气口在机身两侧，呈半圆形。由于采用三角翼的布局，HA-300 战斗机的低速性能不好，在起降时飞行员的视野也非常糟糕，所以曾经打算在生产型的飞机上采用类似"协和"飞机的可下垂机头。

基本参数	
机身长度	12.4 米
机身高度	3.15 米
翼展	5.84 米
空重	2100 千克
最大速度	2100 千米／时
最大航程	1400 千米

作战性能

HA-300 战斗机主要准备的空战武器是 4 枚红外格斗导弹，当时的主要候选目标是苏联 AA-2 "环礁"导弹。虽然 HA-300 战斗机的气动布局并不适合执行战场遮断任务，但是埃及空军还是为 HA-300 战斗机执行上述任务时选择了 2 门英国西斯潘诺 30 毫米机炮，另外一个候选目标是 2 门 23 毫米苏联努德曼 – 苏拉诺夫 NS-23 机炮。

日本"零"式战斗机

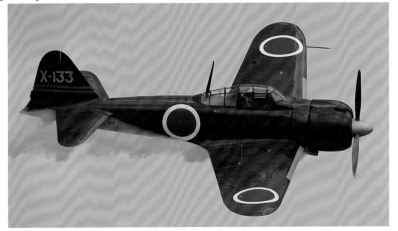

"零"式战斗机是日本在二战期间装备的一款主力舰载战斗机，于1940年7月开始服役。

结构解析

"零"式战斗机实现了多个第一，如首次采用全封闭可收放起落架、电热飞行服、大口径机炮、恒速螺旋桨、超硬铝承力构造、大视界座舱和可抛弃的大型副油箱等设备。

基本参数	
机身长度	9.06米
机身高度	3.05米
翼展	12米
空重	1680千克
最大速度	660千米／时
最大航程	3105千米

作战性能

"零"式战斗机的主要优点包括：非常低的翼负荷，带来优异的水平面回转能力；比同时期战机更高的航程；中高度以下良好的爬升率。该机代表了二战前日本航空工业的最高水平。该机曾经在二战初期产生所谓的"零"式战斗机神话，被视为不可能被击败的无敌战机，但后来其性能逐渐被美军服役的新式战机超越，到二战后期时已经沦为美军战斗机争相猎杀的目标。

日本 F-1 战斗机

F-1 战斗机是日本在二战结束后设计的第一种战斗机，于 1978 年 4 月开始服役。

结构解析

F-1 战斗机采用普通全金属半硬壳式机身结构，机身结构重量的 10% 为钛合金，主要位于发动机舱。该机使用液压收放前三点式起落架。液压系统发生故障时，可用冷气系统应急放下起落架。主起落架采用超高压无内胎轮胎，向前收入机身。后起落架可转向 72°，也采用超高压无内胎轮胎，向后收入机身。前后均为单轮，有油气减震器、液压刹车和防滑装置。

基本参数	
机身长度	17.85 米
机身高度	4.45 米
翼展	7.88 米
空重	6358 千克
最大速度	1700 千米／时
最大航程	2870 千米

作战性能

F-1 战斗机安装有 1 门 20 毫米 JM61A1 机炮，另外有 5 个外挂点，可挂载副油箱、炸弹、火箭、导弹等，总载弹量为 2710 千克。动力装置为 2 台 TF40-IHI-801A 涡扇发动机，单台推力为 22.8 千牛。F-1 战斗机典型的作战任务为携带 2 枚 ASM-1 反舰导弹及 1 个 830 千克副油箱进行反舰任务，作战有效半径为 550 千米。所有任务中通常在翼尖挂架上挂 2 枚 AIM-9 导弹。

日本 F-2 战斗机

F-2 战斗机是由日本三菱重工与美国洛克希德·马丁公司合作研制的一款战斗机，于 2000 年开始服役。

结构解析

基本参数	
机身长度	15.52 米
机身高度	4.96 米
翼展	11.13 米
空重	9527 千克
最大速度	2469 千米／时
最大航程	4000 千米

由于 F-2 战斗机是以美国 F-16C/D 战斗机为蓝本设计的，所以其动力设计、外形和搭载武器等方面都吸取了不少 F-16 的优点。但为了突出日本国土防空的特点，该机又进行了多处改进，包括采用先进的材料和构造技术，使 F-2 战斗机机身前部加长，从而能够搭载更多的航空电子设备。该机配备有全自动驾驶系统，机翼大量采用吸波材料以降低雷达探测特征等。

作战性能

F-2 战斗机是世界上第一种将机载主动相控阵雷达投入服役的机种，搭载 J/APG-1 相控阵雷达。在服役初期由于日本在软件整合能力方面的欠缺，导致这种雷达性能不稳定。F-2 战斗机最初的主要任务为对地与反舰等航空支援任务，因此，航空自卫队将其划为支援战斗机。后期换装了 J/APG-2 雷达之后，F-2 战斗机凭借先进的电子战系统和雷达，在空对空作战中也有不错的表现。

印度"光辉"战斗机

　　"光辉"战斗机是由印度斯坦航空公司研发的轻型战斗机，于2015年1月开始服役。

▶ 结构解析

　　"光辉"战斗机大量采用了先进的复合材料，这不仅有效地降低了飞机的自重和成本，而且加强了飞机在近距缠斗中对高过载的承受能力。机体复合材料、机载电子设备以及相应软件都具有抗雷击能力，这使得"光辉"战斗机能够实施全天候作战。此外，该机还具备一定的隐形性能。

基本参数	
机身长度	13.2米
机身高度	4.4米
翼展	8.2米
空重	6500千克
最大速度	1920千米／时
最大航程	3000千米

▶ 作战性能

　　"光辉"战斗机的外形并没有采用隐形设计，由于它机体极小，且大量采用复合材料，进气道的Y形设计遮挡住涡轮叶片的因素使得"光辉"战斗机拥有了所谓的"隐形性能"。值得一提的是，"光辉"战斗机配有空中受油装置，在一定程度上提高了其续航力。

伊朗"闪电80"战斗机

"闪电80"战斗机是由伊朗研发的一款双发单座喷气式战斗机，2007年9月开始服役。

结构解析

"闪电80"战斗机是由美国F-5"虎"式战斗机衍生而来的，体积比F-5战斗机大出至少10%，改用两台发动机结构，原来的单垂尾也变成酷似美国F/A-18"大黄蜂"战

基本参数	
机身长度	15.89米
翼展	8.3米
空重	4400千克
最大速度	1700千米／时
最大航程	3000千米

斗/攻击机的斜向双垂尾，这也是一些媒体误认为"闪电80"战斗机与F/A-18战斗/攻击机相似的重要原因。

作战性能

伊朗声称"闪电80"战斗机达到美国F-18"大黄蜂"战斗/攻击机的水平，有益于维护和密集出勤轰炸的特性。不过，《简氏防务周刊》认为"闪电80"战斗机只能算是第三代战机，在教练机或攻击机的标准下勉强能用，若能取得中程空对空导弹尚有一些空战能力，否则在21世纪战场只能算是相当落后。

第3章
战斗轰炸机和攻击机

战斗轰炸机和攻击机是空军进行对地攻击的主要机种，具有良好的低空和超低空稳定性与操纵性。这两种机型通常装备有威力强大的对地攻击武器，除了机炮和炸弹外，还包括制导炸弹、反坦克集束炸弹和空对地导弹等。

美国 F-117 "夜鹰" 攻击机

F-117 攻击机是由美国洛克希德公司研制的一款隐形攻击机，绰号"夜鹰"，于 1982 年开始服役。

结构解析

F-117 攻击机由 2 台通用电气 F404 无后燃气型涡轮发动机提供动力。为了达到隐形目的，F-117 牺牲了 30% 的发动机效率，并采用了一对高展弦比的机翼。由于需要向两侧折射雷达波，F-117 还采用了很高的后掠角的后掠翼。为了降低电磁波的发散和雷达截面积，F-117 没有配备雷达。

基本参数	
机身长度	20.09 米
机身高度	3.78 米
翼展	13.20 米
空重	13 380 千克
最大速度	993 千米／时
最大航程	1720 千米

作战性能

理论上，F-117 攻击机能携带美国空军军械库内的大部分武器，包含 B61 核弹。F-117 攻击机的两个武器舱拥有 2300 千克的装载能力，一般而言是携带成对的 GBU-10、GBU-12 或 GBU-27 激光导引炸弹。

美国A-10"雷电Ⅱ"攻击机

A-10攻击机是由美国费尔柴德公司研制的一款双发单座攻击机，绰号"雷电Ⅱ"。

结构解析

A-10攻击机采用中等厚度大弯度平直下单翼、双垂尾的正常布局，不仅便于安排翼下挂架，而且有利于遮蔽发动机排出的火焰与气流，以抑制红外制导的地对空导弹的攻击。尾吊发动机不仅可以简化设计、减轻结构重量，

基本参数	
机身长度	16.16 米
机身高度	4.42 米
翼展	17.42 米
空重	11 321 千克
最大速度	706 千米／时
最大航程	4150 千米

在起降时还可最大限度地避免发动机吸入异物。两个垂直尾翼增加了飞行安定性，作战中即使有一个垂尾遭到破坏，飞机也不会无法操纵。

作战性能

A-10攻击机在低空低速时有优异的机动性，可以在相当短的跑道上起飞及降落，并能在接近前线的简陋机场运作，因此可以在短时间内抵达战区。其滞空时间相当长，能够长时间盘旋于任务区域附近并在300米以下的低空执行任务。A-10攻击机在前机身内左下侧安装了1门30毫米GAU-8型7管"加特林"机炮，最大备弹量为1350发。该机有11个外挂架（每侧机翼下4个，机身下3个），最大载弹量为7260千克。

美国 A-7 "海盗 II" 攻击机

A-7 攻击机是以 F-8 战斗机为蓝本开发，用以取代 A-4 "天鹰" 的次音速轻型攻击机，绰号 "海盗 II"，于 1967 年开始服役。

结构解析

A-7 攻击机的机体设计源自 F-8 "十字军" 超音速战斗机，它是第一架配备有现代抬头显示器、惯性导航系统与涡扇发动机的作战机种。A-7A 为第一种量产机型，配备 1 台 AN/APN-153 导航雷达及 1 台 AN/APQ-99 对地攻击雷达。

基本参数	
机身长度	14.06 米
机身高度	4.89 米
翼展	11.80 米
空重	8972 千克
最大速度	1065 千米／时
最大航程	2485 千米

作战性能

虽然 A-7 攻击机原本仅针对美国海军航母操作而设计，但因其性能优异，后来也获美国空军及国民警卫队接纳并使用。早期美国海军的 A-7A 均配有两门 20 毫米机炮与 500 发弹药。虽然 A-7 理论上的最大载弹量为 6804 千克，但受到最大起飞重量的限制，一旦采用最大载弹量则必须严格限制机内装油量。

美国 AC-119 攻击机

　　AC-119 攻击机是美国空军在 C-119 运输机基础上改装的攻击机，有 AC-119G "暗影" 和 AC-119K "毒刺" 两种型号。

结构解析

　　C-119 运输机采用上单翼结构，有利于在机身侧面布置武器，AC-119 攻击机则在 C-119 运输机基础上安装了 2 门 M61A1 20 毫米六管机炮和 4 挺 SUU-11/A 7.62 毫米机枪。此外，AC-119 攻击机在机身左侧安装了 1 部 AVQ-8 氙气探照灯，在机身右侧安装了 LAU-74A 照明弹发射器。

基本参数	
机身长度	26.36 米
机身高度	8.12 米
翼展	33.31 米
空重	18 200 千克
最大速度	335 千米／时
最大航程	3100 千米

作战性能

　　作为 AC-47 "幽灵" 攻击机的继任者，AC-119 攻击机拥有更强大的对地攻击火力。经过实战检验后，飞行员对 AC-119 攻击机的 7.62 毫米机枪更为青睐，因为对比 20 毫米机关炮，飞机可以携带更多的小口径机枪子弹。

美国 AC-130 攻击机

AC-130 攻击机是美军有史以来最成功的空中炮艇，从 1968 年服役至今。

结构解析

AC-130 攻击机是以 C-130 运输机为基础改进而来，在机门、机舱侧面等处加装了搜索瞄准装置和机炮，增加了武器挂架，形成了"空中炮艇"。AC-130 攻击机采用了上单翼、四发动机、尾部大型货舱门的机身布局，主起落架舱的设计很巧妙，起落架收起时处在机身左右两侧旁凸起的流线型舱室内。

基本参数	
机身长度	29.8 米
机身高度	11.7 米
翼展	40.4 米
最大起飞重量	69 750 千克
最大速度	480 千米／时
最大航程	4070 千米

作战性能

AC-130 攻击机安装有各种不同口径的机炮，后期机种甚至搭载了博福斯炮或榴弹炮等重型火炮。以 AC-130U 为例，机载武器包含了 1 门侧向的博福斯 40 毫米 L/60 速射炮与 M102 型 105 毫米榴弹炮。原本在 AC-130H 上的 2 门 M61 机炮被 1 门 25 毫米 GAU-12 机炮所取代，拥有 3000 发弹药。除了具有强大的火力外，AC-130U 在电子战能力上也拥有大幅度的提升，主要的设备包括休斯 AN/APQ-180 火控雷达、德州仪器 AAQ-117 前视红外仪、洛克威尔 ALQ-172 电子干扰器等。

美国 A-37 "蜻蜓" 攻击机

A-37 "蜻蜓" 攻击机是以 T-37 "鸣鸟" 教练机为基础开发的攻击机，于 1967 年开始服役。

结构解析

A-37 攻击机保留了 T-37 教练机的双重操纵系统。在执行前线空中管制类的任务时，1 名观察员会占据第二个座椅。而在执行近距支援任务时，通常只有 1 名乘员，以便于搭载尽可能多的武器。为了提高飞机的防护力和乘

基本参数	
机身长度	8.62 米
机身高度	2.7 米
翼展	10.93 米
空重	2817 千克
最大速度	816 千米 / 时
最大航程	1480 千米

员的生存能力，座舱内装备韦伯公司的弹射座椅，并加装了防护装甲。此外，该机还安装了自封闭油箱和座舱尼龙防护帘。

作战性能

A-37 攻击机的低空机动性较好，其动力装置为 2 台 J85-EG-17A 发动机，单台推力为 12.7 千牛。该机的机载武器为 1 挺 7.62 毫米 GAC-2B/A 六管机枪，射速为 3000 ~ 6000 发 / 分，备弹 1500 发。翼下 8 个挂架可挂载各种炸弹、火箭巢，最大载弹量为 2100 千克。该机服役后参加了当时规模较大的局部战争，并在战争中发挥了极大作用。

美国 AC-47 "幽灵" 攻击机

AC-47 "幽灵" 攻击机是以 C-47 运输机为基础改进而来的中型攻击机，于 1965 年开始服役。

结构解析

AC-47 攻击机的机身较短粗呈流线型，后机身左侧有一个大舱门。机翼为悬臂式下单翼，尾翼由悬臂式的中平尾和单垂尾组成，采用可收放后三点式起落架。该机通常安装有 3 挺 7.62 毫米 M134 机枪，或者 10 挺 7.62 毫米 M1919 机枪。

基本参数	
机身长度	19.6 米
机身高度	5.2 米
翼展	28.9 米
空重	8200 千克
最大速度	375 千米／时
最大航程	3500 千米

作战性能

AC-47 攻击机的平台还是武器都来自陈旧但却十分成熟的技术，利用全新的概念将其整合起来，使它成了战场上最受欢迎的武器之一。尽管 AC-47 攻击机拥有非常有效的武器系统，但同时也有其固有的弱点。它的防护力较差，在 1965 年 12 月到 1969 年 9 月的作战中，共损失 15 架。

美国 F-15E "攻击鹰" 战斗轰炸机

F-15E 战斗轰炸机是由麦道公司在 F-15 "鹰" 的基础上改进而来的双座超音速战斗轰炸机，绰号 "攻击鹰"。

结构解析

F-15E 战斗轰炸机在外形上与 F-15D 基本相同，重新设计了发动机舱以及部分结构，武器挂架增加了一倍。除原有挂架外，在每个保形油箱边还有 6 个挂架。F-15E 采用了具有自动地形跟踪能力的数字式电传操纵系统和先进的电子座舱显示系统，其战术电子战系统整合了许多反制手段：雷达警告接收器、雷达干扰器、干扰丝与热焰弹发射器，以获得全面的反搜索与反追踪能力。

基本参数	
机身长度	19.43 米
机身高度	5.63 米
翼展	13.05 米
空重	14 515 千克
最大速度	3060 千米／时
最大航程	4445 千米

作战性能

F-15E 战斗轰炸机能够使用美国空军大多数的武器，包括 AIM-7 "麻雀" 导弹、AIM-9 "响尾蛇" 导弹、AIM-120 先进中程空对空导弹等进行空战，并且装备了 1 门 20 毫米 M61A1 机炮。F-15E 还装备了红外线夜间低空导航及瞄准系统，使它能够在夜间及任何恶劣天气条件下进行低空飞行，并且能使用精确制导或无制导武器打击地面目标。

美国 F-100 "超佩刀" 战斗轰炸机

F-100 战斗轰炸机是世界上第一种实用的超音速战机，绰号"超佩刀"，于 1954 年 9 月开始服役。

结构解析

F-100 战斗轰炸机最初是作为昼间空中优势战斗机设计的，服役期间主要作为战斗轰炸机使用。该机是第一种在机身重要结构上采用钛合金的飞机，采用中等后掠角悬臂下单翼，低平尾和单垂尾构成倒 T 形尾翼布局。

基本参数	
机身长度	14.36 米
机身高度	4.68 米
翼展	11.82 米
空重	9500 千克
最大速度	1390 千米／时
最大航程	3210 千米

作战性能

虽然 F-100 战斗轰炸机的机头进气方式的阻力较小，但其最大缺点是无法安装大型机载雷达，这使得 F-100 日后作战能力提升受到极大限制。由于进气口扁圆，机头上部线条明显下倾，从而使得 F-100 具有较好的前下方视野。早期型号装备了 4 门 20 毫米 M-39 机炮，备弹 800 发，两个翼下挂架，可挂载最大 454 千克常规炸弹。F-100 曾在越南战争中执行战斗轰炸任务，是美国空军在越战中使用的主要机型之一。

美国 F-105 "雷公" 战斗轰炸机

F-105 战斗轰炸机是美国空军装备的第一种超音速战斗轰炸机,绰号"雷公",于 1958 年开始服役。

结构解析

F-105 战斗轰炸机因其特大的内部武器舱和翼根下的前掠发动机进气口而出名。该机采用全金属半硬壳式结构,悬臂式中单翼。全动式平尾的位置较低,采用液压操纵。动力装置为 1 台 J75-P-19W 涡轮喷气发动机,加力推力为 109 千牛。

基本参数	
机身长度	19.63 米
机身高度	5.99 米
翼展	10.65 米
空重	12 470 千克
最大速度	2208 千米／时
最大航程	3550 千米

作战性能

F-105 虽为战斗轰炸机,但主要用于对地攻击,其空战性能很差。F-105 机身前左侧安装有 1 门 20 毫米的 6 管机炮,备弹 1029 发;弹舱内可载 1 枚 1000 千克或 4 枚 110 千克的炸弹或核弹;机翼下有 4 个挂架,机腹下 1 个挂架,可按各种方案携带核弹和常规炸弹、4 枚 AGM-12 空对地导弹或 4 枚 AIM-9 空对空导弹。

美国 F-111 "土豚" 战斗轰炸机

F-111 战斗轰炸机是由通用动力公司研制的战斗轰炸机，绰号 "土豚"，于 1967 年 7 月开始服役。

结构解析

F-111 战斗轰炸机拥有诸多当时的创新技术，包含几何可变翼、后燃器、涡轮扇发动机和低空地形追踪雷达。F-111 战斗轰炸机采用了双座、双发、上单翼和倒 T 形尾翼的整体布局形式，起落架为前三点式。该机最大的特点是采用了变后掠机翼，这是此类技术首次应用于实用型飞机。

基本参数	
机身长度	22.4 米
机身高度	5.22 米
翼展	19.2 米
空重	21 537 千克
最大速度	2655 千米／时
最大航程	6760 千米

作战性能

F-111 战斗轰炸机有 2 台 TF30-P-3 加力涡轮风扇发动机，单台推力 79.6 千牛。该机的武器系统包括机身弹舱和 8 个翼下挂架，可携带普通炸弹、导弹和核弹。

美国 OV-10 "野马" 侦察攻击机

OV-10 "野马" 侦察攻击机是由北美飞机公司研制的一款双发双座轻型多用途战术侦察攻击机，于 1968 年开始服役。

结构解析

OV-10 侦察攻击机的座舱玻璃低至腰膝部，视角非常广。该机采用双尾梁布局，2 台艾利逊 T-76-G420/421 发动机安装在尾梁的前端，而后端是一体式平尾。主翼中央是主机身，它的前部是由大块玻璃组成的纵列双座复式操作座舱，后部是一个多用途货舱。

基本参数	
机身长度	12.67 米
机身高度	4.62 米
翼展	12.19 米
空重	3127 千克
最大速度	452 千米／时
最大航程	927 千米

作战性能

OV-10 侦察攻击机装备的固定武器为 4 挺 7.62 毫米机枪，全机共 7 个外挂点，主翼下左右各 1 个挂点，机身下中央 1 个挂点，机身下两侧短翼各有 2 个挂点。该机可挂载各种火箭发射巢、炸弹、机枪、机炮吊舱或副油箱。

俄罗斯苏-24"击剑手"战斗轰炸机

苏-24战斗轰炸机是由俄罗斯苏霍伊设计局设计的一款双座战斗轰炸机，于1974年开始服役。

▌▌▌▶ 结构解析

苏-24战斗轰炸机是苏联第一种能进行空中加油的战斗轰炸机，其机翼后掠角的可变范围为16°～70°，起飞、着陆为16°，对地攻击或空战时为45°，高速飞行时为70°。其机翼变后掠的操纵方式比米格-23战斗机的手动式先进，但还达不到美国F-14战斗机的水平。

基本参数	
机身长度	22.53米
机身高度	6.19米
翼展	17.64米
空重	22 300千克
最大速度	1315千米／时
最大航程	2775千米

▌▌▌▶ 作战性能

苏-24战斗轰炸机安装有惯性导航系统，能进行远距离飞行而不需要地面指挥引导。该机安装有2门30毫米机炮，机上有8个挂架，正常载弹量为5000千克，最大载弹量为7000千克。除了携带传统的空对地导弹等武器进行攻击任务外，苏-24战斗轰炸机也可携带小型战术核武器进行对敌纵深打击。

俄罗斯苏-34 "鸭嘴兽"战斗轰炸机

苏-34战斗轰炸机是由俄罗斯苏霍伊设计局研制的一款双发重型战斗轰炸机，于2014年3月开始服役。

结构解析

苏-34战斗轰炸机在外形上的最大特征是其扁平的机头，由于采用了并列双座的设计，使得机头增大，为了减小体积而被设计为扁平。苏-34战斗轰炸机采用了许多先进的装备，包括装甲座舱、液晶显示器、新型数据链、新型火控计算机、后视雷达等。为了适应轰炸任务，该机还在座舱外加装了厚达17毫米的钛合金装甲。

基本参数	
机身长度	23.34米
机身高度	6.09米
翼展	14.7米
空重	14 000千克
最大速度	2200千米／时
最大航程	4000千米

作战性能

苏-34战斗轰炸机装备有1门30毫米GSh-30-1机炮，另有多达12个外挂点，可挂载大量导弹、炸弹和各类荚舱，具备多任务能力。此外，该机还加强了起落架的负载能力，其双轮起落架使其具备在前线野战机场降落的能力，大大增强了其作战的灵活性。

苏联伊尔-10攻击机

伊尔-10是俄罗斯伊留申设计局在二战后期由伊尔-2改进而来的攻击机，一直服役到20世纪60年代。

结构解析

伊尔-10的外观和伊尔-2相似，但实际为全金属结构，外观不同的地方是改用似普通战斗机的收放式起落架。另一特点是有内藏的弹仓。伊尔-10也是以单活塞式三叶螺旋桨驱动的机型，呈下单翼硬壳式布局，

基本参数	
机身长度	11.06米
机身高度	4.18米
翼展	11.06米
空重	4680千克
最大速度	530千米／时
最大航程	800千米

为后三点式收放式起落架，主要生产型为纵列双座封闭式座舱，后座位是面向后方的机枪手座位。发动机为液冷式的AM-42，最大功率达2051千瓦。

作战性能

俄罗斯伊留申设计局将伊尔-2重新设计成较小型的全金属制机型，配合新的大功率发动机，试图发展成为类似美国的P-47的战斗轰炸机。然而，伊尔-10发动机功率虽大，但是速度并不比伊尔-2快多少，所以只好保持攻击机的用途。

俄罗斯苏-25 "蛙足" 攻击机

苏 −25 攻击机是由俄罗斯苏霍伊设计局研制的亚音速攻击机，北约代号 "蛙足"，于 1981 年开始批量生产。

结构解析

苏 −25 攻击机的机翼为悬臂式上单翼，三梁结构，采用大展弦比、梯形直机翼，机翼前缘有 20°左右的后掠角。机身为全金属半硬壳式结构，机身短粗，座舱底部及四周有 24 毫米厚的钛合金防弹板。机头左侧是空速管，右侧是为火控计算机提供数据的传感器。起落架为可收放前三点式。

基本参数	
机身长度	15.53 米
机身高度	4.8 米
翼展	14.36 米
空重	9800 千克
最大速度	975 千米／时
最大航程	750 千米

作战性能

苏 −25 结构简单，装甲厚重坚固，易于操作维护，适合在前线战场恶劣的环境中进行对己方陆军的直接低空近距支援作战。该机的主要特点是：能在靠近前线的简易机场上起降，执行近距战斗支援任务。反坦克能力强，机翼下可挂载 "旋风" 反坦克导弹，射程 10 千米，可击穿1000 毫米厚的装甲。低空机动性能好，可在装弹情况下与米 −24 武装直升机协同，配合地面部队作战。

法国"幻影"5战斗轰炸机

"幻影"5战斗轰炸机是由法国达索公司研制的一款单座单发战斗轰炸机，于1970年开始服役。

结构解析

"幻影"5战斗轰炸机是在"幻影"Ⅲ的基础上改型设计的，采用其机体和发动机，加长了机鼻，简化了电子设备，增加了470升燃油，提高了外挂能力，可在简易机场起落。

基本参数	
机身长度	15.55米
机身高度	4.5米
翼展	8.22米
空重	7150千克
最大速度	2350千米／时
最大航程	4000千米

作战性能

"幻影"5战斗轰炸机主要用于对地攻击，也可执行截击任务。武器装备为2门30毫米机炮，7个外挂点的载弹量达4000千克。动力装置为1台斯奈克玛"阿塔"9C涡轮喷气发动机，加力推力61千牛。

英法"美洲豹"攻击机

　　"美洲豹"攻击机是由英国和法国联合研制的一款双发多用途攻击机，于 1973 年 6 月交付英国空军，1975 年 5 月交付法国空军。

结构解析

　　"美洲豹"攻击机具有干净利落的传统单翼布局，翼面至地面距离很高，便于挂载大型的外部载荷以及提供充裕的作业空间。机翼后掠角为 40°，下反角为 3°。机翼后缘取消了传统的副翼，内侧为双缝襟翼，外侧襟翼前有两片扰流板，低速时与差动尾翼配合进行横向操纵。尾部布局采用梯形垂尾，平尾是单片全动式，有 10°下反角。

基本参数	
机身长度	16.8 米
机身高度	4.9 米
翼展	8.7 米
空重	7000 千克
最大速度	1699 千米／时
最大航程	3524 千米

作战性能

　　虽然"美洲豹"攻击机是由英、法合作研发，但两国在许多规格与装备采用上却不尽相同。如英国版使用 2 台罗尔斯·罗伊斯 RT172 发动机，每台推力 22.8 千牛。法国版使用 2 台 Adour102 发动机，单台推力 33 千牛。两种版本都安装有 1 门 30 毫米机炮，并可挂载总重量为 4536 千克的导弹和炸弹等武器。

法德"阿尔法喷气"教练/攻击机

　　"阿尔法喷气"教练/攻击机是由法国达索公司和德国道尼尔公司联合研制的一款教练/攻击机，于1975年正式投产装备部队，有E(教练型)和A(攻击型)两种型别。

▶ 结构解析

　　"阿尔法喷气"教练/攻击机采用后掠式上单翼、串列双座驾驶舱，机身两侧的进气口非常显眼。

▶ 作战性能

　　"阿尔法喷气"教练/攻击机可携带1门

基本参数	
机身长度	12.29米
机身高度	4.19米
翼展	9.11米
空重	3475千克
最大速度	1000千米/时
最大航程	2940千米

吊舱式30毫米"德发"机炮或1门27毫米"毛瑟"机炮，备弹150发。该机有3个外挂点，可携带空对空导弹、空对地导弹、火箭弹、炸弹等。"阿尔法喷气"教练/攻击机的动力装置为2台"拉扎克"O4-C5型涡轮风扇发动机，单台推力13千牛。

意大利 MB-326 教练 / 攻击机

MB-326 教练 / 攻击机是由马基公司在 20 世纪 50 年代研制的教练 / 攻击机，于 1962 年 2 月开始在意大利空军服役。

结构解析

MB-326 教练 / 攻击机采用直线型下单翼，安装有 1 台罗尔斯·罗伊斯"蝰蛇"632 发动机，翼尖设有油箱。

作战性能

基本参数	
机身长度	10.65 米
机身高度	3.72 米
翼展	10.56 米
空重	2237 千克
最大速度	806 千米 / 时
最大航程	1665 千米

MB-326 教练 / 攻击机可用于喷气式飞行员训练的全部阶段，其问世刚好处于各国空军一线飞机从二战时的活塞式飞机向喷气式飞机的转型期，市场前景广阔。MB-326 衍生出的单座和双座对地攻击型号都具备在翼下 6 个挂架携带武器的能力，可选挂 1815 千克常规炸弹、火箭弹和机炮吊舱。

意大利 MB-339 教练 / 攻击机

MB-339 教练 / 攻击机是由意大利马基飞机公司为意大利空军研制的教练 / 攻击机，于 1979 年 8 月交付使用。

结构解析

MB-339 教练 / 攻击机采用常规气动外形布局，机身为全金属半硬壳结构。驾驶舱为增压座舱，串列双座，后座比前座高 32.5 厘米，这样前后座均有良好的视野。MB-339 的主要型别包括 MB-339A 双座串列教练 / 攻击机、

基本参数	
机身长度	10.97 米
机身高度	3.6 米
翼展	10.86 米
空重	3075 千克
最大速度	898 千米 / 时
最大航程	1760 千米

MB-339B 高级喷气教练机 (增加了近距空中支援能力)、MB-339K 单座对地攻击机、MB-339C 教练 / 近距空中支援机，各种型号的外形结构差别不大。

作战性能

MB-339 教练 / 攻击机有 6 个翼下外挂点，共可挂载 1815 千克外挂武器，可选挂小型机枪吊舱、集束炸弹、火箭弹、空对空导弹和反舰导弹等。该机的动力装置为 1 台罗尔斯·罗伊斯"威派尔"Mk 632-43 发动机，单台推力为 17.8 千牛。

意大利 / 巴西 AMX 攻击机

AMX 攻击机是由意大利和巴西两国合作研制的单座单发轻型攻击机，于 1988 年开始交付使用。

结构解析

AMX 攻击机采用常规布局，有一对前缘后掠角为 27.5°的后掠矩形上单翼和后掠平尾。机翼配备了全翼展前缘襟翼，副翼内侧是面积很大的双缝富勒襟翼，机翼上表面还配备了两块扰流板，可作为气动刹车使用。该机的特点

基本参数	
机身长度	13.23 米
机身高度	4.55 米
翼展	8.87 米
空重	6700 千克
最大速度	914 千米／时
最大航程	3336 千米

就是全机的高冗余度：电气、液压和电子设备几乎都采用双重体制。除了垂尾和升降舵是复合材料外，AMX 攻击机绝大部分的结构材料采用普通航空铝合金。

作战性能

AMX 攻击机主要用于近距空中支援、对地攻击、对海攻击及侦察任务，并有一定的空战能力。该机具备高亚音速飞行和在高海拔地区执行任务的能力，设计时还考虑添加了隐形性，可携带空对空导弹。AMX 的动力装置为 1 台罗尔斯·罗伊斯"斯贝"MK.807 发动机，单台推力 50 千牛。意大利型装备 20 毫米 M61A1 多管机炮，巴西型装备 1 门 30 毫米"德发"554 机炮。

瑞典 SAAB 32 "矛" 式攻击机

SAAB 32 "矛" 式攻击机是由瑞典萨博公司制造的双座全天候攻击机，于 1956 年开始服役。

结构解析

SAAB 32 原为双座全天候攻击机，以后又发展出全天候战斗型和侦察型。该机配有萨博公司自行研制的 Mk Ⅲ 型弹射座椅，有大约 1/4 的 SAAB 32 攻击机安装了由法国设计、瑞典生产的 PS 431 型对地攻击火控雷达。

基本参数	
机身长度	14.94 米
机身高度	4.65 米
翼展	13 米
空重	7500 千克
最大速度	1200 千米 / 时
最大航程	2000 千米

作战性能

SAAB 32 攻击机的动力装置为 1 台 "埃汶" RA7A 加力涡轮喷气发动机，加力推力 65.3 千牛。机载武器有 4 门 20 毫米机炮，另可外挂 2 枚 Rb-04C 空对地导弹，或 4 枚 250 千克（或 2 枚 500 千克，或 12 枚 100 千克）炸弹，或 24 枚 135 毫米（或 150 毫米）火箭弹，最大载弹量为 1200 千克。

瑞典 SAAB 37 "雷"式攻击机

SAAB 37 "雷"式攻击机是由瑞典萨博公司于 20 世纪 60 年代研制的一款多用途战机。

结构解析

SAAB 37 攻击机采用三角形下单翼鸭式布局方式，发动机从机身两侧进气。该机的 10 多个舱门大部分都分布在机身下方，所有的维护点在地面上均可接近，机务维护人员无须在机身上爬上爬下。更换发动机时，只需将后机身拆下。

基本参数	
机身长度	16.4 米
机身高度	5.9 米
翼展	10.6 米
空重	9500 千克
最大速度	2231 千米／时
最大航程	2000 千米

作战性能

SAAB 37 是 "一机多型"设计思想的代表作，前后共有 6 种型别，分别承担攻击、截击、侦察和训练等任务。AJ37、SF37、SH37 和 SK37 属于第一代设计，JA37 和 AJS37 属于第二代设计，其中对地攻击型 AJ37 也能执行有限的截击任务。

巴西 EMB-312 "巨嘴鸟" 教练 / 攻击机

EMB-312 "巨嘴鸟" 教练 / 攻击机是由巴西航空工业公司为巴西空军研制的初级教练机，于 1983 年 9 月 29 日开始交付使用。

结构解析

EMB-312 教练 / 攻击机在制造上采用了数控整体机械加工、化学铣切和金属胶接等先进工艺技术，采用梯形下单翼、串列双座驾驶舱、吹制成型座舱罩，动力装置为 1 台普惠 PT6A-25C 涡轮螺旋桨发动机。

基本参数	
机身长度	9.86 米
机身高度	3.4 米
翼展	11.14 米
空重	1810 千克
最大速度	458 千米 / 时
最大航程	1916 千米

作战性能

EMB-312 教练 / 攻击机的机动性较好，具有较高的安定性，能在简易跑道上进行短距起落。该机除了能满足美国联邦航空条例第 23 部附录 A 的要求外，还满足美国军用规范和英国民航机适航性要求第 K 章的要求。该机没有固定武器，4 个挂载点的最大载弹量为 1000 千克，典型武器为 Mk 81 型 113 千克炸弹、火箭吊舱、机枪吊舱和教练弹。

巴西 EMB-314 "超级巨嘴鸟"教练 / 攻击机

EMB-314 "超级巨嘴鸟"教练 / 攻击机是由巴西航空工业公司研制的一款轻型教练 / 攻击机，于 2003 年开始服役。

结构解析

"超级巨嘴鸟"教练 / 攻击机在设计过程中运用了多种最新的航空技术成果：其驾驶舱周围不仅安装有"凯芙拉"装甲，还配备了先进的机载计算机、雷达和红外传感器。该机采用了常规半硬壳结构机身、悬臂式下单翼和前三点式起落架，动力装置为 1 台普惠 PT6A-25C 涡轮螺旋桨发动机。

基本参数	
机身长度	11.38 米
机身高度	3.97 米
翼展	11.14 米
空重	3200 千克
最大速度	590 千米／时
最大航程	1330 千米

作战性能

"超级巨嘴鸟"教练 / 攻击机能够运载 1500 千克的外部载荷，分布在翼下和机身部分的 5 个部位。每个部位有 1 个存储接口装置，用于识别装载的武器和其所处的状态。该机的标准武器包括 2 挺 12.7 毫米的机枪、航空炸弹和火箭弹等。

阿根廷 IA-58 "普卡拉" 攻击机

IA-58 "普卡拉" 攻击机是由阿根廷研制的一款轻型攻击机，于 1975 年 5 月开始服役，主要在阿根廷和哥伦比亚两个国家服役。

结构解析

IA-58 攻击机是少数使用涡轮螺旋桨动力的现代攻击机。该机的低单翼宽大平直，没有后掠角。2 台透博梅卡·阿斯塔左发动机安装在机翼上小巧的发动机舱内，各驱动 1 个三叶螺旋桨。

基本参数	
机身长度	14.25 米
机身高度	5.36 米
翼展	14.5 米
空重	4020 千克
最大速度	500 千米／时
最大航程	3710 千米

作战性能

IA-58 攻击机狭窄的半硬壳机身的前端前伸，2 名飞行员不仅能得到装甲座舱的保护，还有良好的射击视野。该机的机载武器为两门 20 毫米 7 管机炮，每门备弹 270 发；另有 4 挺 7.62 毫米机枪布置在座舱两侧，各备弹 900 发；3 个外挂点，最大载弹量为 1500 千克。

阿根廷 IA-63 "彭巴" 教练 / 攻击机

IA 63 "彭巴" 教练 / 攻击机是由阿根廷委托德国多尼尔公司研发的一款喷气式教练 / 攻击机，于 1988 年开始服役。

结构解析

IA 63 教练 / 攻击机的机身为全金属半硬壳式结构，驾驶舱为典型的纵向双座设计。机身后方左右各有一块油压推动的减速板，机翼为梯形高翼，并有一定的下反角。

作战性能

基本参数	
机身长度	10.93 米
机身高度	4.29 米
翼展	9.69 米
空重	2821 千克
最大速度	819 千米 / 时
最大航程	1500 千米

IA 63 教练 / 攻击机的左右翼下各有两个挂架，可分别挂上 400 千克武器或副油箱。该机的动力装置为 1 台盖瑞特 TFE731-2-2N 发动机，机身可装载 418 升燃料，机翼内部可装载 550 升燃料。

罗马尼亚 IAR-93 "秃鹰" 攻击机

IAR-93 "秃鹰" 攻击机是由罗马尼亚和南斯拉夫联合研制的双发超音速攻击机，于 1975 年开始服役。南斯拉夫版本由南斯拉夫猎鹰飞机制造厂制造，命名为 J-22 "鹫"。

结构解析

IAR-93 攻击机主要有 IAR-93、IAR-93A、IAR-93B、IAR-93A DC 和 IAR-93B DC 等型号，外形设计基本一致。该机最初设计时曾考虑单发设计，但由于英国拒绝提供发动机技术，故只能选用南斯拉夫许可生产的罗

基本参数	
机身长度	14.9 米
机身高度	4.52 米
翼展	9.3 米
空重	5750 千克
最大速度	1089 千米／时
最大航程	1320 千米

尔斯·罗伊斯 "蝰蛇" 发动机，但这种发动机比预期引进的发动机功率小，所以只能采用双发布局。

作战性能

IAR-93 攻击机装备的武器有 2 门 23 毫米 GSh-23L 机炮，另可挂载 2800 千克载荷，其中包括：AGM-65 电视制导导弹、Grom-1 无线电制导导弹、BL755 集束炸弹、AA-2 "环礁" 空对空导弹和 AA-8 "蚜虫" 空对空导弹等。

罗马尼亚 IAR-99 "隼" 式教练 / 攻击机

IAR-99 "隼" 式教练 / 攻击机是由罗马尼亚航空研究院设计的教练 / 攻击机，目的是取代捷克斯洛伐克制 L-29 "海豚" 教练机。该机于 1985 年试飞成功，1987 年开始装备罗马尼亚空军。

结构解析

IAR-99 教练 / 攻击机采用典型喷气式教练机设计，其机身为全金属半硬壳式结构，控制系统为两套油压式系统以控制副翼和襟翼等控制翼面以及起落架收放。机翼内可装载 1100 升燃油箱，左右机翼下各有两个挂架可挂副油箱和各种空战武器。

基本参数	
机身长度	11.01 米
机身高度	3.9 米
翼展	9.85 米
空重	3200 千克
最大速度	865 千米 / 时
最大航程	1100 千米

作战性能

IAR-99 教练 / 攻击机没有固定的武器，但可在机身下加挂内置 1 门 GSh-23 机炮再加 200 发炮弹的荚舱。该机的动力装置为 1 台罗尔斯·罗伊斯 "蝰蛇" Mk 632 发动机。

捷克 L-39 "信天翁" 教练 / 攻击机

L-39 "信天翁" 教练 / 攻击机是由捷克沃多霍迪公司研制的一款高级教练机，也可作为轻型攻击机使用。该机于 1969 年 11 月 4 日首飞，1974 年开始在捷克斯洛伐克空军中服役。

结构解析

L-39 教练 / 攻击机采用了耗油率低的 AL-25TL 涡轮风扇发动机，进气口位置较高，有防护装置，增强了抗外来物体撞击的能力。该机外形简洁，机身结构分为前后两段，前段由三部分组成，依次为层压玻璃纤维机头罩、

基本参数	
机身长度	12.13 米
机身高度	4.77 米
翼展	9.46 米
空重	3455 千克
最大速度	750 千米 / 时
最大航程	1100 千米

增压座舱、燃油箱和发动机舱。后机身能快速拆卸，方便了发动机的维护和保养。机翼为悬臂式下单翼，每侧翼尖上安装有固定油箱。翼下有空速管和武器挂架。

作战性能

L-39 教练 / 攻击机易于操纵，在轻型螺旋桨飞机上受过基础训练的飞行员可直接驾驶，这是它的一大优点。该机在恶劣气候或高温多尘等环境中都能保持其良好的性能。总体来说，L-39 教练 / 攻击机可靠性高、易于维护、便于保养，有较长的服役寿命。

捷克 L-159 ALCA 教练 / 攻击机

L-159 ALCA 教练 / 攻击机是由捷克沃多霍迪公司研制的一款多功能亚音速教练 / 攻击机，于 2004 年 4 月开始服役。

结构解析

L-159 ALCA 教练 / 攻击机采用了悬臂式下单翼，上反角为 2.5°。翼尖仍然保留固定翼尖油箱，这一设计在现役战斗机中独一无二。由于机翼沿袭了 6.5°的前缘后掠角，因此，该机具有较好的中低速性能和巡航能力。

基本参数	
机身长度	12.13 米
机身高度	4.77 米
翼展	9.46 米
空重	3440 千克
最大速度	755 千米 / 时
最大航程	1800 千米

作战性能

L-159 ALCA 教练 / 攻击机的机腹和翼下共有 7 个外挂点，机载武器可包括美制 AGM-65 "小牛" 空对地导弹、AIM-9 "响尾蛇" 空对空导弹，以及 CRV-7 和 SUU-200 火箭弹。此外，该机还可外挂英制空对地导弹和 TIALD 指示吊舱。

韩国 FA-50 攻击机

FA-50 攻击机是以韩国国产超音速教练机 T-50 为基础改造而成的轻型攻击机，于 2014 年 10 月开始服役。

结构解析

FA-50 攻击机由 T-50 教练机衍生而来，机体尺寸、武装、发动机、座舱配置与航空电子和控制系统均与前者相同，但两者的最大差异在于 FA-50 加装了 1 台由洛克希德·马丁公司生产的 AN/APG-67(V)4 脉冲多普勒 X 波段多模式雷达，可以获取多种形式的地理数据和目标数据。

基本参数	
机身长度	13 米
机身高度	4.94 米
翼展	9.45 米
空重	6470 千克
最大速度	1770 千米／时
最大航程	1851 千米

作战性能

FA-50 攻击机具备超精密制导炸弹的投放能力，服役后替代了于 20 世纪 60 年代韩军装备的 A-37 和 F-5 等落后机型。2014 年 10 月 8 日，FA-50 攻击机装载 AGM-65 空对地导弹首次进行实弹射击训练，在 1200 米高度发射导弹，精确命中了 7 千米外的目标，证明了 FA-50 能精确打击陆上和海上目标的能力。

印度 HF-24 "风神" 战斗轰炸机

　　HF-24 "风神" 战斗轰炸机是由印度在 20 世纪 50 年代研制的一款多用途战机，于 1967 年开始服役，1990 年退出现役。

结构解析

　　HF-24 战斗轰炸机采用常规全金属半硬壳式机身，机翼采用普通的扭力盒结构，液压驱动副翼和后缘襟翼。副翼和升降舵可以手动控制，而方向舵始终由人工控制。全动尾翼由液压控制并有电驱动备份，当液压失效时可以开动电力系统，正确的角度由人工设定。进气道内有两个固定进气锥，后机身并排安有两台 "俄耳甫斯" 703 涡轮喷气发动机。该机的内部储油量为 2962 升，有 1 个机身油箱，2 个机翼中线油箱和机翼整体油箱。

基本参数	
机身长度	15.87 米
机身高度	3.6 米
翼展	9 米
空重	6195 千克
最大速度	1112 千米／时
作战半径	740 千米

作战性能

　　HF-24 战斗轰炸机安装有 4 门 30 毫米机炮，每门备弹 130 发；翼下 4 个挂架的最大挂载量为 1800 千克，可以挂载普通炸弹、凝固汽油弹、火箭发射器或 1 个 454 升副油箱。由于机炮射击时振动严重，每次双炮射击后都要重新调整瞄准镜。

第4章
轰炸机

轰炸机具有突击力强、航程远、载弹量大等特点，是航空兵实施空中突击的主要机种。机上武器系统包括各种炸弹、空对地导弹、巡航导弹、航空机炮等。

美国 B-1 "枪骑兵"轰炸机

B-1 "枪骑兵"轰炸机是由北美飞机公司研制的超音速轰炸机，有 B-1A 和 B-1B 两种型号。

结构解析

B-1A 型轰炸机的机身十分修长，其前机身布置 4 座座舱，尾部安装有巨大的后掠垂尾，垂尾根部的背鳍一直向前延伸至机身中部。全动平尾安装在垂尾下方，位置较高。该机的机身中段向机翼平滑过渡，形成翼身融合，可增

基本参数	
机身长度	44.5 米
机身高度	10.4 米
翼展	41.8 米
空重	87 100 千克
最大速度	1529 千米／时
最大航程	12 000 千米

加升力以减轻阻力。为了兼顾其高速性能和良好的低速起降性能，该机采用了可变后掠翼设计。B-1B 型轰炸机的机身在外观上与 B-1A 型轰炸机相似，但明显加强了结构。

作战性能

B-1 轰炸机有 6 个外挂点，可携挂 27 000 千克炸弹。此外，该机还有 3 个内置弹舱，可携挂 34 000 千克炸弹。B-1 轰炸机得益于由前方监视雷达和自动操纵装置组合而成的地形追踪系统，所以在平坦的地面上可降低至 60 米的飞行高度。

美国 B-2 "幽灵" 轰炸机

B-2 "幽灵" 轰炸机是由美国于 20 世纪 80 年代研制的战略轰炸机，也是目前世界上唯一的隐形战略轰炸机。

结构解析

B-2 轰炸机没有垂尾或方向舵，机翼前缘与机翼后缘和另一侧的翼尖平行。该机的中间部位隆起，以容纳座舱、弹舱和电子设备。中央机身两侧的隆起是发动机舱，各安装有 2 台无加力涡扇发动机。机身尾部后缘为 W 形锯齿状，边缘也与两侧机翼前缘平行。由于飞翼的机翼前缘在机身之前，为了使气动中心靠近重心，也需要将机翼后掠。

基本参数	
机身长度	21 米
机身高度	5.18 米
翼展	52.4 米
空重	71 700 千克
最大速度	764 千米／时
最大航程	10 400 千米

作战性能

由于采用了先进奇特的外形结构，B-2 轰炸机的可探测性极低，使其能够在较危险的区域飞行，执行战略轰炸任务。该机航程不但超过 10 000 千米，而且具备空中加油能力，这大大增加了作战半径。该机每次执行任务的空中飞行时间一般不少于 10 小时。美国空军称其具有 "全球到达" 和 "全球摧毁" 的能力，可在接到命令后数小时内由美国本土起飞，攻击全球大部分地区的目标。

美国 B-52"同温层堡垒"轰炸机

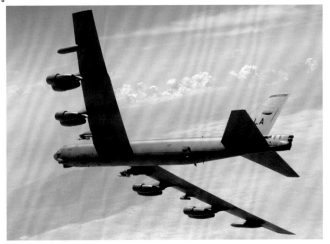

B-52 轰炸机是由波音公司研制的战略轰炸机，绰号"同温层堡垒"。

结构解析

B-52 轰炸机的机身结构为细长的全金属半硬壳式，侧面平滑，截面呈圆角矩形。前段为气密乘员舱，中段上部为油箱，下部为炸弹舱，空中加油受油口在前机身顶部。后段逐步变细，尾部是炮塔，其上方是增压的射击员舱。动力装置为 8 台普惠 TF33-P-3/103 涡扇发动机，分四组分别吊装于两侧机翼之下。

基本参数	
机身长度	48.5 米
机身高度	12.4 米
翼展	56.4 米
空重	83 250 千克
最大速度	1000 千米／时
最大航程	16 232 千米

作战性能

B-52 轰炸机安装有 1 门 20 毫米 M61"火神"机炮，另外，还可以携带总重量为 31500 千克的各型常规炸弹、导弹或核弹，载弹量非常大。Mk 28 核炸弹是 B-52 轰炸机的主战装备，在弹舱内特制的双层挂架上可以密集携带 4 枚，分两层各并列放置。为了增强其突防能力，B-52 轰炸机还装备了美国第一种战略空对地导弹 AGM-28"大猎犬"巡航导弹。

美国 B-17 "空中堡垒" 轰炸机

B-17 轰炸机是由波音公司制造的四发重型轰炸机，绰号"空中堡垒"。

结构解析

B-17 轰炸机采用了面积较大的方向舵和副翼，透明的机鼻为耐热有机玻璃和框架构成。机鼻右侧有一个简单的 7.62 毫米球形万向机枪座，透明机鼻上下方的一块平板玻璃充当投弹瞄准窗口。驾驶舱顶部有气泡观察窗。B-17 轰炸机装备了强有力的 R-1820-51 发动机，单台最大功率为 895 千瓦。

基本参数	
机身长度	22.66 米
机身高度	5.82 米
翼展	31.62 米
空重	16 391 千克
最大速度	462 千米／时
最大航程	3219 千米

作战性能

B-17 轰炸机是世界上第一种安装雷达瞄准具、能在高空精确投弹的大型轰炸机。战略轰炸的概念基本上是由 B-17 轰炸机开创的。1940 年，B-17 轰炸机因白天轰炸柏林而闻名于世。1943—1945 年，美国陆军航空队在德国上空进行的规模庞大的白天精密轰炸作战中，B-17 轰炸机更是表现优异。实际上，二战期间欧洲战场上同盟国大部分的轰炸任务都是由 B-17 轰炸机完成的。

美国 B-24 "解放者" 轰炸机

B-24 轰炸机是由共和飞机公司研制的大型轰炸机,绰号"解放者"。

▶ 结构解析

B-24 轰炸机有一个实用性极强的粗壮机身,其机身上下前后及左右两侧均设有自卫枪械,构成了一个强大的火力网。梯形悬臂上单翼安装有 4 台 R1830 空冷活塞发动机。机头有 1 个透明的投弹瞄准舱,其后为多人驾驶舱,再后便是 1 个容量很大的炸弹舱,可挂载各种炸弹。

基本参数	
机身长度	20.6 米
机身高度	5.5 米
翼展	33.5 米
空重	16 590 千克
最大速度	487 千米／时
最大航程	3400 千米

▶ 作战性能

B-24 轰炸机是二战期间最著名的作战飞机之一,它的名字与美国第八航空队在欧洲实行的大规模昼间轰炸紧紧联系在一起,因而被人们认为是一种卓越的战略轰炸机。B-24 轰炸机航程较远,在整个二战期间都可以看到它的身影,它与 B-17 轰炸机一起成为对德国进行大规模战略轰炸的主力。B-24 轰炸机最著名的一次战役是 B-24 机群大规模远程空袭普罗耶什蒂油田,给纳粹的能源供应造成了极大的破坏。

美国 B-25 "米切尔" 轰炸机

　　B-25 轰炸机是由北美飞机公司设计的一款双发中型轰炸机，绰号 "米切尔"。

结构解析

　　B-25 轰炸机是一种上单翼、双垂尾、双发中型轰炸机，机组成员为 5 人，包括机长、副驾驶、投弹员兼领航员、通信员兼机枪手、机枪手。该机安装有 2 台赖特 R-2600 活塞发动机，单台最大功率为 1267 千瓦。

基本参数	
机身长度	16.13 米
机身高度	4.98 米
翼展	20.6 米
空重	8855 千克
最大速度	442 千米／时
最大航程	2174 千米

作战性能

　　B-25 轰炸机不但综合性能良好、出勤率高，而且用途广泛。该机在太平洋战争中有许多出色表现，在战争中期，B-25 轰炸机参与使用了类似鱼雷攻击的 "跳跃" 投弹技术。飞机在低高度将炸弹投放到水面上，而后炸弹在水面上跳跃着飞向敌舰，这不仅提高了投弹的命中率，而且经常炸弹在敌舰吃水线以下爆炸，杀伤力增大。B-25 轰炸机还承担了 "空袭东京" 的任务，并且表现突出。

美国 B-26 "劫掠者" 轰炸机

B-26 轰炸机是由马丁公司研制的一款中型轰炸机, 绰号 "劫掠者"。

结构解析

B-26 轰炸机的半硬壳铝合金结构机身由前、中、后三段组成, 带弹舱的机身中段与机翼一起制造。该机安装有 2 台被整流罩严密包裹的星形发动机, 收放式起落架, 机身两侧固定安装有 4 挺 12.7 毫米机枪, 另外, 机头有 1 挺, 背部有 2 挺, 尾部炮塔有 2 挺, 腹部有 2 挺。

基本参数	
机身长度	17.8 米
机身高度	6.55 米
翼展	21.65 米
空重	11 000 千克
最大速度	460 千米／时
最大航程	4590 千米

作战性能

与 B-25 轰炸机相比, B-26 轰炸机有更快的速度、更大的载弹量, 但却没有更好的名声——它以 "寡妇制造者" 而臭名昭著。在早期的使用中, B-26 轰炸机的坠毁率较大, 但在经过改进后, 它已得到很大的改善, 坠毁率已降到了正常水平。

美国 B-29 "超级堡垒" 轰炸机

B-29 轰炸机是由波音公司设计的四发重型轰炸机，绰号"超级堡垒"。

结构解析

B-29 轰炸机的结构十分传统，除了控制翼面是织物蒙皮外，机身使用铝质蒙皮，早期交付的 B-29 轰炸机涂上了传统的橄榄绿和灰色涂装，其他批次则未涂装。每个起落架配备双轮，尾部有一个可伸缩的缓冲器，在飞机进行高姿态着陆和起飞保护尾部。

基本参数	
机身长度	30.2 米
机身高度	8.5 米
翼展	43.1 米
空重	33 800 千克
最大速度	574 千米／时
最大航程	5230 千米

作战性能

B-29 轰炸机的崭新设计包括加压机舱、中央火控、遥控机枪等。由于使用了加压机舱，飞行员不需要长时间戴氧气罩及忍受严寒。原先 B-29 轰炸机的设计构想是作为日间高空精确轰炸机，但在战场使用时 B-29 轰炸机却多数在夜间出动，在低空进行燃烧轰炸。该机可以在 12192 米高空以 563 千米／时的速度飞行，而在当时大部分战斗机都很难爬升到这个高度，即使有也无法追上 B-29 轰炸机的速度。

美国 B-45 "龙卷风" 轰炸机

B-45 轰炸机是美军装备的第一种喷气式轰炸机，绰号"龙卷风"。

结构解析

B-45 轰炸机采用梯形垂尾，平尾有很大的上反角以避开发动机尾气。前三点式收放起落架，前起落架为双轮，翼下主起落架为大型单轮，向内收入翼根部的轮舱中。4 台通用电气 J47 涡轮喷气发动机，每两台为 1 组并列安装在机翼中段的发动机舱内。

作战性能

基本参数	
机身长度	22.96 米
机身高度	7.67 米
翼展	27.14 米
空重	20 726 千克
最大速度	920 千米／时
最大航程	1610 千米

B-45 轰炸机是第一种具有空中加油能力和核弹投放能力的喷气式飞机。该机的电子系统包括自动驾驶仪、轰炸导航雷达和火控系统、通信设备、紧急飞行控制设备等。B-45 轰炸机的机尾有 2 台 50 毫米口径的机炮，备弹 22 000 发。两个弹舱可以携带最重 12485 千克弹药或 1 枚重 9988 千克的低空战略炸弹，或 2 枚 1816 千克的核弹。

美国 B-50 "超级空中堡垒" 轰炸机

　　B-50 轰炸机是由波音公司研制的一款远程轰炸机，以 B-29 轰炸机为基础改进而来，绰号"超级空中堡垒"。

结构解析

　　B-50 轰炸机虽然源自 B-29 轰炸机，但全机有 75% 的部件已重新设计。动力方面改用 4 台普惠 R-4360 系列活塞发动机，提供更强劲的动力。利用新型强韧的轻合金制造机身及机翼表面，垂直尾翼和水平尾翼均使用液压动力操作。各种改进使 B-50 轰炸机比 B-29 轰炸机具有更大的载弹量和续航力。

基本参数	
机身长度	30.18 米
机身高度	9.96 米
翼展	43.05 米
空重	38 256 千克
最大速度	634 千米／时
最大航程	12 472 千米

作战性能

　　与美国之前的轰炸机相比，B-50 轰炸机有了很大的进步，尤其是航程和载弹量都提高了两成，最大速度也增大了近 10%，加之当时被美军方寄予厚望的 B-36 轰炸机因技术问题而迟迟不能服役，因此，战略轰炸的重任就责无旁贷地落在了 B-50 轰炸机的肩上。尽管当时的螺旋桨飞机已经能够进行洲际飞行，但是其在速度和升限上的劣势注定了它难以在敌方喷气式战斗机面前生存下来。因此，B-50 轰炸机在服役期间过得非常平淡。

美国 B-57 "堪培拉" 轰炸机

B-57 轰炸机是由马丁公司制造的双座轻型轰炸机,绰号"堪培拉",于 1954 年开始服役。

结构解析

B-57 轰炸机是在英国"堪培拉"轰炸机基础上发展的,为了满足美国空军的要求,结构有所改进。该机采用直翼,2 台发动机安装在翼中,拥有战斗机类型的气泡状座舱罩和前三点式起落架。

作战性能

B-57 轰炸机的动力装置为 2 台 J65-W-5 涡轮喷气发动机,单台推力为 32.1 千牛。该机的武器有 8 挺 12.7 毫米口径的机枪,各备弹 300 发,或改装为 4 门 20 毫米机炮。机身中部的弹舱内和翼下挂架,可挂载各种对地攻击武器,总挂载量为 2700 千克。

基本参数	
机身长度	19.96 米
机身高度	4.88 米
翼展	19.51 米
空重	13 600 千克
最大速度	960 千米／时
最大航程	4380 千米

美国 B-58 "盗贼" 轰炸机

B-58 轰炸机是由康维尔公司研制的超音速轰炸机，绰号"盗贼"。

结构解析

B-58 轰炸机的机身为半硬壳式结构，采用标准舱段，第 1 舱到第 5 舱为机组舱室，第 6 舱到第 19 舱为燃油舱，在燃油舱中有专门的两个舱 (8 舱和 9 舱) 为导航系统。该机采用了悬臂式中单翼，无尾三角式布局，后掠式梯形垂尾，机翼为蜂窝结构。机翼蒙皮由铝合金材料制成，机身蒙皮采用复合材料，主要是石墨环氧树脂，为了增加其安全性，机上的铆钉全部采用钛金属制造。

基本参数	
机身长度	29.5米
机身高度	8.9米
翼展	17.3米
空重	25 200 千克
最大速度	985 千米／时
最大航程	7600 千米

作战性能

B-58 轰炸机有着以前任何轰炸机不曾拥有的性能和复杂的航空电子设备，它代表了当时航空工业的最高水平。然而，B-58 轰炸机的服役生涯却和其研制费用、性能不甚相符，这种现象主要归结于该机追求超音速飞行而使用了许多不太成熟的新技术，造成该机故障率较高，当然除了本身的技术原因外，弹道导弹的服役也是该机过早退役的原因之一。

俄罗斯图-22M "逆火" 轰炸机

图-22M "逆火" 轰炸机是由俄罗斯图波列夫设计局研发的一款战略轰炸机,于 1972 年开始服役。

结构解析

图-22M 轰炸机的机身为普通半硬壳结构,机翼前的机身截面为圆形。该机最大的特色在于变后掠翼设计,低单翼外段的后掠角可在 20°~55° 调整,垂尾前方有长长的脊面。在轰炸机尾部设有 1 个雷达控制的自卫炮塔。

基本参数	
机身长度	42.4 米
机身高度	11.05 米
翼展	34.28 米
空重	58 000 千克
最大速度	2327 千米／时
最大航程	7000 千米

起落架为可收放前三点式,主起落架为多轮小车式,可向内收入机腹。

作战性能

图-22M 轰炸机安装有 1 门 23 毫米双管炮,其机载设备较新,包括具有陆上和海上下视能力的远距探测雷达。该机的动力装置为 2 台并排安装的大推力发动机,其中图-22M2 型使用的是 HK-22 涡扇发动机,图-22M3 型则使用 HK-25 涡扇发动机。除了机炮外,图-22M 轰炸机还可挂载总重量为 21 000 千克的炸弹和导弹。

俄罗斯图-160 "海盗旗" 轰炸机

图－160轰炸机是由俄罗斯图波列夫设计局研发的一款长程战略轰炸机，北约代号"海盗旗"。

结构解析

与美国 B-1 轰炸机相比，图 －160 轰炸机要大将近35％。该机可变后掠翼在内收时呈 20°角，全展开时呈 65°角；俄罗斯图波列夫设计局在它的襟翼后缘上加上双重稳流翼，这样可以减少翼面上表面与空气接触的面积，降低阻力。除了可变后掠翼外，它还具备可变式涵道，以适应高空高速下的进气方式。由于体积庞大，图 －160 轰炸机的驾驶舱后方的成员休息区甚至还设有一个厨房。

基本参数	
机身长度	54.1 米
机身高度	13.1 米
翼展	55.7 米
空重	118 000 千克
最大速度	2000 千米／时
最大航程	12 300 千米

作战性能

图 －160 轰炸机的作战方式以高空亚音速巡航、低空高亚音速或高空超音速突防为主。在高空可发射具有火力圈外攻击能力的巡航导弹。在进行防空压制时，可发射短距攻击导弹。另外，该机还可以进行低空突防，使用核炸弹或导弹攻击重要目标。据说图 －160 轰炸机作为火箭载机与"纤夫"飞航式火箭组合可以把轻型卫星送入地球轨道。

俄罗斯图-16"獾"轰炸机

图-16轰炸机是图波列夫设计局研发的中程轰炸机，北约代号为"獾"。

结构解析

图-16轰炸机的机身为半硬壳式结构，椭圆形截面。机身由前气密座舱、前段、中段、后段和后气密座舱5个部分组成。机翼为悬臂式中单翼，尾翼为悬臂式全金属结构。图-16轰炸机各种型号的外形基本相同，只是设备不同，或者局部外形有些改变。

基本参数	
机身长度	34.8米
机身高度	10.36米
翼展	33米
空重	37 200千克
最大速度	1050千米／时
最大航程	7200千米

作战性能

图-16轰炸机的动力装置为2台AM-3发动机，单台推力为93.4千牛。该机装有7门23毫米航炮，备弹2300发。机腹下有长度为6.5米的弹舱，正常载弹量为3000千克，最大载弹量为9000千克。

俄罗斯图-95"熊"轰炸机

图-95轰炸机是由俄罗斯图波列夫设计局研制的一款长程战略轰炸机，北约代号"熊"。

结构解析

图-95轰炸机的机身为半硬壳式全金属结构，截面呈圆形。机身前段有透明机头罩、雷达舱、领航员舱和驾驶舱。后期改进型号取消了透明机头罩，改为安装大型火控雷达。起落架为前三点式，前起落架有两个机轮，并列安装。

基本参数	
机身长度	49.5米
机身高度	12.12米
翼展	54.1米
空重	90 000千克
最大速度	925千米／时
最大航程	15 000千米

作战性能

图-95轰炸机使用四台NK-12涡轮螺旋桨发动机，最大速度超过了900千米/时，这使其成为速度最快、最大的螺旋桨飞机。在武器方面，图-95轰炸机除了安装有单座或双座23毫米Am-23机尾机炮外，还能携带重25吨的炸弹和导弹，其中包括可使用20万吨当量核弹头的Kh-55亚音速远程巡航导弹。

俄罗斯图-22"眼罩"轰炸机

图-22轰炸机是由俄罗斯图波列夫设计局研发的一款超音速轰炸机，北约代号"眼罩"。

▶ 结构解析

图-22轰炸机的主翼是中低单翼，为了超音速冲刺性能的要求，后掠角为55°。水平安定面与主翼位于相同的高度。机翼靠内侧的后方，在两边各有一个狭长的整流罩，起飞后机轮向后收藏于此。2台涡轮发动机位于单垂直尾翼的底部，安装在较高的位置既可以避开来自地面的异物伤害，也可以减少机翼与前机身对气流的影响。

基本参数	
机身长度	41.6米
机身高度	10.13米
翼展	23.17米
最大起飞重量	92 000千克
最大速度	1510千米／时
最大航程	4900千米

▶ 作战性能

图-22作为苏联装备的第一种超音速轰炸机，其性能不是非常可靠，航程也差强人意，理论上可以进行超音速突防，但飞机加满油和挂载导弹后，根本无法进行超音速飞行，就算到达目标附近时其速度达到1.5马赫，也无法有效规避当时北约的战机和防空导弹的拦截。该机的最大载弹量为9000千克，自卫武器很少，仅在尾部有1门30毫米机炮。自卫手段主要靠速度，夜间使用电子干扰机自卫。

苏联伊尔 -28 "小猎犬" 轰炸机

伊尔 -28 轰炸机是由俄罗斯伊留申设计局研发的一款中型轰炸机，北约代号为 "小猎犬"。

结构解析

伊尔 -28 轰炸机于 1948 年 7 月 8 日首次试飞，1950 年开始服役。由于其设计极度成功，除了苏联外，其他一些国家也按照许可证大量制造。进入 20 世纪 90 年代后，仍然有数百架伊尔 -28 留在现役中，而这时距该机首次出现已经间隔了 40 年时间。

基本参数	
机身长度	17.65 米
机身高度	6.7 米
翼展	21.45 米
空重	12 890 千克
最大速度	902 千米／时
最大航程	2180 千米

作战性能

伊尔 -28 轰炸机有 3 名乘员，驾驶员和领航员舱在机头，机尾有密封的通信射击员舱。伊尔 -28 轰炸机可在炸弹舱内携带 4 枚 500 千克或 12 枚 250 千克炸弹，也能运载小型战术核武器，翼下还有 8 个挂架，可挂火箭弹或炸弹。机头机尾各装有两门 HP-23 机炮，备弹 650 发。该机的动力装置为 BK-1A 发动机，单台推力为 26.5 千牛。

俄罗斯 M-4 "野牛" 轰炸机

M-4 "野牛" 轰炸机是由俄罗斯米亚西谢夫设计局研制的一款四发喷气式战略轰炸机，在 1956—1994 年服役。

结构解析

M-4 轰炸机的机身为半硬壳结构，主要材料是铝合金，少量材料使用钢和镁合金。机翼为悬臂式上单翼，承力蒙皮结构，1/4 弦长处后掠角为 35° 并下反 1.5°，主要材料为铝和镁合金。机翼后缘设置了 2 段后退式襟翼，发动机喷口下的 W 形襟翼则是简单的铰接式，

基本参数	
机身长度	47.2 米
机身高度	14.1 米
翼展	50.5 米
空重	79 700 千克
最大速度	947 千米／时
最大航程	8100 千米

各襟翼均为电动制动，最大下偏角为 30°。垂直尾翼在 1/4 弦长处后掠角为 35°，水平尾翼在 1/4 弦长处后掠角为 33.5° 并上反 10°。

作战性能

M-4 轰炸机的主要职责仍是摧毁敌方关键军事和工业设施，其武器配置为 2 枚核弹，或 2 枚 FAB-9000 型高爆炸弹，或 4 枚 FAB-6000 高爆炸弹，或者更多的小型炸弹和鱼雷。M-4 轰炸机的性能与同时期的美国 B-52 轰炸机接近，但最大升限要低于 5000 米，导致其突防能力不足，只能靠更强的自卫火力弥补。

苏联 M-50 "野蛮人" 轰炸机

M-50 轰炸机是由俄罗斯马萨契夫实验工厂设计的四发超音速轰炸机，北约代号"野蛮人"。

结构解析

M-50 轰炸机采用高单翼三角翼，配备 2 台 VD-7 和 2 台 VD-7F 涡轮发动机，一对挂在翼尖，一对挂在翼下的奇特布局。M-50 轰炸机从发动机到轮胎、车轮都突破了苏联过去的传统，采用全新大胆的设计，运用了多项新技术和材料，飞机的纵梁及肋骨运用钛合金，机翼装载了大型电池板。最为出众的设计，则是加入了苏联第 1 台全自动驾驶仪 EDSU 设备。

基本参数	
机身长度	57.48 米
机身高度	8.25 米
翼展	35.1 米
空重	85 000 千克
最大速度	1950 千米／时
最大航程	7400 千米

作战性能

M-50 轰炸机可搭载 30 000 千克各型炸弹或巡航导弹。由于其是苏联研制的第一款超音速远程轰炸机，M-50 轰炸机采用了 M-4 和 M-3 两种前串联刹车装置，起初使用的是滑雪橇，但这个设计，当飞机高速降落时，会与跑道摩擦产生火花，对飞机的安全性有很大的影响。

苏联图 -4 "公牛" 轰炸机

图 -4 轰炸机是苏联仿制的美国 B-29 轰炸机，北约代号 "公牛"。

结构解析

图 -4 轰炸机是在美国 B-29 轰炸机基础之上模仿并改进而来的一款飞机，因此也被戏称为 "B-29 斯基"。该机参考 B-29 轰炸机的整体设计，包括动力系统、电子系统和武器系统等。但图 -4 轰炸机并不完全是 B-29 轰炸机的仿制品，其雷达、弹药和发动机都是由

基本参数	
机身长度	30.18 米
机身高度	8.46 米
翼展	43.05 米
空重	36 850 千克
最大速度	558 千米 / 时
最大航程	5400 千米

苏联自主研制的。发动机改为 ASH-72K 涡轮螺旋桨发动机。

作战性能

图 -4 轰炸机各方面性能比原型的 B-29 轰炸机有所提高，单台发动机功率从 1470 千瓦增加到 1765 千瓦，并装有涡轮增压器。机上飞行设备配有当时比较先进的导航雷达、天文罗盘、PB-10 无线电高度表。图 -4 轰炸机有 5 个炮塔，安装了 10 门 23 毫米机关炮。5 个炮塔中的 3 个炮塔可以对地射击，可以由 3 个人分别射击，也可以由 1 个人遥控操纵 3 个炮塔同时对地面 1 个目标射击。1951 年 10 月 18 日，苏联用图 -4 轰炸机空投了其第一颗原子弹。

英国"蚊"式轰炸机

"蚊"式轰炸机是英国在二战时期研制的轻型轰炸机，以木材为主要制造材料，享有"木制奇迹"之誉。

结构解析

"蚊"式轰炸机采用全木结构，这在20世纪40年代的飞机中已经非常少见了。该机的起落架、发动机、控制翼面安装点、翼身结合点等受到立体应力的地方采用金属锻件或铸件，整机全部金属锻件和铸件的总重量只有130千克。尽管"蚊"式轰炸机在生产过程中不断被进行改进，但是其基本结构始终不变。

基本参数	
机身长度	13.57 米
机身高度	5.3 米
翼展	16.52 米
空重	6490 千克
最大速度	668 千米／时
最大航程	2400 千米

作战性能

"蚊"式轰炸机改型较多，除了担任日间轰炸任务外，还有夜间战斗机、侦察机等多种衍生机型。该机生存性好，在整个二战期间，"蚊"式轰炸机创造了英国空军轰炸机作战生存率的最佳纪录。"蚊"式轰炸机的自重、发动机功率、航程约为"喷火"战斗机的两倍，速度比"喷火"战斗机快。尤其是在载重能力上，"蚊"式轰炸机大大超出了其原设计指标。

英国"兰开斯特"轰炸机

　　"兰开斯特"轰炸机是二战时期英国的重要战略轰炸机，于 1942 年开始服役，二战结束后在其他国家持续服役到 20 世纪 60 年代。

结构解析

　　"兰开斯特"轰炸机采用常规布局，具有一副长长的梯形悬臂中单机翼，4 台发动机均安置在机翼上。近矩形断面的机身前部，是一个集中了空勤人员的驾驶舱，机身下部为宽大的炸弹舱，椭圆形双垂尾、可收放后三点起落架与当时流行的重型轰炸机一样。

基本参数	
机身长度	21.11 米
机身高度	6.25 米
翼展	31.09 米
空重	16 571 千克
最大速度	456 千米／时
最大航程	4073 千米

作战性能

　　"兰开斯特"轰炸机的机身结构尚属坚固，但其设计存在较大问题。该机未能装设机腹炮塔，对于下方来的敌机，无法反击。德军很快就发现了这个弱点，他们往往从后下方接近此型机，然后利用倾斜式机炮，往其下腹猛轰，即可摧毁"兰开斯特"轰炸机。

英国 "堪培拉" 轰炸机

"堪培拉" 轰炸机是由英国空军装备的第一种轻型喷气式轰炸机，于1951年1月开始装备部队。

结构解析

"堪培拉" 轰炸机的机身为普通全金属半硬壳式加强蒙皮结构，机身截面呈圆形。机头部分有增压座舱，座舱后有一款承压隔板。中段为炸弹舱，舱门由液压操纵。机身尾段装有电子设备。该机采用悬臂式中单翼，中翼呈矩形，外翼呈梯形，机翼的展弦比较小。

基本参数	
机身长度	19.96 米
机身高度	4.77 米
翼展	19.51 米
空重	9820 千克
最大速度	933 千米／时
最大航程	5440 千米

作战性能

"堪培拉" 轰炸机在执行轰炸任务时，弹舱内可载6枚454千克炸弹，另外，在两侧翼下挂架上还可挂907千克炸弹载荷。执行遮断任务时，可在弹舱后部装4门20毫米机炮，前部空余部分可装16个114毫米的照明弹或3枚454千克炸弹。1963年英国对飞机进行了改进，使其能携带 "北方" AS.30空对地导弹，也可携带核武器。该机的动力装置为2台 "埃汶" 109涡轮喷气发动机，单台加力推力为36千牛。

英国"火神"轰炸机

　　"火神"轰炸机是由英国霍克·西德利公司研制的一款中程战略轰炸机，于 1956 年开始服役。

结构解析

　　"火神"轰炸机采用了无尾三角翼气动布局，是世界上最早的一种三角翼轰炸机。发动机为 4 台"奥林巴斯"301 型喷气发动机，安装在翼根位置，进气口位于翼根前缘。"火神"轰炸机拥有面积很大的一副悬臂三角形中单翼，前缘后掠角为 50°。机身断面为圆形，机头有 1 个大的雷达罩，上方是凸出的座舱顶盖。

基本参数	
机身长度	29.59 米
机身高度	8 米
翼展	30.3 米
空重	37 144 千克
最大速度	1038 千米／时
最大航程	4171 千米

作战性能

　　"火神"轰炸机曾经与另外两种轰炸机"勇士"和"胜利者"一起构成英国战略轰炸机的三大支柱。该机的座舱可有正副驾驶员、电子设备操作员、雷达操作员和领航员，机头下有投弹瞄准镜。机身腹部有 1 个长度为 8.5 米的炸弹舱，可挂 21 枚 454 千克级炸弹或 1 枚核弹，也可以挂载 1 枚"蓝剑"空对地导弹。

英国"勇士"轰炸机

"勇士"轰炸机是由英国维克斯·阿姆斯特朗公司研制的一款战略轰炸机，于1955年1月交付使用。

结构解析

"勇士"轰炸机采用悬臂式上单翼设计，在两侧翼根处各安装有2台"埃汶"发动机。该机的机翼尺寸巨大，所以翼根的相对厚度被控制在12%，以利于空气动力学设计。"勇士"轰炸机的机组成员为5人，包括正副驾驶员、

基本参数	
机身长度	32.99 米
机身高度	9.8 米
翼展	34.85 米
空重	34 491 千克
最大速度	913 千米／时
最大航程	7245 千米

2名领航员和1名电子设备操作员。所有的成员都被安置在1个蛋形的增压舱内，因为只有正副驾驶员拥有弹射座椅，所以在发生事故或被击落时，其他机组成员只能通过跳伞逃生。

作战性能

"勇士"轰炸机可以在弹舱内挂载1枚4500千克的核弹或者21枚450千克常规炸弹。此外，它还可以在两侧翼下各携带1个7500升的副油箱，用于增大飞机航程。"勇士"轰炸机的发动机保养和维修比较麻烦，且一旦某台发动机发生故障，很可能会影响紧邻它的另一台发动机。

英国 "胜利者" 轰炸机

"胜利者"轰炸机是由英国汉德利·佩季公司研制的一款战略轰炸机，于 1958 年 4 月开始服役。

结构解析

"胜利者"轰炸机采用了月牙形机翼和高平尾布局，4 台发动机装于翼根，采用两侧翼根进气。由于机鼻雷达占据了机鼻下部的非密封隔舱，座舱一直延伸到机鼻，提供了更大的空间和更佳的视野。该机的机身采用了全金属

基本参数	
机身长度	35.05 米
机身高度	8.57 米
翼展	33.53 米
空重	40 468 千克
最大速度	1009 千米／时
最大航程	9660 千米

半硬壳式破损安全结构，中部弹舱门用液压开闭，尾锥两侧是液压操纵的减速板。尾翼为全金属悬臂式结构，采用带上反角的高平尾，以避开发动机喷流的影响。垂尾和平尾前缘均采用电热除冰。

作战性能

"胜利者"轰炸机没有固定武装，可在机腹下以半埋式挂载 1 枚 "蓝剑"导弹，或在弹舱内装载 35 枚 454 千克常规炸弹，也可在机翼下挂载 4 枚美制 "天弩"空对地导弹 (机翼下每侧两枚)。

法国"幻影Ⅳ"轰炸机

"幻影Ⅳ"轰炸机是由法国达索公司于 20 世纪 50 年代研制的一款超音速战略轰炸机。

结构解析

"幻影Ⅳ"轰炸机的总体布局沿用了"幻影"系列传统的无尾大三角翼的布局，双轮纵列式的主起落架。机翼采用全金属结构的悬臂式三角形中单翼，前缘后掠角为 60°，主梁与机身垂直，后缘处有两根辅助梁，与前缘几

基本参数	
机身长度	23.49 米
机身高度	5.4 米
翼展	11.85 米
空重	14 500 千克
最大速度	2340 千米／时
最大航程	4000 千米

乎平行。机身为全金属半硬壳式结构，机头前端是空中加油受油管。机身前端下方是前起落架舱，起落架为液压收放前三点式，前起落架为双轮，可操纵转向，向后收入机身。主起落架采用四轮小车式，可向内收入机身。

作战性能

"幻影Ⅳ"轰炸机基本型的主要武器为半埋在机腹下的 1 枚 50 000 吨TNT 当量的核弹，或 16 枚 454 千克常规炸弹，或 4 枚 AS.37 空对地导弹。正常载弹量为 6400 千克。总体来说，"幻影Ⅳ"轰炸机尽管很有特色，但与美苏先进战略轰炸机相比，载重明显偏小，难以形成更为强大的威慑力。

第 5 章
直升机和无人机

直升机和无人机是军用飞机中体形相对较小的机种，它们以其有别于其他机种的鲜明特点，在特定作战环境中发挥着重要作用。

美国 AH-64 "阿帕奇" 武装直升机

AH-64 "阿帕奇" 直升机是由休斯直升机公司研发的武装直升机，于1984 年开始服役。

结构解析

AH-64 直升机的机身采用了传统的半硬壳结构，前方为纵列式座舱，副驾驶员/炮手在前座、驾驶员在后座。驾驶员座位比前座高48 厘米，且靠近直升机转动中心，视野良好，有利于驾驶直升机贴地飞行。起落架为后三点式，支柱可向后折叠，尾轮为全向转向自动定心尾轮。

基本参数	
机身长度	17.73 米
机身高度	3.87 米
旋翼直径	14.63 米
空重	5165 千克
最大速度	293 千米／时
最大航程	1900 千米

作战性能

AH-64 直升机的主要武器为 1 门 30 毫米 M230 "大毒蛇" 链式机关炮，备弹 1200 发。该机有 4 个武器挂载点，可挂载 16 枚 AGM-114 "地狱火"导弹，或 76 枚 Hydra 70 FFAR 火箭弹（4 个 19 管火箭发射巢），也可混合挂载。此外，改进型号还可发射 AIM-92 "刺针"、AGM-122 "侧投"、AIM-9 "响尾蛇"、BGM-71 "拖" 式等导弹。

美国 AH-1 "眼镜蛇" 武装直升机

AH-1 "眼镜蛇" 直升机是由贝尔公司研制的美国第一代武装直升机，于 1965 年 9 月首次试飞，1967 年 6 月开始服役。

结构解析

AH-1 直升机的机身为窄体细长流线型，座舱为纵列双座布局，射手在前，驾驶员在后。AH-1 直升机的座椅、驾驶舱两侧及重要部位都有装甲保护，自密封油箱能承受 23 毫米机炮射击。该机采用两叶旋翼和两叶尾桨，桨叶由铝合金大梁、不锈钢前缘和铝合金蜂窝后段组成，桨尖后掠。

基本参数	
机身长度	13.6 米
机身高度	4.1 米
旋翼直径	14.63 米
空重	2993 千克
最大速度	277 千米／时
最大航程	510 千米

作战性能

AH-1 直升机的主要武器为 1 门 20 毫米 M197 三管机炮（备弹 750 发），4 个武器挂载点可按照不同配置方案选挂 BGM-71 "陶" 式、AIM-9 "响尾蛇" 和 AGM-114 "地狱火" 等导弹，以及不同规格的火箭发射巢和机枪吊舱等。

美国 AH-6"小鸟"武装直升机

AH-6"小鸟"直升机是由休斯直升机公司研制的武装直升机,于1980年开始服役。

结构解析

最初的 AH-6 直升机是从 OH-6A 轻型观察直升机改进而来。AH-6 全身以无反光黑色涂料涂装,方便借着黑夜的掩护执行特战任务。为了便于运输,AH-6 的尾梁可折叠。无论哪个型号的 AH-6,都保持了 OH-6A 圆圆的机鼻轮廓。

基本参数	
机身长度	9.94 米
机身高度	2.48 米
旋翼直径	8.3 米
空重	722 千克
最大速度	282 千米／时
最大航程	430 千米

作战性能

作为一款轻型攻击平台,AH-6 直升机的机身左侧装有 XM27E/M134"加特林"机枪,机身右侧装有 M260 七管 69.85 毫米折叠式尾翼空射火箭舱。AH-6 系列的发动机有多种不同型号,如 AH-6C 的 302 千瓦"埃尔森"T63-A-720 发动机、AH-6M 的 478 千瓦 250-C30R/3M 发动机,均有不俗的动力性能。

美国 UH-60 "黑鹰"通用直升机

UH-60 直升机是由西科斯基公司研制的通用直升机，绰号"黑鹰"。

结构解析

UH-60 直升机采用四片桨叶全铰接式旋翼系统，旋翼由钛合金和玻璃纤维制造，直径为 16.36 米，可以折叠。为改善旋翼的高速性能，还采用了先进的后掠桨尖技术。4 片尾桨设在尾梁左侧，以略微上倾的角度安装，可协助主旋翼提供部分升力。另外，尺寸很大的水平尾翼还可增加直升机飞行中的稳定性。

基本参数	
机身长度	19.76 米
机身高度	5.13 米
旋翼直径	16.36 米
空重	4819 千克
最大速度	357 千米／时
最大航程	2220 千米

作战性能

与 UH-1 相比，UH-60 直升机大幅度提升了部队容量和货物的运送能力。在大部分天气情况下，3 名机组成员中的任何一个都可以操纵飞机运送全副武装的 11 人步兵班。拆除了 8 个座位后，可以运送 4 副担架。此外，还有 1 个货运挂钩可以执行外部吊运任务。UH-60 直升机通常装有 2 挺机枪，1 具 19 联装 70 毫米火箭发射巢，还可发射 AGM-119 "企鹅"反舰导弹和 AGM-114 "地狱火"空对地导弹。

美国 UH-72 "勒科塔" 通用直升机

UH-72 直升机是由欧洲直升机公司为美国陆军研制的通用直升机，绰号 "勒科塔"，于 2006 年交付使用。

结构解析

UH-72 直升机的机舱布局比较合理。在执行医疗救护任务时，机舱内同时可容纳两副担架和两名医疗人员，由于其舱门较大，躺着伤员的北约标准担架可以方便进出机舱。

基本参数	
机身长度	13.03 米
机身高度	3.45 米
旋翼直径	11 米
空重	1792 千克
最大速度	269 千米／时
最大航程	685 千米

作战性能

UH-72 直升机具有优异的高海拔／高温性能，在执行人员运输任务时，机舱内可容纳不少于 6 名全副武装的士兵。另外，机载无线电也是 UH-72 的一大突出优势。该机的机载无线电设备工作频带不仅涵盖了国际民航组织规定的通信频率，与各国民航部门进行通信，还能够与军事、执法、消防和护林等单位进行联系。

美国 UH-1 "伊洛魁" 通用直升机

UH-1 "依洛魁" 直升机是由美国贝尔公司研发的一款通用直升机，于 1959 年开始服役。

结构解析

UH-1 直升机采用单旋翼带尾桨形式，扁圆截面的机身前部是一个座舱，可乘坐正副飞行员（并列）及乘客多人（士兵或作战空勤人员），后机身上部是 1 台莱康明公司的 T53 系列涡轮轴发动机及其减速传动箱，驱动直升机上方由两片桨叶组成的半刚性跷跷板式主旋翼，为保持稳定，还与桨叶呈 90° 装有 1 对稳定杆。UH-1 的起落架是两根十分简洁的杆状滑橇。机身左右开有大尺寸舱门，便于人员及货物的上下移动。

基本参数	
机身长度	17.4 米
机身高度	4.4 米
旋翼直径	14.6 米
空重	2365 千克
最大速度	220 千米／时
最大航程	510 千米

作战性能

UH-1 直升机可采用多种武器，常见为 2 挺 7.62 毫米 M60 机枪或 2 挺 7.62 毫米 GAU-17 机枪，加上 2 具 7 发或 19 发 91.67 毫米火箭吊舱。该机装有 1 台美国阿维科·莱卡明公司研制的 T53-L-11 涡轮轴发动机，起飞功率为 820 千瓦。后期型号换装为 T53-L-13B 涡轮轴发动机，起飞功率为 1045 千瓦。

美国 CH-47 "支奴干" 运输直升机

　　CH-47 直升机是由波音公司研制的双发中型运输直升机，绰号"支奴干"。

结构解析

　　CH-47 直升机的机身为正方形截面半硬壳式结构。驾驶舱、机舱、后半机身和旋翼塔基本上为金属结构。机身后部有货运跳板和舱门。该直升机有 2 副纵列反向旋转的 3 片桨叶旋翼，前低后高配置，后旋翼塔较高，径向尺寸较大，起到了垂尾的作用，其根部对称配置 2 台发动机。CH-47 直升机采用了不可收放的 4 轮式起落架，2 个前起落架均为双轮，2 个后起落架为单轮。

基本参数	
机身长度	30.1 米
机身高度	5.7 米
旋翼直径	18.3 米
空重	10 185 千克
最大速度	315 千米／时
最大航程	741 千米

作战性能

　　CH-47 直升机具有全天候飞行能力，可在恶劣的高温、高原气候条件下完成任务。该机可进行空中加油，具有远程支援能力。部分型号的机身上半部分为水密隔舱式，可在水上起降。该机运输能力强，可运载 33 ~ 35 名武装士兵，或运载 1 个炮兵排，还可吊运火炮等大型装备。

美国 OH-58 "奇欧瓦" 侦察直升机

OH-58 "奇欧瓦" 直升机是由美国贝尔公司研制的轻型直升机，其中 OH-58A、OH-58B、OH-58C 为侦察直升机，最新的 OH-58D "奇欧战士" 为武装版。

结构解析

OH-58 直升机安装有滑橇式起落架，机身两侧各有 1 个舱门，舱内有加温和通风设备。D 型沿用了 A 型的机身，加强了机体结构，以延长其服役寿命。OH-58D 还改用了 4 叶复合材料主旋翼，机动性有所增强，振动减小，可操控性提高。尾桨也进行了改进，这使得 OH-58D 在多级的阵风下，仍能保持良好的纵向操纵性能。

基本参数	
机身长度	12.39 米
机身高度	2.29 米
旋翼直径	10.67 米
空重	1490 千克
最大速度	222 千米／时
最大航程	556 千米

作战性能

OH-58D 可以同时搭载下列 4 种武器中的 2 种：2 发 AGM-114 导弹、2 发 AIM-92 导弹、70 毫米 Hydra70 火箭、12.7 毫米 M2 重机枪。此外，OH-58D 机身两侧还有全球直升机通用挂架 (UWP)，并安装有桅顶瞄准具，能提供非常好的视界。

美国 MQ-1 "捕食者" 无人机

MQ-1 无人机是由美国通用原子技术公司研制的一款无人攻击机，绰号 "捕食者"。

结构解析

MQ-1 无人机采用低置直翼、倒 V 形垂尾、收放式起落架、推进式螺旋桨，传感器炮塔位于机头下面，上部机身前方呈球茎状。MQ-1 无人机的动力装置为 1 台罗塔克斯 914F 涡轮增压四缸发动机，最大功率为 86 千瓦。

基本参数	
机身长度	8.22 米
机身高度	2.1 米
翼展	14.8 米
空重	512 千克
最大速度	217 千米／时
最大航程	3704 千米

作战性能

MQ-1 无人机可在粗略准备的地面上起飞升空，起降距离约 670 米，起飞过程由遥控飞行员进行视距内控制。在回收方面，MQ-1 可以采用软式着陆和降落伞紧急回收两种方式。MQ-1 可以在目标上空逗留 24 小时，对目标进行充分的监视，最长续航时间高达 60 小时。该机的侦察设备在 4000 米高处的分辨率为 0.3 米，对目标定位精度达到极为精确的 0.25 米。

美国 RQ-3 "暗星" 无人机

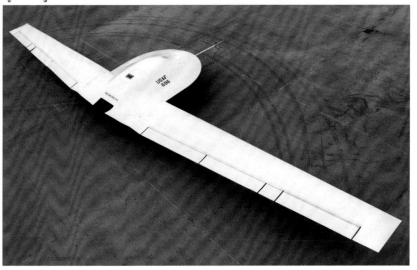

RQ-3无人机是由波音公司和洛克希德·马丁公司研制的无人侦察机，绰号"暗星"。

结构解析

RQ-3无人机采用了无尾翼身融合体设计，外形奇特，机翼的平面形状基本为矩形。发动机为FJ44涡轮风扇发动机，进气口在机头上方，后机身下部是尾喷口。

基本参数	
机身长度	4.6米
机身高度	1.1米
翼展	21.3米
空重	1980千克
巡航速度	464千米／时
最大航程	925千米

作战性能

RQ-3无人机具备自主起飞、自动巡航、脱离和着陆的能力，能够在飞行中改变飞行程序，从而执行新的任务。RQ-3无人机装备的侦察设备包括合成孔径雷达和电光探测器，其具有探测范围大和通用性好的特点。该机的续航时间为8小时，其监视覆盖面积高达48000平方千米。

美国 RQ-4 "全球鹰" 无人机

RQ-4 无人机是由诺斯洛普·格鲁曼公司研制的一款无人侦察机，绰号"全球鹰"。

结构解析

"全球鹰"是一种巨大的无人机，其翼展和 1 架中型客机相近。机身为常见的铝合金，机翼则为碳纤维。整个"全球鹰"系统分为四个部分，即机体、侦测器、航空电子系统、数据链。地上部分主要有两大部分，即发射维修装置 (LRE) 和任务控制装置 (MCE)。

基本参数	
机身长度	13.5 米
机身高度	4.6 米
翼展	35.4 米
空重	3850 千克
最大速度	650 千米／时
最大航程	14 001 千米

作战性能

"全球鹰"无人机的机载燃料超过 7 吨，自主飞行时间长达 41 小时，可以完成跨洲飞行。它可在距发射区 5556 千米的范围内活动，可在目标区上空 18 300 米处停留 24 小时。"全球鹰"安装有高分辨率合成孔径雷达 (SAR)，还有光电红外线模组 (EO/IR)，可提供长程长时间全区域动态监视。"全球鹰"还可以进行波谱分析的谍报工作，提前发现全球各地的危机和冲突，也能协助导引空军的导弹轰炸，使其误击率降低。

美国 MQ-5 "猎人" 无人机

MQ-5 无人机是一款美国陆军现役的无人侦察机，绰号 "猎人"。

结构解析

"猎人" 无人机搭载的侦察设备主要为由以色列航空工业公司开发的多功能光电设备，其设备包括了电视和前视红外，具备昼夜侦查能力。此外，该无人机还装备了 1 具激光指向器和多种通信系统，以及诺斯罗普·格鲁曼公司研制的通信干扰、通信告警接收机和雷达干扰机等电子对抗设备。

基本参数	
机身长度	6.89 米
机身高度	1.7 米
翼展	8.9 米
空重	727 千克
最大速度	203.5 千米／时
最大航程	125 千米

作战性能

"猎人" 无人机的 GCS-3000 地面控制站由两名操作员控制，跟踪、指挥、控制和联络 "猎人" 飞行器及其设备。一个地面控制站可以控制 1 架或 2 架交替执行任务的 "猎人" 无人机。

美国 RQ-7 "影子" 无人机

RQ-7 无人机是由美军装备的无人侦察机，绰号"影子"。

结构解析

RQ-7 无人机是美国陆军"固定翼战术无人机"项目中最重要的部分，全套系统包括飞机、任务载荷模块、地面控制站、发射与回收设备和通信设备。在作战时，RQ-7 系统需要4 辆多功能轮式装甲车运输，其中 2 辆装载零部件，另两辆作为装甲运兵车搭载操作人员。

基本参数	
机身长度	3.4 米
机身高度	1 米
翼展	4.3 米
空重	84 千克
最大速度	204 千米／时
使用范围	109 千米

作战性能

RQ-7 无人机具有体积小、重量轻等特点，整套系统可以通过 C-130 运输机快速部署到战区的任何一个地方。该无人机的探测能力较强，可探测到距离陆军旅战术作战中心约 125 千米外的目标，并可在 2438 米的高空全天候侦察到 3.5 千米倾斜距离内的地面战术车辆。

美国 MQ-8 "火力侦察兵" 无人机

MQ-8无人机是由诺斯罗普·格鲁曼研制的垂直起降无人机，绰号"火力侦察兵"。

结构解析

"火力侦察兵"无人机有海军型和陆军型两个型号，陆军型 MQ-8A 旋翼有 3 片桨叶，而海军型 MQ-8B 旋翼有 4 片桨叶。此外，两者的传感器和航空电子设备也有明显区别。

基本参数	
机身长度	7.3米
机身高度	2.9米
翼展	8.4米
空重	940千克
最大速度	213千米／时
使用范围	203千米

作战性能

"火力侦察兵"无人机可在战时迅速转变角色，执行包括情报搜集、侦察、监视、通信中继等在内的多项任务。同时，这种做法还可为今后进行升级改造预留充足的载荷空间。"火力侦察兵"无人机还具备挂载"蝰蛇打击"智能反装甲滑翔弹和"九头蛇"低成本精确杀伤火箭的能力，还可以使用"地狱火"导弹和以色列拉斐尔公司开发的"长钉"导弹。

美国 MQ-9 "收割者" 无人机

MQ-9 "收割者" 无人机是由美国通用原子技术公司研发的一款无人攻击机，主要为地面部队提供近距空中支援。

结构解析

MQ-9 无人机是专门设计作为攻击用途的无人机，它比 MQ-1 的尺码更大、载重更重。尽管 MQ-9 和 MQ-1 在机身性能上存在差别，但两者使用相同的控制界面。每架 "收割者" 无人机都配备有 1 名飞行员和 1 名传感器操作

基本参数	
机身长度	11 米
机身高度	3.8 米
翼展	20 米
空重	2223 千克
最大速度	482 千米／时
使用范围	5926 千米

员，他们在地面控制站内实现对 "收割者" 无人机的作战操控。飞行员虽然不是在空中亲自驾驶，但他手中依旧操纵着控制杆，不但拥有开火权，而且还要观测天气，实施空中交通控制，施展作战战术。

作战性能

MQ-9 无人机装备有先进的红外设备、电子光学设备，以及微光电视和合成孔径雷达，拥有不俗的对地攻击能力，并拥有卓越的续航能力。此外，MQ-9 无人机还可以为空中作战中心和地面部队收集战区情报，对战场进行监控，并根据实际情况开火。相比 MQ-1，MQ-9 无人机的动力更强，飞行速度可达 MQ-1 无人机的三倍，而且拥有更大的载弹量，装备 6 个武器挂架，可搭载 "地狱火" 导弹和 227 千克炸弹等武器。

美国 RQ-11A "大乌鸦" 无人机

RQ-11A 无人机是由美国航宇环境公司研制的无人侦察机，绰号"大乌鸦"。

结构解析

"大乌鸦"无人机的机体由"凯夫拉"纤维增强复合材料制造，结构坚固，在设计上考虑了抗坠毁性能，不易发生解体。每套系统包括 1 个地面控制中心和 3 架无人机。"大乌鸦"无人机的机身非常小巧，分解后可以放入背包内携带。

基本参数	
机身长度	1.09 米
翼展	1.3 米
空重	1.9 千克
巡航速度	56 千米／时
续航时间	1～1.5 小时
使用范围	10 千米

作战性能

"大乌鸦"无人机在很大程度上延伸了美军基本单位的视界，使他们具有了不俗的情报监视和侦察能力。在使用时，仅需 1 名士兵抛射即可起飞。该机静音性良好，在 90 米高度以上飞行时，地面人员基本上听不到电动马达的声音，再加上其较小的体积，能轻松规避敌方地面火力的攻击。

美国 RQ-14 "龙眼" 无人机

RQ–14无人机是由美国海军陆战队装备的小型侦察无人机，绰号"龙眼"。

结构解析

"龙眼"无人机由螺旋桨推进，装有1台摄像机，摄像机由美国海军陆战队作战实验室开发，可分成五个部分便于携带。操作人员使用1套包括计算机处理器和地图显示器的可穿戴地面控制站对其控制，计算机处理器和地图显示器安装在操作人员前臂或防护衣上。通过点击地图显示器，告知无人机飞行的高度、目的地及返回时间。

基本参数	
机身长度	0.9米
翼展	1.1米
空重	2.7千克
巡航速度	65千米／时
最大航程	10千米
实用升限	150米

作战性能

"龙眼"无人机能飞到距离操作员5千米的区域侦察敌情。该机由锌－空气电池驱动，通过手持发射，可重复使用。它的电子发动机噪音信号低，不易被发现。

美国 RQ-170 "哨兵" 无人机

RQ-170 无人机是由美国洛克希德·马丁公司研制的隐形无人机，绰号"哨兵"。

结构解析

RQ-170 无人机沿用了"无尾飞翼式"的设计理念，外形与 B-2 隐形轰炸机相似，如同一支回旋镖。与 F-117A 隐形战斗机与 B-2 隐形轰炸机不同的是，RQ-170 的机翼并没有遮蔽排气装置，这样做的目的是避免敏感部件进入飞机平台后若遭遇操作损失，并最终导致这样的技术误入他人之手。

基本参数	
机身长度	4.5 米
机身高度	2 米
翼展	20 米
最大起飞重量	3856 千克
最大升限	15 240 米

作战性能

由于美国军方尚未完全公开 RQ-170 无人机的信息，所以外界对其作战性能知之甚少。根据公开来源的图像，航空专家估计 RQ-170 无人机配备了电光/红外传感器，机身腹部的整流罩上还可能安装有主动电子扫描阵列雷达。机翼之上的两个整流罩装备数据链，机身腹部和机翼下方的整流罩安装模块化负载，从而允许无人机实施武装打击并执行电子战任务。另外，RQ-170 甚至可以配备高能微波武器。

美国 D-21 无人机

D-21 无人机是由美国洛克希德公司研制的无人侦察机，共制造了 38 架，于 1969 年开始服役，1971 年退出现役。

结构解析

D-21 无人机体积较小，由于采用了大量 SR-71 "黑鸟"侦察机的技术，所以两者在外形上有一定相似之处。D-21 无人机的机体大量使用了当时价格极为昂贵的钛合金，并拥有最早开发的隐形技术。该机还装有当时世界领先的冲压发动机，以及先进的照相侦察设备。

基本参数	
机身长度	12.8 米
机身高度	2.14 米
翼展	5.79 米
空重	5000 千克
最大速度	3560 千米／时
最大航程	5550 千米

作战性能

D-21 无人机采用了当时世界最先进的整体式冲压发动机，最大速度和升限（29 000 米）都极为惊人。在 20 世纪 70 年代初期，任何防空武器（包括美国自身在内）都无法击落该机。D-21 无人机的使用方式是：先由大型飞机（母机）携带飞行，在靠近对方防空严密地带的公海上空由母机释放；无人机离开母机后，利用自身的冲压发动机以近 3 马赫的速度飞向遥远的目标地区；无人机上的侦察系统自动工作；情报搜集之后，无人机将飞回到出发点的公海上空，在指令控制下，在指定地点空投装有照相胶卷的密封回收舱，然后飞机自毁坠落大海。

美国 X-45 无人机

X-45 无人机是由美国国防部高级研究计划局和美国空军联合提出的一项先期概念演示计划，由波音公司负责研发，于 2002 年首次试飞。

结构解析

X-45 无人机有三种型号，X-45A 是最早的型号，后继型 X-45B 没有进入实质性的研制阶段就被取消了，取而代之的是更大更重的 X-45C。X-45 无人机配备了包括合成孔径雷达和卫星通信设备在内的所有当代最先进的航空电子设备，并在机身下装有两个挂架，能够

基本参数	
机身长度	8.08 米
机身高度	2.14 米
翼展	10.3 米
空重	3630 千克
最大速度	919 千米／时
最大航程	2405 千米

挂载炸弹、诱饵弹、精确制导武器和智能武器等，总载弹量为 1360 千克。

作战性能

X-45 无人机的主要任务是用来验证无人作战飞机的技术可行性，以更快、更高效地应付 21 世纪的全球突发性事件。该机具有低探测、维护方便、执行任务费效比高等诸多优点。X-45 无人机的飞行寿命为 10 年，爬升时加速度可达 20G(载人战斗机通常只能达到 8G)，最大飞行速度为 0.75 马赫。整架无人机能够被装入一个长方形容器内，一架 C-5 "银河" 运输机可以装运 12 个容器。

美国 X-47A "飞马" 无人机

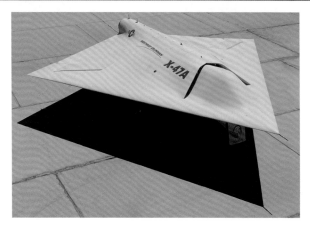

X-47A "飞马" 无人机是由美国诺斯洛普·格鲁曼公司研制的试验型无人战斗机，于 2003 年 2 月 23 日首次试飞。

结构解析

X-47A 无人机的外形比较奇特，采用了一种具有低可探测性的后掠角很大的飞翼设计方案，乍看和美国空军的 B-2 "幽灵" 轰炸机有一定相似之处。机翼前缘后掠角为 55°，后缘前掠角为 35°，采用单发动机布局，发动机进气口位于机身上方前部。为了控制成本，发动机喷口是简单的圆形，没有任何雷达或者红外隐形的考虑。

基本参数	
机身长度	8.5 米
机身高度	1.86 米
翼展	8.47 米
空重	1740 千克
最大速度	900 千米／时
最大航程	2800 千米

作战性能

在首次试飞时，X-47A 无人机的飞行高度超过 1000 米，飞行速度为 241 千米/时。在飞行 12 分钟后，精确降落在模拟航空母舰甲板上专门 "抓住" 降落飞机尾钩的 1 个挂点处。X-47A 无人机具有机内武器舱，可以携带 1 枚 225 千克的训练炸弹，但 X-47A 无人机没有进行过投弹试验。

美国 X-47B "咸狗" 无人机

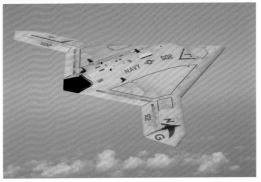

X-47B "咸狗" 无人机是由美国诺斯洛普·格鲁曼公司研制的试验型无人战斗机，于 2011 年 2 月首次试飞。

结构解析

X-47B 无人机的外形与 B-2 "幽灵" 轰炸机极为相似，其尺寸直逼美国海军现役的 F/A-18E/F "超级大黄蜂" 战斗 / 攻击机。X-47B 无人机的外翼由铝合金部件和碳纤维环氧复合材料蒙皮组成，每个机翼装有副翼，并拥有高度集成的电子和液压管

基本参数	
机身长度	11.63 米
机身高度	3.1 米
旋翼直径	18.92 米
空重	6350 千克
最大速度	1103 千米 / 时
最大航程	3700 千米

路。机翼可以折叠，以便减少占用的空间。X-47B 无人机没有尾翼，可以在着陆时采用大迎角以便于减速，而且也不会影响到驾驶员的视野。

作战性能

X-47B 无人机的最高速度只有 0.9 马赫，载荷能力不到 2 吨，最大航程为 3700 千米，而美军一直没有为 X-47B 无人机量身定制出小型化、精度高、威力足够的配套武器。在这种情况下，X-47B 无人机能勉强执行远程情报、监视和侦察任务，但实在无法应付长程对地攻击任务。此外，X-47B 无人机的打击效能也备受质疑，有分析认为，按照 X-47B 无人机目前的作战性能，一旦进入防空能力较强的国家领空作战，将有很大概率被击落。

美国 X-48 无人机

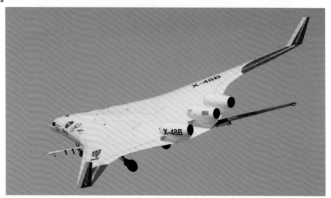

X-48 无人机是由美国国家航空航天局与波音公司联合研制的试验型无人机，于 2007 年 7 月首次试飞，2009 年 8 月首次公开展示，先后发展了 X-48A、X-48B 和 X-48C 三种型号。

结构解析

X-48 无人机的外形类似一个大三角形，机身涂有白色油漆。传统飞机外形大多翼身分离，翼身融合体设计则使得机翼和机身浑然一体。这种外形使飞机在空中受到的阻力减小，不仅能提供额外的升力减少油耗，还能实现降噪效果。由于消除了机翼与机身交接处的直角，飞机的雷达反射截面积也得以减小，有助于改善飞机的隐形性能。

基本参数	
机身长度	10.7 米
机翼面积	9.2 平方米
翼展	6.22 米
空重	227 千克
最大速度	219 千米／时
最大航程	218 千米

作战性能

X-48 无人机被设计用来研究翼身融合飞行器的特性，与常规飞行器相比，采用翼身融合体设计的 X-48 无人机具有更好的结构强度、更远的航程和更便宜的飞行成本，在军事领域的应用潜力十分巨大，美国空军希望将此类飞机用作加油机、指挥控制机或多用途飞机。另外，其独特的翼身融合体设计还适合发展成无人运输机，从而增强美军的战略投送能力。

美国 X-51 无人机

X-51 无人机是由美国空军研究实验室与国防高级研究计划局联合主持研制的高超音速试验机，安装有超音速燃烧冲压式发动机，于 2010 年 5 月完成了 5 倍音速飞行的试验。

结构解析

X-51 无人机由巡航体、级间以及助推器三部分组成，主体部分是在金属材料的基本结构外覆盖着轻质 TPS 泡沫与陶瓷材料。机体部分的框架板壁等由铝制成。前鼻端内部是金属钨，外部则是二氧化硅隔热层，其作用是承

基本参数	
机身长度	7.62 米
机身宽度	0.58 米
空重	1814 千克
最大速度	6200 千米／时
最大航程	740 千米
实用升限	21 300 米

受飞行器头部高强度的气动热载荷，并实现纵向配平，以保证飞行器的纵向稳定性。巡航体与机体的过渡部分采用了铬－镍－铁合金，目的是阻止热量传导到飞行器的其余部分。巡航体、级间部分的蒙皮，包括助推器的四个全动尾翼均为铝质。

作战性能

X-51 无人机采用的"乘波体"技术是一种新颖的飞行机制，与普通飞机采用机翼产生升力的机制截然不同，特别适宜于在大气层边缘以高超声速飞行，具有不可估量的军事威慑力。X-51 无人机的飞行轨迹不可预测，没有规律可循，可供拦截的时机也稍纵即逝，拦截的难度极大。

美国 XQ-58 "女武神" 无人机

XQ-58"女武神"无人机是由美国研制的无人战斗航空载具，计划于美国空军服役。该机原本被称为 XQ-222，于 2019 年 3 月 5 日在犹马试验场试飞成功。

结构解析

XQ-58 无人机具有梯形的机身、V 形尾翼以及 S 形进气口。该机采用了涡扇发动机作为动力，以便于能够跟上 F-35 战斗机的速度，同时该机把进气道转移到飞机背部，以机身彻底屏蔽了进气道，从而大大减小了雷达的反射面积。

基本参数	
机身长度	8.8 米
机身高度	4 米
翼展	6.7 米
空重	13 500 千克
最大速度	1050 千米／时
最大航程	3941 千米

作战性能

XQ-58 无人机是美国空军研究实验室的"低成本可用飞机技术"（LCAAT）计划的产物。该计划的目标是开发更好的设计工具，并利用现有的商业制造流程来降低设计时间与成本，从而更快速地设计与制造无人战斗航空载具。XQ-58 无人机扮演的角色是在战斗任务期间护送 F-22 或 F-35 战斗机，同时部署武器或侦察系统。该机长度有 8.8 米，自重超过 13 吨，可以携带各种制导武器，是 F-22 或 F-35 战斗机提升战斗力的有效补充。

美国 K-MAX 无人机

K-MAX 无人机是由美国卡曼航空公司研制的一款无人货运直升机，其原型是由卡曼航空公司于 20 世纪 90 年代研制的 K-MAX 起重直升机。该机主要用于执行战场作战物资补给任务。

结构解析

K-MAX 无人机采用的交替双桨布局可以算是共轴双桨布局的一个变种，这种布局对桨叶数量有限制，通常不会多于两片桨叶，所以一般用于尺寸不大的直升机。与其他旋翼无人机相比，K-MAX 无人机拥有更高的飞行高度和更大的有效载荷。该机有 4 个挂钩，一次飞行中能携带更多的货物运送到更远的地点。

基本参数	
机身长度	15.8 米
机身高度	4.14 米
旋翼直径	14.71 米
空重	2334 千克
最大速度	185 千米／时
最大航程	495 千米

作战性能

K-MAX 无人机保留了有人操作模式，可以更灵活地完成有人操作、转场、快速整合新设备等任务，并可快速回厂保养。K-MAX 无人机由全自动 GPS 制导，飞行不受时间限制，能够在夜间执行物资补给任务。该机能够携带 3.5 吨重的物资连续飞行 400 千米以上，适合在复杂的山区环境下使用。

美国"复仇者"无人机

"复仇者"无人机是由通用原子技术公司研制的隐形无人战斗机。

结构解析

　　"复仇者"无人机是在 MQ–9 "收割者"无人机的基础上改进而成的，是为美国未来空战需要而开发的新型无人机。该机体积庞大，可搭载 1.36 吨的有效载荷，发动机为推力高达 17.75 千牛的普惠 PW545B 喷气发动机。在执行非隐形任务时，可在无人机的机身和机翼下挂装武器和其他任务载荷，包括附加油箱。

基本参数	
机身长度	13.2 米
翼展	20.1 米
最大起飞重量	9000 千克
最大速度	740 千米／时
续航时间	20 小时
最大升限	18 288 米

作战性能

　　"复仇者"无人机的大功率发动机可以让它的飞行速度达到 MQ–1 "捕食者"无人机的 3 倍以上。"复仇者"无人机有 1 个长达 3 米的武器舱，可携带 227 千克级炸弹，包括 GBU–38 型制导炸弹制导组件和激光制导组件。另外，该机还可以将武器舱拆掉，安装 1 个半埋式广域监视吊舱。

美国"幻影线"无人机

"幻影线"无人机是由美国波音公司研制的一款无人侦察机，于 2011 年 4 月首次试飞。

结构解析

"幻影线"无人机采用典型的翼身融合和飞翼式布局设计，其最大亮点在于它的隐形性能。在外形上，"幻影线"无人机并没有采用传统飞机的水平尾翼和垂直尾翼，机身和机翼已

基本参数	
机身长度	11 米
翼展	15 米
最大起飞重量	16 556 千克
巡航速度	988 千米／时
最大航程	2414 千米

高度融合在一起，这就大大减少了飞机整体的雷达反射截面。为了提高隐形性能，"幻影线"无人机的发动机被放置到了机翼的上方，且进气口和喷气口都深置于机翼之内，使雷达波难以照射。机翼后部形成了一个 W 形，可使来自飞机后方的探测雷达波无法反射回去。

作战性能

"幻影线"无人机的工作高度可以达到 12192 米，比正常的商业飞机高出近 3000 米。精细的外观与结构设计加上隐形材料的运用，可使"幻影线"无人机有效地躲避敌方雷达的预警与监视，避免遭袭。该机可以执行情报搜集、监视、压制敌方防空、实施电子攻击和自主空中加油等多项任务。

美国"扫描鹰"无人机

"扫描鹰"是由美国波音公司和因西图公司联合研制的一款无人侦察机。

结构解析

"扫描鹰"全系统包括2架无人机、1个地面或舰上控制工作站、通信系统、弹射起飞装置、空中阻拦钩回收装置和运输储藏箱。无人机可以将机翼折叠后放入储藏箱，从而降低了运输的难度。

基本参数	
机身长度	1.19米
翼展	3.1米
空重	15千克
最大速度	80千米／时
续航时间	20小时以上
最大升限	4876米

作战性能

"扫描鹰"无人机上的数字摄像机可以180°自由转动，具有全景、倾角和放大摄录功能，也可装载红外摄像机进行夜间侦察或集成其他传感器。

"扫描鹰"无人机通过气动弹射发射架发射升空，既可按预定路线飞行，也可以由地面控制人员遥控飞行。

美国"弹簧刀"无人机

"弹簧刀"无人机是由美国航宇环境公司研制的一款小型无人机，于2012年开始服役，主要可用于侦察和攻击任务。

结构解析

"弹簧刀"无人机体积较小，重量较轻，能装入步兵背包。该机可由小型弹射器发射，然后依靠电池动力飞行，借助机体内安装的监视设备，可对地面移动目标实施跟踪监控。"弹簧刀"无人机还装有1枚小型炸弹，一旦操作者认为目标值得攻击，就可锁定目标。此时，"弹簧刀"就会收起机翼，变身为1枚小型巡航导弹，直接撞向目标引爆炸弹，与目标同归于尽。

基本参数	
空重	2.5千克
最大速度	157千米／时
最大航程	10千米
实用升限	4572米

作战性能

"弹簧刀"无人机既可实施侦察监视，又可凭借适中的攻击能力对单人目标进行精确杀伤，从而避免现有无人机发射大威力导弹容易殃及无辜的缺憾。美军认为，使用"弹簧刀"无人机不仅能显著削弱敌方火力，如攻击狙击手、机枪和迫击炮等，而且"弹簧刀"无人机的附带伤害少，尤其适用于城市作战。

俄罗斯米 -28 "浩劫"武装直升机

　　米 –28 直升机是由俄罗斯米里设计局研制的单旋翼带尾桨的全天候专用武装直升机。

结构解析

　　米 –28 直升机的机身为全金属半硬壳式结构，驾驶舱为纵列式布局，四周配有完备的钛合金装甲，并装有无闪烁、透明度好的平板防弹玻璃。前驾驶舱为领航员 / 射手，后面为驾驶员。座椅可调高低，能吸收撞击能量。起

基本参数	
机身长度	17.01 米
机身高度	3.82 米
旋翼直径	17.20 米
空重	8100 千克
最大速度	325 千米／时
最大航程	1100 千米

落架为不可收放的后三点式。该机的旋翼系统采用半刚性铰接式结构，大弯度的高升力翼型，前缘后掠，每片后缘都有全翼展调整片。

作战性能

　　米 –28 直升机的主要武器为 1 门 30 毫米 2A42 机炮，备弹 250 发。该机有 4 个武器挂载点，可挂载 16 枚 AT–6 反坦克导弹，或 40 枚火箭弹（两个火箭巢）。此外，该机还可以挂载 AS–14 反坦克导弹、R–73 空对空导弹、炸弹荚舱、机炮荚舱。

俄罗斯米-35"雌鹿E"武装直升机

米-35 直升机是由俄罗斯米里设计局研制的中型通用直升机，北约代号"雌鹿E"。

结构解析

米-35 直升机的驾驶座舱采用经典的串列布局，并受防弹玻璃保护，油箱采用防渗漏技术，其战场生存能力十分突出。该机采用了 5 片矩形桨叶旋翼，垂尾式的尾斜梁，尾桨为 3 片桨叶。米-35 的突出特点是有 1 个可容纳 8 名人员的货舱，最大起飞重量超出米-8 武装型 1 倍。

基本参数	
机身长度	18.8 米
机身高度	6.5 米
旋翼直径	17.1 米
空重	8200 千克
最大速度	330 千米／时
最大航程	500 千米

作战性能

米-35 直升机的机头安装有可旋转的 4 管 12.7 毫米机枪塔，其射速高达 4500 发／分，能有效杀伤地面人员和轻装甲目标。短翼挂装串联装药的AT-9型反坦克导弹破甲厚度达800毫米，可轻易击穿反应装甲。此外，米-35直升机还可挂装火箭发射巢和自动榴弹发射器等装备。

苏联米-6"吊钩"运输直升机

米-6直升机是苏联米里设计局设计的重型运输直升机，于1960年开始批量生产。

结构解析

米-6直升机的机身为普通全金属半硬壳式短舱和尾梁式结构，旋翼有5片桨叶，尾桨有4片桨叶。机组乘员由正副驾驶员、领航员、随机机械师和无线电报务员5人组成。为便于装卸货物和车辆，座舱两侧的座椅是可折叠的，

基本参数	
机身长度	33.18米
机身高度	9.86米
旋翼直径	35米
空重	27 240千克
最大速度	300千米／时
最大航程	620千米

在座舱内装有承载能力为800千克的电动绞车和滑轮组。

作战性能

米-6直升机曾创造了14项国际航空协会承认的E1级纪录，包括起重20117千克载荷。在用作客运时，米-6直升机可在座舱中央增设附加座椅，可运载65～90名旅客。用作救护时，米-6直升机可运载41副担架和两名医护人员。用作消防时，米-6直升机座舱内部装有盛灭火溶液的容器，灭火液通过喷雾器喷出或从机身腹部放出。

苏联米 -8 "河马" 运输直升机

米 –8 直升机是由俄罗斯米里设计局研制的中型直升机，外销超过 80 个国家。

结构解析

米 –8 直升机的机身结构为传统的全金属截面半硬壳短舱加尾梁式结构，分前机身、中机身，尾梁和带固定平尾的尾斜梁，主要材料为铝合金，尾部加入了些钛合金和高强度钢。机身前部为驾驶舱，驾驶舱可容纳正、副驾驶

基本参数	
机身长度	18.17 米
机身高度	5.65 米
旋翼直径	21.29 米
空重	7260 千克
最大速度	260 千米／时
最大航程	450 千米

员和随机机械师。驾驶舱每侧都有可向后滑动的大舱门，驾驶室风挡装有电加温的硅酸盐玻璃，顶棚上还有检查发动机的舱口。

作战性能

米 –8 武装型直升机可加装各种武器。一般在两侧加挂火箭弹发射器，每个发射器内装 57 毫米火箭弹 16 枚，共 128 枚。机头可以加装 12.7 毫米机枪，也可在挂架上加挂共 192 枚火箭和 4 枚 "斯瓦特" 红外制导反坦克导弹 (AT–2)，或换装 65 枚 "萨格尔" 反坦克导弹 (AT–3)。

俄罗斯米-24"雌鹿"武装直升机

米–24直升机是由俄罗斯米里设计局研制的苏联第一代专用武装直升机。

结构解析

　　米–24直升机的机身为全金属半硬壳式结构，驾驶舱为纵列式布局。前座为射手，后座为驾驶员。后座比前座高，驾驶员视野较好。座舱盖为铰接式，向右打开。驾驶舱前部为平直防弹风挡玻璃，重要部位装有防护装甲。主舱设有8个可折叠座椅，或4把长椅，可容纳

基本参数	
机身长度	17.5米
机身高度	6.5米
旋翼直径	17.3米
空重	8500千克
最大速度	335千米／时
最大航程	450千米

8名全副武装的士兵。主舱两侧各有1个铰接舱门，水平分开成两部分，可分别向上和向下打开。舱内备有加温和通风装置。

作战性能

　　米–24直升机的主要武器为1挺12.7毫米"加特林"四管机枪。该机有4个武器挂载点，可挂载4枚AT–2"蝇拍"反坦克导弹，或128枚57毫米火箭弹(4个UV–32–57火箭发射器)。此外，该机还可挂载1500千克化学或常规炸弹，以及其他武器。米–24的机身装甲很强，可以抵抗12.7毫米子弹的攻击。

俄罗斯米 -26 "光环" 通用直升机

米 –26 直升机是由俄罗斯米里设计局研制的一款重型运输直升机，北约代号"光环"，于 1983 年交付使用。

结构解析

米 –26 直升机的机身为全金属铆接，后舱门备有折叠式装卸跳板。机身下部为不可收放前三点轮式起落架，每个起落架有 2 个轮胎，前轮可操纵转向，主起落架的高度还可作液压调节。

基本参数	
机身长度	40.03 米
机身高度	8.15 米
旋翼直径	32 米
空重	28 200 千克
最大速度	295 千米／时
最大航程	1920 千米

作战性能

米 –26 直升机只比米 –6 直升机略重一点，却能吊运 20 吨的货物。该机货舱空间巨大，如用于人员运输可容纳 80 名全副武装的士兵或 60 副担架床及 4 ~ 5 名医护人员。货舱顶部装有导轨并配有两个电动绞车，起吊质量为 5 吨。米 –26 直升机具备全天候飞行能力，往往需要远离基地到完全没有地勤和导航保障条件的地区独立作业。

俄罗斯卡-50"黑鲨"武装直升机

卡-50"黑鲨"直升机是由卡莫夫设计局研制的单座武装直升机。

结构解析

卡-50直升机的机身为半硬壳式金属结构，采用单座舱设计。座舱位于机身前端，座舱内安装有米格-29战斗机的头盔显示器及其他仪表，包括飞行员头盔上的瞄准系统。另外，在仪表板中央装设了低亮度电视屏幕，它可以配合夜视装备使卡-50直升机具有夜间飞行能力。该机是世界上第一架采用同轴反向旋翼的武装直升机，两组同轴反向旋翼装在机身中部，每组三叶旋翼，各旋翼的旋转作用力相互抵消，因此不需要尾桨，尾部也不需要再配置复杂的传统系统，整机的重量大大减轻。

基本参数	
机身长度	13.5米
机身高度	5.4米
旋翼直径	14.5米
空重	7800千克
最大速度	350千米／时
最大航程	1160千米

作战性能

卡-50直升机装备的主要武器为1门30毫米2A42型航炮，另有4个武器挂载点可挂载16枚AT-9反坦克导弹或80枚80毫米S8型空对地火箭。卡-50是第一架像战斗机一样配备了弹射座椅的直升机，飞行员利用此装置逃生只需要短短2.5秒。

俄罗斯卡-52"短吻鳄"武装直升机

卡-52"短吻鳄"直升机是由卡莫夫设计局在卡-50基础上改进而来的武装直升机。

结构解析

卡-52直升机最显著的特点是采用了并列双座布局的驾驶舱，而非传统的串列双座。这种设计是根据现代武装直升机的驾驶需要和所担负的战斗任务而设计开发的。并列双座的优点是两人可共用某些仪表、设备，从而简化了

基本参数	
机身长度	15.96米
机身高度	4.93米
旋翼直径	14.43米
空重	8300千克
最大速度	310千米/时
最大航程	1100千米

仪器操作工作，使驾驶员能集中精力跟踪目标，最大限度缩短作出决定的时间。卡-52能在昼夜和各种气象条件下完成超低空突击任务。

作战性能

卡-52直升机安装有1门不可移动的23毫米机炮，短翼下的4个武器挂架可挂载12枚超音速反坦克导弹，也可安装4个火箭发射巢。为消灭远距离目标，卡-52还可挂载X-25MJI空对地导弹或P-73空对空导弹等。该机的动力装置为2台TB3-117BMA涡轴发动机，单台功率为1618千瓦。

俄罗斯卡-60 "逆戟鲸" 直升机

卡-60 "逆戟鲸" 直升机是由俄罗斯卡莫夫设计局研制的多用途直升机，于 1998 年 12 月 24 日首次飞行。

结构解析

卡-60 直升机放弃了卡莫夫设计局传统的共轴反转旋翼布局，总体布局为 4 片桨叶旋翼和涵道式尾桨布局，可收放式三点吸能起落架。该机有完美的空气动力外形，每侧机身都开有大号舱门，尾桨有 11 片桨叶。座舱内的座椅具有吸收撞击能量的能力。

基本参数	
机身长度	15.6 米
机身高度	4.6 米
旋翼直径	13.5 米
最大起飞重量	6500 千克
最大速度	300 千米／时
最大航程	615 千米

作战性能

卡-60 直升机可以负担攻击、巡逻、搜索、救援行动、医疗后送、训练、伞兵空投和空中侦察等多种任务，其座舱可搭载 12 ～ 14 名乘客，要人专机布局时安装 5 个座椅。该机早期型号的动力装置为 2 台诺维科夫设计局 TVD–1500 涡轮轴发动机，单台功率为 970 千瓦。后期的卡-60R 改装为 2 台罗尔斯·罗伊斯 RTM322 涡轴发动机，单台功率为 1395 千瓦。

俄罗斯卡-137 无人机

卡-137 无人机是由俄罗斯卡莫夫设计局研制的一款多用途无人驾驶直升机,于 1999 年定型投产并开始装备俄罗斯陆军和边防部队。

结构解析

卡-137 无人机的球形机体堪称世界无人机中的一怪,其机体分上下两个功能部分,上部安装有 1 台夏德 2706-R05 活塞发动机,功率为 50 千瓦,还有燃油、控制系统及测高仪和卫星导航系统。下部用于放置任务系统,可根据用途和任务放置不同设备,如电视或红外摄像系统、无线电定位装置和信号传送装置等,总共可携带 80 千克有效载荷。

基本参数	
机身直径	1.3 米
机身高度	2.3 米
旋翼直径	5.3 米
空重	200 千克
最大速度	175 千米／时
最大航程	530 千米

作战性能

卡-137 无人机适合军民两用,用途非常广泛,包括边防巡逻、战地侦察、生态监测、森林防火和渔场监护等。该机只需通过重组多任务传感器,就可实现任务转换。卡-137 无人机可以完全自主飞行,自动导航精度在 60 米之内。

俄罗斯图-141"雨燕"无人机

图-141"雨燕"无人机是由图波列夫设计局研制的无人侦察机，于 1983 年开始服役。苏联解体后，尽管研制图-141 无人机的全部文件和资料留给了乌克兰，但俄罗斯军队仍装备了部分图-141 无人机。

结构解析

图-141 无人机的垂直尾翼较高，外翼可以折叠，以便存入发射箱内。该机采用箱式存储和发射，飞机装在机动发射箱内，在发射架上由助推火箭发射。图-141 无人机安装有可收放起落架，采用降落伞减震方式着陆。该机的机载侦察设备包括若干部航空照相机、1 部雷达、1 部无线电技术侦察设备、1 部激光测距仪、1 部红外摄像机、1 部热成像仪和 1 部核辐射探测器。

基本参数	
机身长度	14.33 米
机身高度	2.44 米
翼展	3.88 米
空重	6215 千克
最大速度	1100 千米／时
最大航程	1000 千米

作战性能

图-141 无人机可昼夜对目标实施侦察，它可以按照预定程序飞行，也可以由地面人员遥控。机载导航驾驶系统可保证该机在距起飞地点 500 千米以外的空域执行侦察任务。图-141 无人机的飞行高度根据任务和条件的不同可以在 50 ～ 6000 米进行选择。

苏联图-143"航程"无人机

图 –143"航程"无人机是图波列夫设计局研制的无人侦察机，共生产了 950 架，于 1973 年开始服役，1989 年退出现役。

结构解析

图 –143 无人机的机头下方安装了两种不同的侦察设备，可通过机载记录系统或直接传递给地面指挥所两种方式对侦察信息进行处理，还可以安装用于探测核辐射的设备。图 –143 无人机按预编程序控制飞行，若有任务变化也可由地面人员遥控。回收时，使用减速伞减慢

基本参数	
机身长度	8.06 米
机身高度	1.54 米
翼展	2.24 米
空重	1230 千克
最大速度	950 千米／时
最大航程	200 千米

飞行速度，然后用可伸缩的滑橇着陆。一般情况下，图 –143 无人机可重复发射回收使用 5 次。

作战性能

图 –143 无人机具有很强的机动作战性能，可在距离作战前沿阵地 75 千米处的敌方作战地域实施不间断的侦察，可依地形不同而变换飞行高度。该机可在任何气象条件下飞行，既可在平原上空侦察，也可在山区执行任务。由于具有较快的飞行速度和一定的隐形性能，敌方防空火力系统很难将它击落。

俄罗斯"鳐鱼"无人机

　　"鳐鱼"无人机是由俄罗斯米格航空器集团研制的隐形无人攻击机，于 2008 年对外公布研发计划，截至 2021 年 6 月仍处于研发阶段。

结构解析

　　"鳐鱼"无人机采用"无尾飞翼"布局，十分强调隐形性能，其机翼前、后缘和机身边缘采用平行设计，将高强度雷达反射波集中到与机身前、后缘垂直的四个方向上；进气道位于机身上方接近机头部位，采用单进气口"叉式"进气，两个分叉的进气道由一个垂直隔膜

基本参数	
机身长度	10.25 米
机身高度	2.7 米
翼展	11.5 米
最大起飞重量	10 000 千克
最大速度	800 千米／时
最大航程	4000 千米

分开，以防止入射雷达波直接照射发动机风扇的迎风面后形成强反射源；另外，机腹武器舱门和机身所有口盖边缘也被设计成锯齿状。

作战性能

　　"鳐鱼"无人机拥有两个内置武器弹舱，能够携带像 Kh–31 反舰导弹（弹体长度达 4.7 米）这样的大型精确打击武器，以及 KAB–500 精确制导炸弹和 Kh–31P 反辐射导弹等武器。因此，"鳐鱼"无人机不仅能够对水面目标和地面目标发起攻击，还能执行压制敌方地面防空系统的任务。

欧洲"虎"式武装直升机

"虎"式直升机是由欧洲直升机公司研制的一款武装直升机。

结构解析

    "虎"式直升机的机身较短、大梁短粗。机头呈四面体锥形前伸，座舱为纵列双座，驾驶员在前座，炮手在后座，与其之前所有其他武装直升机相反。座椅分别偏向中心线的两侧，以提升在后座的炮手的视野。机身两侧安装短翼，外段内扣下翻，各有两个外挂点。2 台发动机置于机身两侧，每台前后各有 1 个排气口。起落架为后三点式轮式。机体广泛采用复合材料，隐形性能较佳。

基本参数	
机身长度	14.08 米
机身高度	3.83 米
旋翼直径	13 米
空重	3060 千克
最大速度	315 千米／时
最大航程	800 千米

作战性能

    "虎"式直升机安装有 1 门 30 毫米机炮，另可搭载 8 枚"霍特 2"或新型 PARS-LR 反坦克导弹、4 枚"毒刺"或"西北风"红外寻的空对空导弹。此外，该机还有 2 具 22 发火箭吊舱。该机的机载设备较为先进，被视觉、雷达、红外线、声音信号发现的概率都减至最低水平。

欧洲 EH 101 "灰背隼" 通用直升机

EH 101 "灰背隼"直升机是由英国、意大利联合研制的通用直升机，于 1990 年开始服役。

结构解析

"灰背隼"直升机的机身结构由传统和复合材料构成，设计上尽可能采用了多重结构式设计，主要部件在受损后仍能起作用，座舱玻璃框架是此前直升机中采用复合材料为框架最大的一个。各型"灰背隼"的机身结构、发动机、基本系统和航空电子系统基本相同，主要的不同在于执行不同任务时所需的特殊设备。

基本参数	
机身长度	22.81 米
机身高度	6.65 米
旋翼直径	18.59 米
空重	10 500 千克
最大速度	309 千米／时
最大航程	833 千米

作战性能

"灰背隼"直升机具有全天候作战能力，可用于运输、反潜、护航、搜索救援、空中预警和电子对抗等。执行运输任务时，"灰背隼"直升机可装载两名飞行员和 35 名全副武装的士兵，或者 16 副担架加一支医疗队。

英法 SA 341/342 "小羚羊" 武装直升机

SA 341/342 "小羚羊" 直升机是由法国宇航公司和英国韦斯特兰公司共同研制的轻型直升机。

结构解析

"小羚羊" 直升机采用三片半铰接式 NACA0012 翼形旋翼，可人工折叠。采用了法国直升机常见的涵道式尾桨，带有桨叶刹车。座舱框架为轻合金焊接结构，安装在普通半硬壳底部机构上。底部结构主要由轻合金蜂窝夹心板和纵向盒等构成。机体大量使用了夹心板结构。该机采用钢管滑橇式起落架，可加装机轮、浮筒和雪橇等。

基本参数	
机身长度	11.97 米
机身高度	3.19 米
旋翼直径	10.5 米
空重	991 千克
最大速度	260 千米／时
最大航程	710 千米

作战性能

"小羚羊" 直升机的主要武器包括 1 门 20 毫米机炮或 2 挺 7.62 毫米机枪，可带 4 枚 "霍特" 反坦克导弹或 2 个 70 毫米或 68 毫米火箭吊舱。"小羚羊" 的动力装置为 1 台 "阿斯泰阻" XIVM 涡轮轴发动机，功率为 640 千瓦。

英国 AW 159 "野猫" 武装直升机

AW 159 "野猫" 直升机是由美国韦斯特兰公司研制的武装直升机，于 2014 年 8 月开始服役。

结构解析

"野猫" 直升机主要用于反舰、武装保护和反海盗等任务，同时还具备反潜战能力。该直升机虽然是在 "山猫" 直升机的基础上改进而来，但两者的差异极大。"野猫" 有 95% 的零部件是新设计的，仅有 5% 的零部件可与

基本参数	
机身长度	15.24 米
机身高度	3.73 米
旋翼直径	12.8 米
最大起飞重量	6000 千克
最大速度	291 千米／时
最大航程	777 千米

"山猫" 直升机通用，包括燃油系统和主旋翼齿轮箱等。在外形方面，"野猫" 的尾桨经过重新设计，耐用性更强，隐形性能也更好。

作战性能

"野猫" 直升机采用 2 台 LHTEC CTS800 涡轮轴发动机，单台功率为 1016 千瓦。该直升机的主要武器为 FN MAG 机枪（陆军版）、CRV7 制导火箭弹和泰利斯公司的轻型多用途导弹。海军版安装有勃朗宁 M2 机枪，还可搭载深水炸弹和鱼雷。

英国 WAH-64 "阿帕奇" 武装直升机

WAH-64 直升机是英国特许生产的 AH-64D "长弓阿帕奇" 武装直升机, 主要用户为英国陆军航空兵。

结构解析

WAH-64 直升机是在 AH-64D 的基础上改进而来的, 两者在外观上的差异不大。它们的区别主要包括罗尔斯·罗伊斯发动机, 一个新的电子防御套件和折叠机叶, 并允许英国式操作。

基本参数	
机身长度	17.73 米
机身高度	3.87 米
旋翼直径	14.63 米
空重	5165 千克
最大速度	293 千米／时
最大航程	1900 千米

作战性能

与美国和荷兰不同, 英国为其装备的 WAH-64 直升机选装了 RTM322 Mk250 型发动机, 该型发动机可以与 EH 101 "灰背隼" 直升机通用, 其功率达到 1662 千瓦, 比同属 "阿帕奇" 系列的其他直升机所装备的 GE T701C 发动机功率要高出 19%。

英国"不死鸟"无人机

　　"不死鸟"无人机主要用于为炮兵提供定位和识别服务，也可用于侦察，于1986年5月首次试飞。

结构解析

　　"不死鸟"无人机采用卡车运输，并且使用车上的弹射器进行发射。机身上装有降落伞和冲击缓冲背部减阻装置，帮助无人机降落。"不死鸟"无人机的腹部通过1个稳定的旋转臂装有1个双轴稳定传感器吊舱，吊舱中有热成像通用模块。

基本参数	
翼展	5.6米
总重	175千克
载荷重量	50千克
最大速度	166千米／时
续航时间	5小时
实用升限	2800米

作战性能

　　"不死鸟"无人机可帮助英军AS-90式155毫米自行榴弹炮和多管火箭发射系统提供定位和识别服务。另外，这种无人机还可以用于获得战场情报搜集和侦察用途，为炮团提供侦察照片和数据。"不死鸟"无人机虽然性能存在不足，但为英国无人机的发展积累了宝贵的技术和经验。

英国"守望者"无人机

"守望者"无人机是由英国研制的一款新型无人机，于 2018 年 11 月开始服役。

结构解析

"守望者"无人机以以色列埃尔比特公司的"赫姆斯"450 为基础研制，采用了可收放的前机轮，改进了主起落架，机翼同上部机身融合，并配备了除冰设备，加装敌我识别装置、数据链，增加自动起降功能。

基本参数	
机身长度	6.1 米
翼展	10.51 米
最大起飞重量	450 千克
最大升限	5500 米

作战性能

"守望者"无人机的最大起飞重量为 450 千克，续航时间为 17 小时。1 套完整的"守望者"无人机系统能够由 1 架 C-130"大力神"运输机部署到战区。该机能够在高海拔地区飞行，并在减弱声音和视觉信号反射的同时扩大覆盖范围，提升续航能力。

英国"雷神"无人机

"雷神"无人机是由英国宇航系统公司研制的无人战斗机，于2010年推出技术验证机，2013年首次试飞成功。

结构解析

"雷神"无人机采用了大后掠前缘的翼身融合体布局，机身和机翼的后缘分别对应平行于前缘，可以有效地提供升力，实现更大的续航能力，从而确保具有跨洲攻击能力。该机大量应用了低可侦测性复合材料，且制

基本参数	
机身长度	12.43 米
机身高度	4 米
翼展	10 米
最大起飞重量	8000 千克
最大速度	1235 千米／时

造精度非常高。发动机进气道的后部管道采用了先进的纤维铺设技术，可有效躲避雷达的探测。

作战性能

由于计划的保密性，目前仅知"雷神"无人机可以使用4枚"地狱火"空对地导弹、2枚"铺路"激光制导炸弹和2枚900千克炸弹的武器配置。在英国军方看来，"雷神"无人机扮演着"突入袭击"的角色。与目前所知的中空长航时无人机（如美国"捕食者"无人机）相比，"雷神"无人机能够在复杂的防空系统中以超音速飞行。

法国 SA 330 "美洲豹" 通用直升机

　　SA 330 直升机是由法国宇航公司研制的一款中型通用直升机,绰号"美洲豹"。

结构解析

　　"美洲豹"直升机有一个高度相对较大的粗短机身,尾撑平直,机身背部并列安装 2 台"透默" IV.C 型涡轮轴发动机。该机采用前三点固定起落架,是一种带尾桨的单旋翼布局直升机,旋翼为 4 叶,尾桨为 5 叶。

基本参数	
机身长度	19.5 米
机身高度	5.14 米
旋翼直径	15 米
空重	3615 千克
最大速度	271 千米／时
最大航程	572 千米

作战性能

　　"美洲豹"直升机可视要求搭载导弹、火箭,或在机身侧面与机头分别装备 20 毫米机炮及 7.62 毫米机枪。该机的主机舱开有侧门,可装载 16 名武装士兵或 8 副担架加 8 名轻伤员,也可运载货物,机外吊挂能力为 3200 千克。

法国 AS 532 "美洲狮" 通用直升机

AS 532 直升机是由法国宇航公司研制的双发通用直升机，绰号"美洲狮"。

结构解析

AS 532 "美洲狮" 直升机的旋翼为 4 片全铰接桨叶，尾桨叶也是 4 片，其起落架为液压可收放前三点式，前轮为自定中心双轮，后轮是单轮。进气道口装有格栅，可防止冰、雪等异物进入。

基本参数	
机身长度	18.7 米
机身高度	4.92 米
旋翼直径	15.6 米
空重	4330 千克
最大速度	278 千米／时
最大航程	870 千米

作战性能

"美洲狮" 直升机的机载设备可根据不同的需要灵活调整。陆／空型可安装 2 挺 20 毫米或 7.62 毫米机枪，海军型可携带 2 枚 AM39 "飞鱼"反舰导弹或 2 枚轻型鱼雷。该机的动力装置为 2 台透博梅卡 "马基拉" 1A1 涡轴发动机，单台最大应急功率为 1400 千瓦。

法国 AS 565 "黑豹" 通用直升机

AS 565 直升机是由法国宇航公司在 "海豚" II 的基础上发展而来的通用直升机，绰号 "黑豹"。

结构解析

"黑豹" 直升机采用碳纤维复合材料涵道尾桨，座舱座椅为防弹座椅，可承受 15G 重力加速度。为降低红外辐射信号，"黑豹" 直升机的机体涂以低红外反射的涂料。为了使座舱适应贴地飞行，采用了夜视目镜，从而使直升

基本参数	
机身长度	13.7 米
机身高度	4.1 米
旋翼直径	11.9 米
空重	2255 千克
最大速度	296 千米／时
最大航程	875 千米

机可以夜航飞行。该机安装有 2 台透博梅卡 TM333–1M 涡轮轴发动机，每台功率为 680 千瓦。

作战性能

"黑豹" 直升机整个机体可经受以 7 米／秒的垂直下降速度碰撞，燃油系统能经受 14 米／秒坠落速度的碰撞。机身两侧的外挂架可携带 44 枚 68 毫米火箭，2 个 20 毫米机炮吊舱，或 8 枚 "马特拉" 空对空导弹。反坦克型 AS 565CA 还可搭载 "霍特" 导弹和舱顶瞄准具。

法国"雪鸮"无人机

"雪鸮"无人机是由欧洲宇航防务集团研制的一种无人驾驶的情报搜集、监视和侦察飞机，主要用户为法国空军。

结构解析

"雪鸮"无人机是在以色列"苍鹭"无人机的基础上改进而来的，两者在外形上较为相似。虽然"雪鸮"无人机可以配备武器，但是服役期间从来没有配备。该机的操作小队大约有40人，其中包括13名机械师和9名机组成员，机组成员包括了空勤人员、情报官和图像分析人员。此外，该小队还包括18名后勤、通信和管理人员。

基本参数	
机身长度	9.3 米
翼展	16.6 米
空重	657 千克
最大速度	207 千米／时
最大航程	1000 千米

作战性能

"雪鸮"无人机可由战斗机、运输机或海上平台上的机组人员进行远程控制，该机具备长航时和低可侦测性的特点，能够在500千米的范围内执行昼夜侦察任务。"雪鸮"无人机能对村庄和混合地貌进行侦察，也可执行车队护送任务。此外，该机还能执行搜索简易爆炸装置、识别和观察直升机着陆区域等任务。必要时，还能为与敌军遭遇的部队提供情报支援。

法国"雀鹰"无人机

　　"雀鹰"是由法国萨基姆公司研制的一款战术无人机，可执行战术监视、观察和瞄准任务，有 A 型和 B 型两种型号。

结构解析

　　"雀鹰"无人机系统配备有高效的光电昼 / 夜用传感器和一系列其他传感器，可进行全面的任务制定和监视，能够将目标图像发回地面指挥控制中心。

基本参数	
机身长度	3.5 米
机身高度	1.3 米
翼展	4.2 米
空重	275 千克
最大速度	240 千米 / 时
最大航程	180 千米

作战性能

　　"雀鹰" A 型能够自动弹射，并在没有事先做准备的地点通过降落伞降落。"雀鹰" B 型为无人攻击机，机翼更大也更坚固，能够携带更多的有效载荷，而且续航力和航程也得到加强，武器为以色列研制的"长钉"远程多用途空地导弹。

法国"神经元"无人机

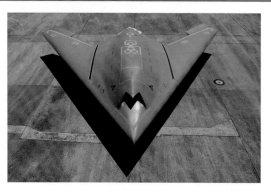

"神经元"无人机是由法国达索航空公司主导的隐形无人战斗机项目，另有多个欧洲国家参与研发计划。2012 年 11 月，"神经元"无人机首次试飞成功。

结构解析

在外形设计和气动布局上，"神经元"无人机借鉴了美国 B-2 隐形轰炸机的设计，采用了无尾布局和翼身完美融合的外形设计，其 W 形尾部、直掠三角机翼以及锯齿状进气口遮板

基本参数	
机身长度	9.5 米
翼展	12.5 米
空重	4900 千克
最大速度	980 千米／时
实用升限	14 000 米

几乎就是 B-2 轰炸机的缩小版。在机体材料选择上，该机采用全复合材料结构，雷达辐射能量少。虽然"神经元"无人机的翼展尺寸与"幻影 2000"战斗机相当，但它显示在雷达屏幕上的尺寸不超过一只麻雀。

作战性能

"神经元"无人机可以在不接受任何指令的情况下独立完成飞行，并在复杂飞行环境中进行自我校正，此外，它在战区的飞行速度超过现有一切侦察机。该机能在其他无人侦察机的配合下，反复在敌方核生化制造和储存地区进行巡逻、侦察和监视，一旦发现目标便可根据指令摧毁这些目标。

"神经元"无人机也可在前方空中控制员的指挥下，与地面力量密切配合，执行由武装直升机和攻击机完成的近距空中支援任务。

德国 BO 105 武装直升机

BO 105 直升机是由德国伯尔科夫公司研制的一款双发多用途武装直升机，被全球 40 多个国家和地区采用。

结构解析

BO 105 直升机的机身为普通半硬壳式结构，座舱前排为正、副驾驶员座椅，座椅上有安全带和自动上锁的肩带。后排座椅可坐 3 ~ 4 人，座椅拆除后可装载 2 副担架或货物。座椅后和发动机下方的整个后机身都可用于装载货物和行李，货物和行李的装卸通过后部 2 个蚌壳式舱门进行。机舱每侧都有 1 个向前开的铰接式可抛投舱门和 1 个向后的滑动门。

基本参数	
机身长度	11.86 米
机身高度	3 米
旋翼直径	9.84 米
空重	1276 千克
最大速度	270 千米／时
最大航程	575 千米

作战性能

BO 105 直升机可携带"霍特"或"陶"式反坦克导弹，还可选用 7.62 毫米机枪、20 毫米 RH202 机炮以及无控火箭弹等。空战时，该机还可发射 R550"魔术"空对空导弹。

德国"阿拉丁"无人机

　　"阿拉丁"无人机是由德国 EMT 公司研制的小型无人侦察机，于 2003 年 4 月开始服役。

结构解析

　　由于研制过程中借鉴了"月神 2000"无人机的设计经验，所以"阿拉丁"无人机的研制时间很短。一个完整的"阿拉丁"无人机系统主要由 1 架无人机和 1 个地面控制站组成，操作人员为 1 ～ 2 名。

基本参数	
机身长度	1.53 米
机身高度	0.36 米
翼展	1.46 米
空重	3.2 千克
最大速度	90 千米／时
续航时间	30 ～ 60 分钟

作战性能

　　"阿拉丁"无人机通常与"非洲小狐"侦察车配合使用，以执行近距离侦察任务。在不使用时，"阿拉丁"无人机通常被拆解并装在箱子里，方便携带。如果要使用"阿拉丁"无人机系统，操作人员可在数分钟内完成无人机的组装，然后采用手抛或弹射索发射升空。

德国"月神"X-2000 无人机

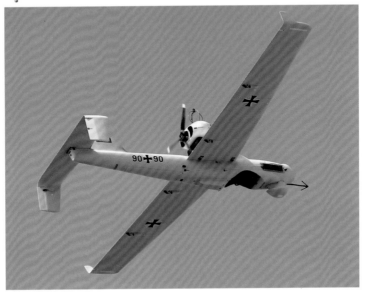

"月神"X-2000 无人机是由德国研制的无人侦察机，主要装备德国陆军。

结构解析

"月神"X-2000 无人机的外形犹如一个普通的航空飞行模型，是可全天候使用的轻型侦察无人机。该无人机可执行实时监视、侦察和目标定位等任务。

作战性能

基本参数	
机身长度	2.36 米
翼展	4.17 米
最大起飞重量	40 千克
最大速度	70 千米／时
续航时间	6 小时
使用范围	100 千米

"月神"X-2000 无人机的发射方式非常简单，可利用橡皮筋弹射器弹射起飞，回收方式为伞降回收。该无人机装备有大功率摄像机，能向地面工作人员传输实时图像。"月神"X-2000 无人机曾在马其顿、科索沃等地区服役。

德国 KZO 无人机

KZO 无人机是由德国莱茵金属公司研制的小型无人侦察机，于 2005 年开始服役，其名称含义为"用于目标定位的小型飞机"。

结构解析

KZO 无人机采用下单翼气动布局，螺旋桨发动机置于机尾，整个机身也未采用复杂的设计，除头部为圆柱形外，其机体大部截面近乎正方形，两片下置矩形机翼位于机身后侧。KZO 无人机的机头内部装有毫米波或红外成像导引头，整个机头传感器组装在万向支架上，

基本参数	
机身长度	2.26 米
机身高度	0.96 米
翼展	3.42 米
空重	168 千克
巡航速度	220 千米／时
续航时间	4 小时

可根据需要转到特定方向。机翼为两段式结构，翼根与机身为一体式，机翼外侧一段可折叠，以方便储运。

作战性能

KZO 无人机的主要使命是侦察、识别并捕捉敌方远程火力目标，包括远程火炮、火箭炮和战术导弹阵地。由于没有采用特殊的外形设计来实现隐形性能，为达到军方对其低可侦测性的要求，KZO 无人机的机体构件采用特殊的复合材料制成，这种材料具有良好的隐形能力，并能在复杂电磁环境中正常使用。

德国 / 法国 / 加拿大 CL-289 无人机

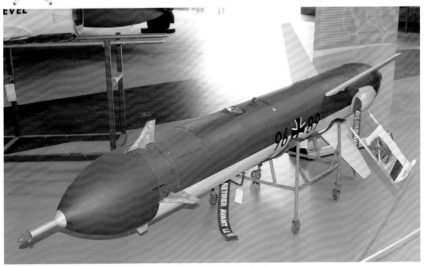

CL-289 无人机是由德国、法国和加拿大联合研制的一款主要用于侦察的无人机，于 1986 年开始生产，大量装备法国和德国两国军队。

结构解析

CL-289 无人机采用圆形的金属机身，带有塑料的头锥，主要侦察设备为照相和红外扫描探测设备。

作战性能

CL-289 无人机的起飞方式为从移动卡车

基本参数	
机身长度	3.61 米
翼展	1.32 米
空重	127 千克
最大起飞重量	240 千克
巡航速度	740 千米／时
使用范围	200 千米

的零长射架上发射起飞，发射后不久助推火箭自动分离。回收方式为降落伞回收，无人机先由锥形伞减速，然后主伞打开，并使无人机的背部向下，随后前后充气囊充气，在着陆时起到缓冲作用。

德国／西班牙"梭鱼"无人机

"梭鱼"无人机是由欧洲宇航防务集团研制的无人战斗机，于 2006 年 4 月首次试飞成功，主要用户为德国空军和西班牙空军。

结构解析

与欧洲其他无人机相比，"梭鱼"无人机具有出色的气动布局和外形设计，该机采用 V 形尾翼，发动机进气道位于机背。"梭鱼"无人机几乎所有的边缘和折角都沿一个方向设计，这样可以最大限度地降低机身的雷达

基本参数	
机身长度	8.25 米
翼展	7.22 米
空重	2300 千克
最大速度	1041 千米／时
最大航程	200 千米

反射，从而降低无人机被雷达发现的概率。"梭鱼"无人机的机载电子设备系统都采用模块化设计，可以根据任务需要将任务模块组合到机身上。

作战性能

"梭鱼"无人机的气动外形先后在法国、瑞典、德国进行了多次风洞测试，结果显示其飞行性能完全能够满足设计需要。该机的飞行控制系统、目标电子设备、导航系统都采用双冗余度设计，拥有较高的可靠性。

意大利 A129 "猫鼬" 武装直升机

A129 直升机是由意大利阿古斯塔公司研制的武装直升机，绰号"猫鼬"。

结构解析

A129 直升机采用了武装直升机中常用的布局，纵列串列式座舱，副驾驶 / 射手在前，飞行员在较高的后舱内，前后均有坠机能量吸收座椅。机身装有悬臂式短翼，为复合材料，位于后座舱后的旋翼轴平面内。机身结构设计主要为铝合金大梁和构架组成的常规半硬壳式结构。中机身和油箱部位由蜂窝板制成。

基本参数	
机身长度	12.28 米
机身高度	3.35 米
旋翼直径	11.90 米
空重	2530 千克
最大速度	278 千米／时
最大航程	1000 千米

作战性能

A129 直升机在 4 个外挂点上可携带 1200 千克外挂物，通常携带 8 枚"陶"反坦克导弹、两挺机枪（机炮）或 81 毫米火箭发射舱。另外，A129 也有携带"毒刺"空空导弹的能力。A129 的动力装置为 2 台罗尔斯·罗伊斯 Gem 2 Mk 1004D 发动机，每台额定功率为 772 千瓦。

意大利"天空"X无人机

"天空"X无人机是由意大利阿莱尼亚航空公司研制的无人攻击机，于2005年首次试飞。

结构解析

"天空"X无人机有一个腹部模块化弹舱，用于放置弹药，其有效载荷为200千克。该机的动力装置为1台TR160-5/628涡轮喷气发动机，安装在机尾上方中间位置。发动机两侧是尺寸较大的垂直尾翼。

作战性能

"天空"X无人机的发动机动力强劲，可使其最大速度达到648千米/时，巡航速度达到468千米/时。根据阿莱尼亚航空公司公布的数据，"天空"X无人机的最大过载超过5G，航程近200千米。从飞行性能看，"天空"X无人机与美国MQ-1"捕食者"无人机相比也极具优势。

基本参数	
机身长度	7.8米
机身高度	1.86米
翼展	5.94米
空重	1000千克
最大速度	648千米／时
实用升限	7260米

以色列"哈比"无人机

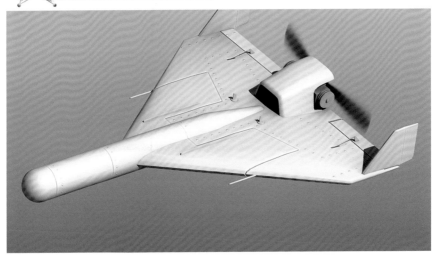

"哈比"无人机是由以色列航空工业公司研制的主要用于反雷达的无人攻击机，于1997年在法国巴黎航展上首次公开露面。

结构解析

"哈比"无人机采用三角形机翼，活塞推动，火箭加力。机上配有计算机系统、红外制导弹头和全球定位系统等，并使用软件对打击目标进行了排序。

作战性能

基本参数	
机身长度	2.7米
机身高度	0.36米
翼展	2.1米
空重	135千克
最大速度	185千米／时
最大航程	500千米

"哈比"无人机有航程远、续航时间长、机动灵活、反雷达频段宽、智能程度高、生存能力强和可以全天候使用等特点。它可以从卡车上发射，并沿着预先设定的轨道飞向目标所在地，然后发动攻击并返回基地。如果发现了陌生的雷达，"哈比"无人机会撞向目标，与之同归于尽，其搭载的32千克高爆炸药可有效地摧毁雷达。

以色列"搜索者"Mk 2 无人机

"搜索者"无人机是由以色列研制的一款性能先进的无人侦察机，"搜索者"Mk 2 是最新改进型。

结构解析

"搜索者"Mk 2 无人机采用后掠机翼，发动机、通信系统和导航系统也比最初型号有了改进，具有良好的空气动力学性能，滞空时间长，操作起来也非常方便。

基本参数	
机身长度	5.85 米
机身高度	1.25 米
翼展	8.54 米
空重	500 千克
最大速度	200 千米／时
续航时间	18 小时

作战性能

"搜索者"Mk 2 无人机的主要用途为监视、侦察、目标捕获及火炮校准，能够自动起飞和降落。它的飞行高度可达 6000 米以上，续航时间 18 小时，可携带 1200 毫米彩色 CCD 视频摄像机用于昼间使用和红外成像系统用于夜间观察。

以色列"苍鹭"无人机

　　"苍鹭"无人机是以色列空军目前最大的无人机,由以色列航空工业公司研制,于 2005 年开始服役。

结构解析

　　"苍鹭"无人机是一种大型高空战略长航时无人机,翼展超过 15 米。该机采用了复合材料结构、整体油箱机翼和可收放式起落架,空气动力设计比较先进。

基本参数	
机身长度	8.5 米
翼展	16.6 米
有效载荷	250 千克
最大起飞重量	1150 千克
最大速度	207 千米／时
续航时间	52 小时

作战性能

　　"苍鹭"无人机的主要用途为实时监视、电子侦察和干扰、通信中继和海上巡逻等。它可携带光电／红外等侦察设备进行搜索、识别和监控,而且还能用于在地质测量、环境监控和森林防火等。澳大利亚曾租用"苍鹭"无人机用于阿富汗作战,以支持部署在阿富汗的国际安全援助部队。除澳大利亚外,法国和德国等国也在阿富汗使用了"苍鹭"无人机。

以色列"侦察兵"无人机

"侦察兵"无人机是由以色列航空工业公司研制的无人侦察机。

结构解析

"侦察兵"无人机搭载的机载设备包括塔曼电视摄像机、激光指示／测距仪、全景照相机和热成像照相机等。该机的机体大量采用了复合材料制造，可以利用起落架起落，也可弹射起飞，使用拦阻索着陆。

基本参数	
机身长度	3.68 米
翼展	4.96 米
有效载荷	38 千克
最大起飞重量	159 千克
最大速度	176 千米／时
续航时间	7 小时

作战性能

"侦察兵"无人机在 1600 米上空盘旋时，地面人员无法通过肉眼发现，该机还有噪音处理装置，再加上飞行速度比较快，所以隐蔽性非常优秀。"侦察兵"无人机在 1982 年以军发动的"加利利和平"行动中以及在第五次中东战争后在叙利亚和黎巴嫩上空进行侦察。

以色列"哈洛普"无人机

"哈洛普"无人机是由以色列航空工业公司研制的无人攻击机，主要用于攻击敌方雷达。

结构解析

与此前广泛用于侦察、通信的无人机不同，"哈洛普"集无人侦察机、制导武器和机器人技术为一体，是一种能通过接收和分析电磁波，发现敌方雷达站或通信中心，并将其摧毁的武

基本参数	
机身长度	2.5 米
翼展	3 米
最大起飞重量	135 千克
续航时间	6 小时
最大航程	1000 千米

器系统。总体来说，"哈洛普"系统由两大部分组成：一是用于攻击的无人机，二是用于运输和遥控的发射平台。"哈洛普"系统的基本火力单元由 18 架无人机、1 辆地面控制车、3 辆发射车和辅助设备组成。每辆发射车装有 6 个发射箱，按照 2 层 3 排固定安装，每个箱内装有 1 架"哈洛普"无人机。

作战性能

整套"哈洛普"无人机系统具有良好的机动性和隐蔽性，能根据作战需要迅速转移并展开发射，可以在苛刻的战场条件下使用。由于机体表面涂敷有能吸收电磁波的复合材料，而且红外特征也不明显，"哈洛普"无人机在以 2000 米高度飞行时，几乎不会被雷达和光电探测设备发现。

以色列"埃坦"无人机

"埃坦"无人机是由以色列航空工业公司研制的无人侦察机，也被称为"苍鹭"TP无人机，2004年首次试飞成功。

结构解析

与"苍鹭"无人机相比，"埃坦"无人机的总体布局基本相似，但尺寸明显增大。它采用上单翼布局，机翼采用了全翼展开缝襟翼，翼展达到26米，与波音737客机相当。该机采

基本参数	
机身长度	2.5 米
翼展	3 米
最大起飞重量	135 千克
续航时间	6 小时
最大航程	1000 千米

用了全复合材料机身、可收放的起落架，凭借着巨大的翼展和4650千克的起飞重量，"埃坦"无人机的续航时间可以超过30小时，在配备卫星通信设备后，作战半径超过1000千米。

作战性能

"埃坦"无人机在机身后部安装了1台PT6A-67涡轮螺旋桨发动机和四叶螺旋桨，具有较好的高空性能。该机可以实现自主起飞和着陆，并且能够在城市上空安全飞行。因此，地面操作员可以更多地集中于执行任务，无须操纵无人机的飞行。

以色列"黑豹"无人机

　　"黑豹"无人机是由以色列航空工业公司研制的倾转旋翼无人机，于2010年正式亮相。在研发"黑豹"无人机的同时，以色列航空工业公司还设计了缩小版的"黑豹"，称作"迷你豹"（重12千克）。

结构解析

　　"黑豹"无人机结合了直升机和固定翼的优点，既有旋翼又有固定机翼，而且旋翼可以从垂直位置转向水平位置或者从水平位置转到垂直位置，因此这种无人机兼具垂直/短距离起

基本参数	
空重	65 千克
续航时间	6 小时
操作半径	60 千米
实用升限	3000 米

降和高速巡航的特点。该机采用了一种新型自动飞行控制系统，可以确保飞机在垂直起降和水平飞行两种状态之间正常转换。"黑豹"无人机搭载了以色列航空工业公司自主研发的迷你光电/红外传感器，动力装置为3台"超静音"电动机。

作战性能

　　"黑豹"无人机的续航时间达6小时，能够自由起飞和降落，无须专门的起降地点。该机的起降实现了高度自主化，并且操作简单，只需操作员在操控台上简单点击屏幕即可。

以色列"鸟眼"400无人机

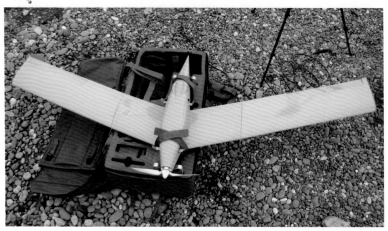

　　"鸟眼"400无人机是由以色列航空工业公司研制的微型无人机，于2007年开始批量生产并装备部队。

结构解析

　　"鸟眼"400无人机采用无尾下单翼结构，主翼后掠，动力装置为电池驱动的电动马达及螺旋桨推进器。光电传感器集中在机身下的转塔内，飞行器采用弹簧弹射方式起飞，机体背面有4个着陆支架，着陆时机体翻转靠背部着陆支架与地面摩擦减速。

基本参数	
机身长度	0.8米
翼展	2.2米
最大起飞重量	4.1千克
最大航程	15千米
续航时间	80分钟

作战性能

　　"鸟眼"400无人机采用模块化设计，分解后可由两人背携，发射时可在几十分钟内完成组装。"鸟眼"400无人机的控制系统高度自动化，起飞、途中巡航以及完成任务后返回都无须过多干预。该机还有"鸟眼"500、"鸟眼"600、"鸟眼"650和"鸟眼"650D等改进型，这些改进型的尺寸更大，性能也相对更好。

以色列 "赫尔姆斯" 450 无人机

　　"赫尔姆斯" 450 无人机是由以色列埃尔比特公司研制的长航时无人机，英国、美国、克罗地亚、格鲁吉亚、巴西、墨西哥、新加坡等国均有采用。

结构解析

　　英国装备的 "赫尔姆斯" 450 无人机被称为 "赫尔姆斯" 450B，加装了带有除冰装置的肩翼，换装了功率更大的英产发动机，并配备了泰利斯公司研发的 "魔术" 自动起降系统（带有 GPS 导航备份设备），以及具有动态目标指示功能的

基本参数	
机身长度	6.1 米
翼展	10.5 米
空重	450 千克
最大速度	176 千米／时
最大航程	300 千米

合成孔径雷达、以色列生产的光电／红外传感器组件和激光指示器。

作战性能

　　"赫尔姆斯" 450 无人机是以色列国内民航部门认证的第一种无人飞行器，以色列空军部队自 1998 年起就配备了这种无人机。"赫尔姆斯" 450 无人机是一种重型的长航时战术无人飞行器，而不是战略用途的中空长航时飞行器。该机的用途很广，可支援师旅级作战单位，执行多种情报搜集、监视任务。

以色列"赫尔姆斯"900 无人机

　　"赫尔姆斯"900 无人机是由以色列埃尔比特公司研制的一款战略无人机，于 2012 年开始服役，主要用户包括以色列空军、巴西空军、智利空军、哥伦比亚空军等。

结构解析

　　从机体外形和配置上看，"赫尔姆斯"900 无人机可以看作"赫尔姆斯"450 无人机的放大版。"赫尔姆斯"900 无人机的动力装置为 1 台罗塔克斯 914 活塞发动机，最大功率为 86 千瓦。

基本参数	
机身长度	8.3 米
翼展	15 米
空重	1100 千克
最大速度	220 千米／时
续航时间	36 小时

作战性能

　　与"赫尔姆斯"系列的其他型号相比，"赫尔姆斯"900 无人机拥有一套更为高级的自动起降系统，使飞行器可在相对粗糙的跑道上起降，而且飞行器的升限更高，负载也采用模块化配置易于更换。此外，"赫尔姆斯"900 无人机还能在恶劣天候条件下使用，这意味着它的飞行控制系统能适应各种复杂的飞行环境。

以色列"云雀"无人机

"云雀"无人机是由以色列埃尔比特公司研制的小型无人飞行器,有"云雀"Ⅰ、"云雀"ⅠLE、"云雀"Ⅱ、"云雀"ⅡLE 等多种型号。

结构解析

"云雀"系列无人机采用传统飞行器布局结构(螺旋桨推进器位于机首),其光电传感器组件置于机鼻下方推进器桨叶之后。整套系统包括3架无人机、1套地面控制设备和数据下行终端,

基本参数("云雀"ⅡLE)	
机身长度	2.2米
翼展	2.4米
空重	4.5千克
续航时间	900分钟

以及 1 套发射器(后期型号体积过大,无法由使用者手持发射)。

作战性能

"云雀"无人机各个型号的性能参数存在较大的差异,如"云雀"ⅠLE 比"云雀"Ⅰ的尺寸更大,翼展达到5.5米,续航时间延长至120分钟;而"云雀"Ⅱ的重量达到43千克,续航时间达到了360分钟,发射只能通过滑轨助推发射进行;"云雀"ⅡLE 的续航时间进一步延长到900分钟,机体还搭载了新的传输距离达 150 千米的数据链。

以色列"统治者"无人机

"统治者"无人机是由以色列航空防御系统公司研制的一款无人侦察机，于 2004 年首次公开展示。

结构解析

"统治者"无人机采用飞翼式布局，机体由螺旋桨推进器驱动，机体的垂直安定面则位于飞翼翼端，动力装置为 1 台功率 101 千瓦的活塞发动机。机鼻部凸起的天线罩下内置

基本参数	
机身长度	8 米
翼展	13.42 米
空重	1200 千克
最大速度	354 千米／时
续航时间	24 小时

数据链和卫星天线。"统治者"无人机的起飞和回收都采用传统的可收放式起落架，由于其负载较大，它可同时携带多类负载。

作战性能

航空防御系统公司表示，"统治者"无人机瞄准的是中等飞行高度、长航时无人飞机的高端市场，直接竞争对手包括通用原子公司的"捕食者"无人机以及以色列航宇公司的"苍鹭"无人机等。"统治者"无人机的最大起飞重量为 2000 千克，包括 300 千克有效载荷，实用升限为 9150 米。

以色列"航空星"无人机

　　"航空星"无人机是由以色列航空防御系统公司研制的一款战术无人机，于 2003 年在巴黎国际航展首次公开展出。

结构解析

　　"航空星"无人机采用常规的上单翼、短机体、双尾撑结构，其数据链天线置于机体上部凸出的圆形天线罩内，数据传输具有多频多通道连接的能力，使其可同时与多个飞行器或地面设备进行通信链接，其数据链在未经中继的情况下传输距离可达 200 千米。

基本参数	
机身长度	4.5 米
翼展	7.5 米
最大起飞重量	220 千克
最大速度	200 千米／时
续航时间	14 小时

作战性能

　　航空防御系统公司称"航空星"飞行控制系统的平均故障时间达到 3 万小时。此外，它的负载／重量比、性能／平台尺寸比在同类飞行器中也极为出众。"航空星"无人机被以色列、希腊、美国和安哥拉等国采用，2009 年中期，航空防御系统公司宣称各国装备的"航空星"无人机累计已完成 5 万飞行小时，"其所表现出的可靠性和性能在无人飞行器工业界无出其右"。

以色列"猛犬"无人机

"猛犬"无人机是由以色列塔迪兰公司研制的无人侦察机，共生产了46架，于1973年开始服役，1992年退出现役。

结构解析

"猛犬"无人机的体积较小，采用螺旋桨推进，安装有固定起落架，可在跑道上进行起降操作，也可通过安装在卡车后部的液压弹射器弹射起飞。该机的侦察设备安装在机身下方的转塔中，可以向以色列军队提供实时战场动态信息。

基本参数	
机身长度	3.3米
机身高度	0.89米
翼展	4.25米
空重	72千克
最大速度	185千米／时
续航时间	7小时30分

作战性能

虽然"猛犬"无人机的体积不大，但它的综合作战性能却颇为出色。在1982年的第五次中东战争中，以色列以"猛犬"无人机为先导，引诱叙利亚的雷达和防空火力阵地暴露无遗，随后以强大火力在瞬间将其全部摧毁，无人机由此一战成名。

空战武器鉴赏（珍藏版）

以色列 / 瑞士 "游骑兵" 无人机

　　"游骑兵" 无人机是由以色列和瑞士联合研制的无人侦察机，2001 年年底交付给瑞士空军。此外，芬兰陆军也有采用。

结构解析

　　"游骑兵" 无人机的机身采用复合材料制造，机翼安装在机身较低位置。该机的主要传感设备为以色列航空工业公司制造的双重电视照相机和 IR 传感器，安装在 1 个旋转可收放的转塔上。整套 "游骑兵" 无人机系统由 2 套卡车安装发射装置、2 座卡车安装地面控制站、2 套远程通信终端、2 辆救援车和 7 架无人机组成。

基本参数	
机身长度	4.61 米
机身高度	1.13 米
翼展	5.71 米
最大起飞重量	285 千克
最大速度	240 千米 / 时
最大航程	180 千米

作战性能

　　"游骑兵" 无人机的性能优异，能在多山地区及恶劣环境下昼夜使用。该机可以从安装有液压弹射器的卡车上自动发射，并有用于在短草皮简易机场或无准备雪地 / 冰面上自动降落的滑板。此外，为了在人口稠密地区使用，"游骑兵" 无人机还带有应急降落伞。

加拿大 CQ-10 "雪雁" 无人机

CQ-10 "雪雁" 无人机是由加拿大活动综合系统技术公司研制的一款小型无人机，于 2001 年 4 月首次试飞成功，主要用户为加拿大军队和美国特种作战司令部。

结构解析

"雪雁" 无人机采用 1 台螺旋桨发动机作为动力，并配置了一副降落伞，以便它留空时间更长和携带更大的有效载荷。当装载 270 千克有效载荷时，"雪雁" 无人机能飞行大约 19 小时。该机可以自主飞行，采用卫星导航，如

基本参数	
机身长度	2.9 米
空重	270 千克
最大起飞重量	635 千克
最大速度	120 千米／时
最大航程	600 千米
实用升限	5500 米

有必要，操作员也能人工控制。"雪雁" 无人机可以在 7620 米高空从 C–130、C–141 或 C–17 运输机上发射，或者从 "悍马" 装甲车上发射。

作战性能

"雪雁" 无人机可以重复使用，并且可以无跑道着陆。该机可在 305 米的高度上飞行，并在 1 千米范围的目标区域投放传单。与有人驾驶飞机人工投放传单相比，"雪雁" 无人机的投放更加精确。因为有人驾驶飞机是在高空投放传单，而高空投放的一些传单将不会落在目标地面。

奥地利 S-100 无人机

S-100 无人机是由奥地利西贝尔公司研制的一款无人直升机，于 2012 年首次试飞，主要用户为阿联酋武装部队和德国海军。

结构解析

S-100 无人机的外形尺寸相对较小，但却具有较大的航程和有效载荷能力。该机没有提供固定的有效载荷，主要有两个有效载荷舱，可根据客户的需求综合配置多种有效载荷。S-100 无人机的机身是碳纤维硬壳式结构，具有优良的强度 / 重量比，能达到载荷能力与续航能力的最大化。

基本参数	
机身长度	3.11 米
机身高度	1.12 米
机身宽度	1.24 米
空重	110 千克
最大速度	222 千米／时
最大航程	180 千米

作战性能

S-100 无人机可以垂直起飞和降落，而不需要发射和回收设备，在战术环境中能达到高性能和易操控性的平衡。操作员一般采用两种模式控制 S-100 无人机的飞行：一种是通过简单的指向和单击用户图形界面设定飞行程序自动飞行；另一种是手动操控飞行。S-100 无人机的系统设计很合理，安装了综合检查装置和自动防故障装置，这大大减少了由于操作员错误操作造成的危害，也在最大限度上减少了操作员培训需要。

印度 LCH 武装直升机

LCH 直升机是由印度斯坦航空公司 (HAL) 研制的一款轻型武装直升机。

结构解析

LCH 直升机采用了其他专用武装直升机一样的纵列阶梯式布局，机身外形狭窄，阻力较小。这种布局的缺点是后座飞行员下方视界较差，更重要的是会增加飞机的重量。为了解决机体增重而导致飞机性能下降的问题，LCH 的结构使用了大比例的复合材料，

基本参数	
机身长度	15.8 米
机身高度	4.7 米
旋翼直径	13.3 米
空重	2250 千克
最大速度	330 千米／时
最大航程	700 千米

以求最大限度地降低飞机的空重，并提高直升机的隐形能力。

作战性能

LCH 直升机的武器有 1 门 20 毫米 M621 型机炮，并可选装"九头蛇"70 毫米机载火箭发射器、"西北风"空对空导弹、高爆炸弹、反辐射导弹和反坦克导弹等。多种武器装备拓展了 LCH 的作战任务，除传统反坦克和火力压制任务，LCH 还能攻击敌方的无人机和直升机，并且适合执行掩护特种部队机降。

印度"楼陀罗"武装直升机

　　"楼陀罗"直升机是由印度斯坦航空公司在"北极星"通用直升机基础上发展而来的另一款改进型，于 2013 年 2 月交付使用。

结构解析

　　"楼陀罗"直升机的机体采用了装甲防护和流行的隐形技术，起落架和机体下部都经过了强化设计，可在直升机坠落时最大限度地保证飞行员的安全。该机适合在自然条件恶劣的高原地区执行任务。"楼陀罗"还装备了电子战系统，配备日夜工作的摄像头、热传感器和激光指示器。该机的动力装置为 2 台 882 千瓦的"力量"型发动机。

基本参数	
机身长度	15.87 米
机身高度	4.98 米
旋翼直径	13.2 米
空重	2502 千克
最大速度	290 千米／时
最大航程	827 千米

作战性能

　　"楼陀罗"直升机主要用于打击坦克装甲目标及地面有生力量，具备压制敌方防空系统、掩护特种作战等能力。该机安装有 1 门 20 毫米 M6-21 型自动塔炮，还可挂载 70 毫米火箭弹发射器、反坦克导弹（最多 8 枚）和"西北风"空对空导弹（最多 4 枚）。在执行反潜和对海攻击任务时，该机还可挂载深水炸弹和鱼雷 (2 枚)。

印度"尼尚特"无人机

　　"尼尚特"无人机是由印度斯坦航空公司制造的一款无人机，原型机于 2001 年完工。

结构解析

　　"尼尚特"无人机安装有昼间电视摄像机、全景微型摄像机、激光测距仪、目标指示器、无线电电子侦察设备、通信系统侦察设备和两个从以色列进口的红外传感器，发动机为印度国产的"汪克尔"旋转式发动机。

基本参数	
机身长度	4.63 米
翼展	6.57 米
空重	380 千克
有效载荷	45 千克
最大速度	185 千米／时
使用范围	160 千米

作战性能

　　"尼尚特"无人机利用火箭助推器发射起飞，采用伞降系统着陆。该机在 3960 米的高度上续航时间为 5 小时，无人机的使用由 10 人组成的专家组来保障。在 2010 年 6 月，"尼尚特"无人机完成了第 100 次试验飞行。

印度"奥拉"无人机

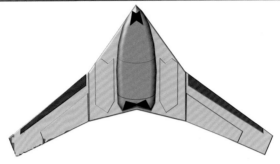

"奥拉"无人机是由印度国防研究与开发组织（DRDO）正在研制的无人战斗航空载具（UCAV），主要用户为印度空军和印度海军。

结构解析

"奥拉"无人机与欧洲"神经元"无人机相似，采用无尾飞翼布局和隐形外形设计，运用隐形材料和涂层，采用弯曲进气道，配装先进的任务传感器，在内埋弹舱中搭载武器。

作战性能

基本参数	
机身长度	未公开
机身高度	未公开
翼展	未公开
最大起飞重量	15 000 千克
最大速度	未公开
最大航程	未公开

根据印度航空发展局的描述，"奥拉"无人机是一种具有武器发射能力的自卫、高速、侦察无人机。该机能够在 9100 米的高空中飞行，装备了先进的任务传感器，内置弹舱可搭载滑轨发射式导弹和"铺路"精确制导炸弹。

南非 CSH-2 "石茶隼" 武装直升机

　　CSH-2直升机是由南非阿特拉斯公司研制的一款武装直升机，绰号"石茶隼"。

结构解析

　　"石茶隼"直升机的机组为飞行员、射击员两人。纵列阶梯式驾驶舱使机身细长。后三点跪式起落架使直升机能在斜坡上着陆，增强了耐坠毁能力。2台涡轮轴发动机安装在机身肩部，可提高抗弹性。该机采用了两侧短翼来携带外挂的火箭、导弹等武器。前视红外、激光测距等探测设备位于机头下方的转塔内，前机身下安装有外露的机炮。

基本参数	
机长	18.73 米
机身高度	5.19 米
旋翼直径	15.58 米
空重	5730 千克
最大速度	309 千米／时
最大航程	1200 千米

作战性能

　　"石茶隼"的炮塔内安装有1门20毫米机炮。每个后掠式短翼装有3个挂架，两个内侧挂架可挂18管68毫米火箭发射器。短翼上的1个外侧挂架能挂容量为330升的可抛投油箱或ZT-3"蛇鹈"激光制导反坦克导弹。翼尖挂架则能挂载1枚V3B"短刀"红外制导短距空空导弹，该导弹具有在飞行员的头盔瞄准具不对准目标的情况下发射攻击目标的能力。

南非 "秃鹰" 无人机

　　"秃鹰" 无人机是由南非先进技术与工程公司研制的主要为炮兵提供侦察和瞄准的无人机系统。

结构解析

　　"秃鹰" 无人机系统包括地面控制站、无人机气压弹射发射器和回收系统，其中无人机气压弹射发射器包括 2 架无人机。三大系统都有自己的电力和液压能源，完全独立于运载卡车，需要时可拆换。

基本参数	
机身长度	3.4 米
翼展	5.2 米
最大起飞重量	135 千克
巡航速度	120 千米／时
最大速度	140 千米／时
使用范围	200 千米

作战性能

　　"秃鹰" 无人机系统配置在 3 辆南非陆军制式 10 吨级卡车上，机动灵活，可快速部署，行军到战斗之间的转换时间仅需 30 分钟即可完成。2005 年 4 月，"秃鹰" 无人机进行飞行试验，在高达 46.3 千米／时的强风中发射，并利用数据链飞往 60 千米外，再按预编程序飞行了 3.5 小时。

日本 OH-1 "忍者" 武装侦察直升机

OH-1 直升机是由日本川崎重工研发的一款轻型武装侦察直升机，绰号 "忍者"。

结构解析

OH-1 直升机使用了大量复合材料，采用由日本航空工业研发的 4 片碳纤维复合材料桨叶 / 桨毂、无轴承 / 弹性容限旋翼和涵道尾桨等最新技术。纵列式座舱内安装有其他武装直升机少有的平视显示器。尾桨的 8 片螺

基本参数	
机身长度	12 米
机身高度	3.8 米
旋翼直径	11.6 米
空重	2450 千克
最大速度	278 千米 / 时
最大航程	540 千米

旋桨采用非对称布置，降低了噪音，减少了震动。据称，OH-1 飞行表演时发出的声响明显小于 AH-1 武装直升机。

作战性能

OH-1 直升机安装有 20 毫米 M197 型 3 管 "加特林" 机炮，短翼下可挂载 4 枚东芝 -91 型空对空导弹，或 2 吨重的其他武器，如 "陶" 式重型反坦克导弹和 70 毫米火箭发射器等。该机的动力装置为 2 台三菱 XTS1-10 涡轮轴发动机，最大功率为 660 千瓦。

韩国 KUH-1 "雄鹰" 通用直升机

  KUH-1 直升机是由韩国航天工业公司以法国 SA 332 "超美洲豹" 为基础发展而来的通用直升机，绰号 "雄鹰"。

▶ 结构解析

  "雄鹰" 武装直升机是以 "超美洲豹" 直升机为原型发展而来，因此两者有一定的相似之处。"雄鹰" 配备了全球定位系统、惯性导航系统、雷达预警系统等现代化电子设备，可以自动驾驶，在恶劣天气及夜间环境执行作战任务以及有效应对敌人防空武器的威胁。该

基本参数	
机身长度	19 米
机身高度	4.5 米
旋翼直径	15.8 米
空重	4973 千克
巡航速度	259 千米／时
最大航程	480 千米

机驾驶员的综合头盔能够在护目镜上显示各种信息、状态，监视装置能够检测并预告直升机的部件故障。

▶ 作战性能

  "雄鹰" 武装直升机在两侧舱门口旋转枪架上安装有新式 7.62 毫米 XK13 通用机枪，并配有大容量弹箱，确保火力持续水平。KUH-1 续航能力在 2 小时以上，可搭载 2 名驾驶员和 11 名全副武装的士兵。

伊朗 "风暴" 武装直升机

　　"风暴"直升机是由伊朗以美国 AH-1J "海眼镜蛇" 直升机为基础发展而来的武装直升机，于 2010 年 4 月开始服役。

结构解析

　　"风暴"武装直升机的座舱整合了 GPS 系统，机尾加装了警告雷达。另外，该机还装有多功能屏幕显示器和先进的通信系统。由于螺旋桨采用了新式复合材料，直升机的使用寿命也大为增加。

基本参数	
机身长度	14 米
机身高度	4 米
旋翼直径	15 米
空重	3000 千克
最大速度	280 千米／时
最大航程	550 千米

作战性能

　　"风暴"武装直升机的 A/A49E 型炮塔内安装有 1 门 20 毫米 "加特林" 转膛机炮，另可挂载 70 毫米火箭发射巢和 2 具反坦克导弹发射器，使之具备了较为完善的对地压制能力。

第6章
辅助作战飞机

辅助作战飞机是为战斗机、攻击机、截击机、轰炸机等作战飞机提供各种技术支援的飞机。其包括运输机、侦察机、预警机、空中加油机、电子战飞机、教练机和反潜巡逻机等。

美国 V-22 "鱼鹰" 倾转旋翼机

V-22 倾转旋翼机是由贝尔公司和波音公司联合设计并制造的一款倾转旋翼机，绰号"鱼鹰"，可作为运输机使用。

结构解析

V-22 倾转旋翼机在机翼两端各有 1 个可变向的旋翼推进装置，包含罗尔斯·罗伊斯 T406 涡轮轴发动机及由三片桨叶所组成的旋翼，整个推进装置可以绕机翼轴由朝上与朝前之间转动变向，并能固定在所需方向，因此能产生向上的升力或向前的推力。当 V-22 推进装置垂直向上，产生升力，便可以像直升机一样垂直起飞、降落或悬停。

基本参数	
机身长度	17.5 米
旋翼直径	11.6 米
翼展	14 米
空重	15 032 千克
最大速度	565 千米／时
最大航程	1627 千米

作战性能

V-22 倾转旋翼机将直升机和固定翼飞机的特点和长处集于一体，实现了两者的完美结合。总体来说，V-22 倾转旋翼机具有速度快、噪声小、振动小、航程远、载重量大、耗油率低、运输成本低等优点，但也有技术难度高、研制周期长、气动特性复杂、可靠性及安全性低等缺陷。

美国 SR-71 "黑鸟" 侦察机

SR-71 "黑鸟" 侦察机是由美国洛克希德公司研制的一款喷气式三倍音速远程高空高速战略侦察机,在 1966—1998 年服役。

▌▌▌▶ 结构解析

SR-71 侦察机的机身采用低重量、高强度的钛合金作为结构材料,机翼等重要部位采用了能适应受热膨胀的设计。该机的油箱管道设计巧妙,采用了弹性的箱体,并利用油料的流动来带走高温部位的热量。尽管采用了很多措施,但 SR-71 侦察机在降落地面后,油箱还是会因为机体热胀冷缩而发生一定程度的泄漏。

基本参数	
机身长度	32.74 米
机身高度	5.64 米
翼展	16.94 米
空重	30 600 千克
最大速度	3540 千米／时
最大航程	5400 千米

▌▌▌▶ 作战性能

SR-71 侦察机可以在约 24 000 米的高空,以 72 千米/秒的速度扫视地表。该机使用的 J-58 发动机是当时唯一可以持续使用加力燃烧室的军用发动机,当飞行速度越快的时候,发动机的效率也随之提升。SR-71 侦察机的使用费用极其高昂,在美国空军提交的报告中,曾提出两架重新服役的 SR-71 侦察机每月(按 30 天计算)所需费用为 3900 万美元。

美国 U-2 "蛟龙夫人" 侦察机

U-2侦察机是由美国洛克希德公司研制的一款单发高空侦察机，绰号为"蛟龙夫人"。

结构解析

U-2侦察机采用全金属悬臂中单翼，使用洛克希德专用翼型。细长的机翼在降落时会低垂而碰撞地面，为此翼尖上装有滑橇。机身为细长的圆截面全金属半硬壳薄规格蒙皮结构，长径比为10∶1。后机身两侧有液压操纵阻力板。悬臂全金属结构尾翼为正常布局，平尾可由液压操纵绕前缘改变安装角。

基本参数	
机身长度	19.1米
机身高度	4.8米
翼展	30.9米
空重	6800千克
最大速度	821千米／时
最大航程	5633千米

作战性能

U-2侦察机安装有8台照相侦察用的全自动照相机，可以全天候工作且图像分辨率高。另外，该机还有实施电子侦察的雷达信号接收机、无线电通信侦收机、辐射源方位测向机和电磁辐射源磁带记录机等机载设备。

美国RC-135"铆接"侦察机

RC-135侦察机是由美国波音公司研发的一款战略侦察机，绰号"铆接"，于1961年开始服役。

结构解析

RC-135侦察机由波音707机体改装而成，机身大小跟普通的波音707客机相当，安装有4台普惠TF33-P-9涡扇式发动机，单台推力96千牛。最新改进的RC-135X侦察机装备了电子光学系统，包括远距离可视红外侦察传感器、远距离激光距离测量系统和任务检验软件。

基本参数	
机身长度	46.6米
机身高度	12.95米
翼展	44.4米
空重	44 663千克
最大速度	933千米/时
最大航程	5550千米

作战性能

RC-135侦察机的飞行高度通常在15千米以上，巡航速度为860千米/时，续航时间超过12小时，由于各种型号的RC-135都装有空中加油装置，所以实际上的飞行时间可以超过12小时，空中滞留时间最长可达20小时。RC-135在执行侦察任务时最大的好处就是无须进入敌国领空或者过于贴近敌国领空活动，即可在公共空域进行侦察活动。

美国 E-3 "望楼" 预警机

E-3 "望楼" 预警机是由波音公司生产的一款全天候空中预警机，1977 年开始服役。除美国外，英国、法国和沙特阿拉伯等国也有使用。

结构解析

E-3 预警机是直接在波音 707 商用机的机身上，加装了旋转雷达模组及陆空加油模组而成。雷达直径为 9.1 米，中央厚度为 1.8 米，使用两根 4.2 米的支撑架撑在机体上方。该机使用了 4 台普惠 TF33-PW-100/100A 发动机，单台推力为 93 千牛。

基本参数	
机身长度	46.61 米
机身高度	12.6 米
翼展	44.42 米
空重	73 480 千克
最大速度	855 千米／时
最大航程	7400 千米

作战性能

E-3 预警机是波音公司根据美军"空中警戒和控制系统"计划研制的全天候远程空中预警和控制机，具有下视能力及在各种地形上空监视有人驾驶飞机和无人驾驶飞机的能力。该机搭载的 AN/APY-1 水平旋转雷达可以监控地面到同温层的广阔空间。

美国 E-737 "楔尾" 预警机

E-737"楔尾"预警机是由美国波音公司为澳大利亚军方研制的大型预警机，全称为"楔尾空中预警和控制系统"。

结构解析

E-737 预警机以波音 737-700 短程客机为载机，由于增加了大型的天线，飞机的材料强度等都进行了改进，飞机阻力也有所增加。为了能够增加航程，该机在机头上面安装了空中受油装置，燃料管安装在机身右舷内壁。主

基本参数	
机身长度	33.6 米
机身高度	12.5 米
翼展	35.8 米
空重	46 606 千克
最大速度	955 千米／时
最大航程	6500 千米

翼安装有燃料抛弃系统。E-737 预警机内部分为飞行操作区、指令控制区、乘员休息区，以及后半部的电子仪器区，各区有中央通道贯通。

作战性能

E-737 预警机采用诺斯洛普·格鲁曼公司的多波段多功能电子扫描相控阵（MESA）雷达。该雷达比传统的机载预警与控制系统（AWACS）雷达更有效，因为它不用依靠旋转机械来监控空中目标。E-737 预警机可同时跟踪 300 个目标，在 9000 米高度飞行时探测距离达 850 千米，对战斗机目标下视探测距离为 370 千米，还可用增程工作方式提高探测距离。它能在任何天气条件下锁定 600 千米范围内的 180 个目标，同时指挥 24 架飞机作战。由于采用了最新科技成果，E-737 预警机雷达的信息处理速度比 E-2 预警机高出十余倍。

美国 E-767 预警机

E-767 预警机是以波音 767-200ER 客机为载体研制的空中预警与管制机型，2000 年开始服役。除日本购买了 4 架外，目前 E-767 还没有其他买家。

结构解析

E-767 预警机所配备的雷达、航空电子系统和电子战系统都是 E-3 "望楼" 预警机所用设备的改进型。它采用的 AN/APY-2 机载预警雷达是 E-3 预警机所用的 AN/APY-1 雷达的第二代产品，因而 E-767 预警机的战术性能明显比 E-3 预警机优越。

基本参数	
机身长度	48.5 米
机身高度	15.8 米
翼展	47.6 米
空重	85 595 千克
巡航速度	851 千米／时
最大航程	10 370 千米

作战性能

E-767 预警机在作战飞行高度上能探测 320 千米外的目标，对高空目标的探测距离高达 600 千米，可同时跟踪数百个空中目标，并能自动引导和指挥 30 批己方飞机进行拦截作战。

美国 E-4 "守夜者" 空中指挥机

　　E-4 指挥机是由波音 747-200 客机改装而成的空中指挥机，绰号 "守夜者"。

结构解析

　　E-4 指挥机共有 3 层甲板 6 个工作区，上层为驾驶舱、休息室、通信控制中心、技术控制中心，下层为通信设备舱与维护工作间。该机上配备有 13 套通信设备，其中包括卫星通信和超低频通信装置。该机上共有 46 组通

基本参数	
机身长度	70.51 米
机身高度	19.33 米
翼展	59.64 米
空重	190 000 千克
最大速度	969 千米／时
最大航程	11 000 千米

信天线，卫星通信天线装在背部的整流罩内，超低频通信天线可用绞盘收放，长度达 8 千米，能与在水下的潜艇通信。

作战性能

　　E-4 指挥机无空中加油时可持续飞行 12 小时，有空中加油时最大续航时间可达 72 小时。该机的机体和内部设施都进行过加固处理，有效提高了核战争环境下的生存力。其机载电子设备中有 13 套对外通信设备及其所用的 46 组天线，还包括超高频卫星数据链、搜索雷达、塔康系统、甚高频无线电导航、双重无线电罗盘等，不仅可与分布各地的政府组织和军队部门联系，也能接入民用电话与无线电通信网。

美国 E-8 "联合星" 战场监视机

E-8 "联合星" 战场监视机是由美国诺斯洛普·格鲁曼公司研制的一款战场监视机，于 1991 年开始服役。

结构解析

E-8 战场监视机主要由载机、机载设备和地面站系统组成。载机是波音 707 客机。机载设备主要有雷达设备、天线、高速处理器以及各种相关软件等。地面站系统为移动式的，是一个可进行多种信息处理的中心。

基本参数	
机身长度	46.61 米
机身高度	12.95 米
翼展	44.42 米
空重	77 564 千克
巡航速度	945 千米／时
续航时间	9 小时

作战性能

E-8 战场监视机的机身下安装有 1 个 12 米长的雷达舱，利用舱内强劲的 AN/APY-3 多模式侧视相控阵 I 波段电子扫描合成孔径雷达，该机可以发现机身任意一侧 50 000 平方千米地面上种种目标。E-8 战场监视机可在恶劣气象条件下对地面目标进行定位、探测与跟踪。当它在空中飞行时，无论在前方、后方或侧面，都可对地面静止或移动目标进行探测与跟踪，其纵深距离可达到 250 千米左右。

美国 EF-111A "渡鸦" 电子战飞机

EF-111A "渡鸦" 电子战飞机是以 F-111A "土豚" 战斗轰炸机为基础研制的一款电子战飞机，于 1981 年 11 月开始交付美国空军。

结构解析

EF-111A 电子战飞机的机体、发动机与 F-111A 基本相同，但加强了垂尾，在垂尾翼尖上有电子对抗短舱，还修改了武器舱，加装了机身腹下舱。电源系统改用两台 90 千伏安的发电机，改进了空调系统。EF-111A 电子战飞机的主要机载设备包括：战术干扰系统、终端威胁警告系统、敌我识别器、攻击雷达、地形跟踪雷达、惯性导航系统、仪表着陆系统、高频通信电台等。

基本参数	
机身长度	23.17 米
机身高度	6.1 米
翼展	19.2 米
空重	25 072 千克
最大速度	2350 千米／时
最大航程	3220 千米

作战性能

EF-111A 电子战飞机能执行以下三类任务：远距离干扰，在敌方地面炮火射程以外建立电子屏障，掩护己方的攻击力量；突防护航干扰，伴随攻击机沿航路边干扰敌方防空系统的电子设备；近距支援干扰，在近距离干扰敌方炮瞄雷达与导弹制导雷达，掩护近距支援攻击机。

美国 EC-130H "罗盘呼叫" 电子战飞机

EC-130H "罗盘呼叫" 电子战飞机是美国空军装备的专用于干扰敌方通信的电子战飞机，由 C-130 "大力神" 运输机改装而来。

结构解析

EC-130H 电子战飞机采用上单翼、四发动机的机身布局，机身为铝合金半硬壳式结构。该机的主起落架舱也设计得很巧妙，起落架收起时处在机身左右两侧旁凸起的流线型舱室内。与 C-130 运输机相比，EC-130H 电子战飞机在外形上的主要变化是机身外部增加了几个大型刀形天线和下垂天线。

基本参数	
机身长度	29.3 米
机身高度	11.4 米
翼展	39.7 米
空重	45 813 千克
最大速度	637 千米／时
最大航程	4250 千米

作战性能

EC-130H 电子战飞机的动力装置为 4 台艾利森 T56-A-15 涡轮螺旋桨发动机，单台功率为 3377 千瓦。该机的作战半径为 1000 千米，转场航程超过 3600 千米。该机的主要电子设备包括 AN/ALQ-62 侦察告警系统、SPASM 干扰系统、AN/APQ-122 多功能雷达、AN/APN-147 多普勒雷达、AN/AAQ-15 红外侦察系统，AN/ARN-52 "塔康" 导航系统等。该机的干扰距离远，可在距目标区 120 千米以外对通信设备进行干扰，既能达到干扰目的，又可保证本机安全。另外，该机干扰频率宽、功率大，可一面接收敌方通信信号，一面对其无线电指挥通信和导航设备进行压制干扰。

美国 KB-29 空中加油机

KB-29 加油机是以波音 B-29 轰炸机为基础改进而来的空中加油机。

结构解析

波音将 B-29 轰炸机的尾炮塔改为气泡形观察窗，下方安装有两截可伸缩的加油杆，加油杆下部有两片液压控制的 V 形翼面，加油杆可以在一定范围内运动。受油机机头上方安装有受油座。空中加油时，KB-29 加油机的加油操作员控制加油杆的长度和方位，将其准确插入受油座内，连接完成后就开始加油。不使用时，加油杆收起固定在加油机尾部的支架上。

基本参数	
机身长度	36.6 米
机身高度	9.02 米
翼展	43.05 米
空重	31 303 千克
最大速度	644 千米／时
最大航程	3701 千米

作战性能

KB-29 加油机在 20 世纪 40 年代末在提高加、受油效率改进过程中发挥了重要作用。该机采用四台怀特 R-3350 发动机，单台功率 1600 千瓦。1949 年 3 月 2 日，美国 B-50 轰炸机经 KB-29M 加油机的 4 次空中加油，实现了环球一周的不着陆飞行，标志着空中加油技术达到了一个新的水平。

美国 KB-50 空中加油机

KB-50 加油机是在波音 B-50 轰炸机的基础上改进而来的空中加油机，于 1956 年 1 月进入美国空军服役。到 1957 年 11 月，美国空军的 KB-29 加油机已经完全被 KB-50 加油机取代。

结构解析

KB-50 加油机是在 B-50 轰炸机外翼下加装了 2 台通用电气 J47 发动机，并安装了必要的加油设备改装而来。

作战性能

基本参数	
机身长度	30.18 米
机身高度	9.96 米
翼展	43.05 米
空重	38 246 千克
最大速度	634 千米／时
最大航程	12 472 千米

KB-50 加油机安装的 J47 发动机使它可以在更高的高度，携带更多的燃料，以更快的航速为飞机加油，并且有效减小了起飞距离，增大了爬升率。美国空军对 KB-50 加油机的性能极为满意，甚至一再要求增加装备数量。

美国 KC-97 "同温层油船" 空中加油机

KC-97 "同温层油船" 加油机是由美国波音研制的一款空中加油机,于 1951 年开始服役。

结构解析

KC-97 加油机是 C-97 "同温层货船" 运输机的加油机版,后者是以 B-29 "超级空中堡垒" 轰炸机为基础改进而来。KC-97 加油机安装了 KB-29P 加油机的硬式加油管,由活塞式发动机驱动。

基本参数	
机身长度	35.89 米
机身高度	11.68 米
翼展	43.05 米
空重	37 410 千克
最大速度	643 千米／时
最大航程	3700 千米

作战性能

KC-97 加油机能够携带 24 040 千克燃油,可为两架 B-47 轰炸机加油。而 B-52 轰炸机的需求量更大,航油的消耗率更高,这就意味着 1 架 B-52 轰炸机需要更多的 KC-97 加油机来支援。由于 KC-97 轰炸机是活塞发动机,B-52 轰炸机为涡轮发动机,前者的飞行速度和高度都要落后于后者。在加油时,B-52 轰炸机不得不先降低到 KC-97 轰炸机的飞行高度,加油完成后再爬升到正常的巡航高度,这意味着更多的燃油消耗。

美国 KC-135 "同温层油船" 空中加油机

KC-135 "同温层油船" 加油机是美国空军第一架喷气式加油机，于 1957 年正式列装。

基本参数	
机身长度	41.53 米
机身高度	12.7 米
翼展	39.88 米
空重	90 700 千克
最大速度	933 千米／时
转场航程	17 766 千米

结构解析

KC-135 加油机是由波音公司在 C-135 军用运输机基础上改进而来的大型空中加油机。KC-135 的主翼后掠角为 35°，翼下安装有 4 台 J57-P-59W 涡轮喷气发动机，单台推力 96.2 千牛。该机的机体可分为上、下两个部分，上半部分通常作为货舱使用，下半部分则是燃油舱。机身后面部分是加油作业区，可装载 90 吨燃油。

作战性能

KC-135 加油机具备同时为多架飞机加油的能力，其伸缩套管式加油方式的输油率也很高。2002 年，美国空军启动了 KC-135 "灵巧加油机" 计划，改进后的 KC-135 加油机的性能更强，可使用不同的数据链在战区内进行通信联系，以便提高战区加油效率。

美国 KC-10 "延伸者" 空中加油机

KC-10 "延伸者" 加油机是由美国麦克唐纳·道格拉斯公司研制的一款三发空中加油机，于 1981 年 3 月 17 日交付美国空军。

结构解析

KC-10 加油机是在 DC-10 客机的基础上发展起来的，所以两者有 88% 的设备是通用的。与 DC-10 客机不同，KC-10 加油机配备了军用航空电子设备和卫星通信设备，以及麦克唐纳·道格拉斯公司生产的先进空中加油飞桁、锥套软管加油系统，并增加了 1 个加油系统操作员和自用的空中加油受油管。

基本参数	
机身长度	55.35 米
机身高度	17.7 米
翼展	47.34 米
空重	108 891 千克
最大速度	982 千米／时
最大航程	11 112 千米

作战性能

KC-10 加油机既能为其他飞机加油，又能在空中接受加油。该机的最大载油量达 161 吨，接近 KC-135 加油机的两倍。KC-10 加油机在机舱中所装载的 53 000 千克燃油和主燃油系统中的 108 000 千克燃油是相通的。

美国 KC-767/46 空中加油机

KC-767 加油机是一种战略运输机和空中加油机，衍生自波音767系列机型。该机的研发计划曾被终止，2011年2月又被美国空军重新启用，并更名为 KC-46。

结构解析

KC-767 加油机使用了包括石墨碳纤维、凯夫拉等新型材料，提高了飞机的结构强度和寿命，降低了重量。该机采用美国空军通用的伸缩套管加油模式和"远距空中加油操作者"系统，具备一次为8架战斗机补充燃料的能力。

基本参数	
机身长度	48.5米
机身高度	15.8米
翼展	47.6米
空重	82 377千克
最大速度	915千米／时
最大航程	12 200千米

作战性能

KC-767 加油机能为目前所有的西方战斗机进行加油，其突出特点是采用了可变换货舱的结构设计，同时具有运输机和加油机的功能。在保持加油能力的前提下，可以容纳200名乘客和4辆军用卡车。KC-767加油机比 KC-135 加油机能多载20%的燃料，货物和人员运输能力更是 KC-135 加油机的3倍。

美国 C-119 "飞行车厢"运输机

C-119"飞行车厢"运输机是由美国费尔柴德公司研制的一款双发运输机,于1949年开始服役。

结构解析

C-119运输机采用双尾梁布局,2台发动机安装在尾梁前端,尾梁后端由1片平尾2片梯形垂尾相连,中央翼的中部是短舱形式的机身,前后分别是5人驾驶舱和尾部货门,便于货物从双尾梁间毫无阻碍地进行装卸。

基本参数	
机身长度	26.37 米
机身高度	8.08 米
翼展	33.3 米
空重	18 000 千克
最大速度	450 千米／时
最大航程	3670 千米

作战性能

C-119运输机是最早实现重物空投的机种,并能进行伞兵空降作业,是西方国家在C-130运输机服役前广泛使用的战术运输机。该机的动力装置为2台普惠R-4360-20星型发动机,单台功率达2611千瓦。

美国 C-130 "大力神" 运输机

C-130 "大力神" 运输机是由美国洛克希德公司研发的一款中型运输机，于 1956 年进入美国空军服役。

结构解析

C-130 运输机的机身粗短，机头为钝锥形前伸，其前端位置较低。机翼为悬臂式上单翼结构，前缘平直，无后掠角。动力装置为 4 台 T56-A-15 涡轮螺旋桨发动机，单台功率为 3660 千瓦。

基本参数	
机身长度	29.79 米
机身高度	11.66 米
翼展	40.41 米
空重	34 400 千克
最大速度	620 千米／时
最大航程	4000 千米

作战性能

C-130 运输机的型号众多，以 C-130H 为例，其载重量可达 19.87 吨，最大飞行速度为 620 千米/时。该机起飞仅需 1090 米的跑道，着陆所需的最短跑道长度为 518 米，而且能够在前线的野战跑道上起降，具有较强的运输能力和极强的机动性。

美国 C-141 "运输星" 运输机

　　C-141 "运输星" 运输机是世界上第一架以涡扇发动机为动力的运输机，于 1965 年开始服役。

结构解析

　　C-141 运输机在肩部安装了后掠翼，翼下吊挂 4 台涡轮风扇发动机，拥有 T 形尾翼和可收入整流罩的收放式起落架。该机的主要机载设备包括无线电罗盘、ARN-21 "塔康" 导航、ASN-35 多普勒雷达、高频和甚高频无线电通信设备等。

基本参数	
机身长度	51.29 米
机身高度	11.96 米
翼展	48.74 米
空重	67 970 千克
最大速度	916 千米／时
最大航程	4723 千米

作战性能

　　C-141 运输机配备了 4 台 TF33-P-7 涡扇发动机，单台推力为 90.1 千牛。该机的货舱虽然不如后来出现的 C-5 和 C-17 运输机大，但是也能轻松地装载长达 31 米的大型货物。其货舱也可一次运载 208 名全副武装的地面部队士兵，或 168 名携带全套装备的伞兵。此外，该机还可以运送 "民兵" 战略弹道导弹。

美国 C-2 "灰狗" 运输机

C-2 "灰狗" 运输机是由诺斯洛普·格鲁曼研制的一款双发运输机，于 1966 年开始服役。时至今日，C-2 系列的改进型仍在服役。

结构解析

C-2 运输机是 E-2 空中预警机的衍生型号，它保留着 E-2 原有的机翼及动力装置 (2 台艾里逊 T56 型发动机)，但拥有 1 个经过扩大的机身，并在机尾设有装卸坡道。

作战性能

基本参数	
机身长度	17.3 米
机身高度	4.85 米
翼展	24.6 米
空重	15 310 千克
最大速度	635 千米／时
最大航程	2400 千米

C-2 运输机可提供高达 4545 千克的有效载荷，机舱随时可以容纳货物、乘客或两者兼载，并配置了能够运载伤者，充任医疗护送任务的设备。C-2 运输机能在短短几小时内，直接由岸上基地紧急运载需要优先处理的货物 (例如战机的喷气发动机等) 至航空母舰上。

美国 C-5 "银河"运输机

C-5"银河"运输机是由美国洛克希德公司生产的大型战略军用运输机，于 1970 年 6 月加入美国空军服役。

结构解析

C-5 运输机采用悬臂式上单翼，机身是由蒙皮、长桁和隔框组成的半硬壳式破损安全结构。货舱为头尾直通式，起落装置拥有 28 个轮胎，能够降低机身，使货舱的地板与汽车高度相当，以方便装卸车辆。前鼻和后舱门都可以完全打开，以便快速装卸物资。

基本参数	
机身长度	75.3 米
机身高度	19.84 米
翼展	67.89 米
空重	172 370 千克
最大速度	917 千米／时
最大航程	4440 千米

作战性能

C-5 运输机的载重量可达 122 吨，货舱容积为：上层货舱为 30.19 米 ×4.2 米 ×2.29 米，下层货舱为 36.91 米 ×5.79 米 ×4.11 米。该机的机翼内有 12 个内置油箱，能够携带 194 370 升燃油。凭借其强大的运载能力，C-5 运输机能够在全球范围内运载超大规格的货物并在相对较短的距离里起飞和降落，也可以随时满载全副武装的战斗部队（包括主战坦克）到达全球的大多数地方，或为战斗中的部队提供野外支援。

美国 C-17 "环球霸王 Ⅲ" 运输机

C-17 "环球霸王 Ⅲ" 运输机是由美国麦克唐纳·道格拉斯公司研发的一款大型运输机，它是美国有史以来耗资第三的军机，仅次于 B-2 轰炸机和 E-3 预警机。

结构解析

C-17 运输机采用大型运输机的常规布局，机翼为悬臂式上单翼，前缘后掠角 25°。悬臂式T 形尾翼。垂直尾翼有个特殊的设计，内部有一隧道式的空间，可让一位维修人员攀爬通过，进行上方水平尾翼的维修。液压可收放前三点式起落架，可以靠重力应急自由放下。

基本参数	
机身长度	53.04 米
机身高度	16.79 米
翼展	51.81 米
空重	128 100 千克
最大速度	830 千米／时
最大航程	11 600 千米

作战性能

C-17 运输机的货舱可并列停放 3 辆吉普车，2 辆卡车或 1 辆 M1A2 坦克，也可装运 3 架 AH-64 武装直升机。在执行空投任务时，可空投 27 215 ~ 49 895千克货物，或 102 名全副武装的伞兵和一辆 M1 主战坦克。C-17 运输机的货舱门关闭时，舱门上还能承重 18 150 千克，相当于 C-130 全机的装载量。C-17 运输机对起落环境的要求极低，最窄可在 18.3 米宽的跑道上起落，能在 90 米 × 132 米的停机坪上运动。

俄罗斯 A-50 "支柱" 预警机

A-50 预警机是以伊尔 -76 喷气式运输机为基础改进而来的四发预警机，于 1978 年首次飞行，1984 年开始服役。

结构解析

A-50 预警机在伊尔 -76 运输机的基础上加装了有下视能力的空中预警雷达，并加长了前机身，其最明显的特点是在机翼后的机身背部安装有直径 9 米的雷达天线罩。由于机内设备重且大，A-50 预警机的油箱不能完全注满燃油，以防起降时飞机超载。

基本参数	
机身长度	49.59 米
机身高度	14.76 米
翼展	50.5 米
空重	75 000 千克
最大速度	900 千米／时
最大航程	6400 千米

作战性能

A-50 预警机的初期型装备的"野蜂"雷达为高重复频率脉冲多普勒雷达，采用了 S 波段的发射机，发射功率为 20 千瓦。后期的 A-50U 预警机配备了新型雷达系统"熊蜂 -M"，可对敌方电子反制武器进行确定与跟踪，原来存在的强烈噪音和高频行踪问题也有所克服。另外，该机还采用较低的垂直尾翼，提高了飞行稳定性。A-50U 预警机还加强了目标识别、处理速度、无线通信、精确导航等功能，探测目标距离和跟踪目标数量均有所增加。

俄罗斯伊尔 -20 "黑鸦" 电子侦察机

伊尔 -20 "黑鸦" 电子侦察机是以伊尔 -18 民航客机为基础改进而来的电子侦察机，于 1957 年 7 月 4 日首次试飞，1970 年开始装备部队。

结构解析

伊尔 -20 电子侦察机的外形与伊尔 -18 客机相同，但加装了大量天线罩与天线，其中有：在腹部安装有长度为 10.25 米、高度为 1.15 米的雷达罩，内装侧视雷达天线；在前机身两侧各有 1 个长度为 4.4 米，厚度为 0.88 米的整流罩，内装各种传感器及照相机。动力装置为 4 台 AI-20M 涡轮螺旋桨发动机，单台功率为 3169 千瓦。

基本参数	
机身长度	35.9 米
机身高度	10.17 米
翼展	37.4 米
空重	35 000 千克
最大速度	675 千米／时
最大航程	6500 千米

作战性能

伊尔 -20 电子侦察机的机载设备有侧视雷达、照明设备、RP5N-3N 航空雷达、NAS-1 多普勒导航系统、电子侦察与干扰设备等。伊尔 -20 电子侦察机的侦察高度为 6000 ～ 7000 米，续航时间为 12 小时。

俄罗斯伊尔-78 "大富翁" 空中加油机

伊尔–78 是由伊留申设计局在伊尔–76 运输机基础上改良的空中加油机，于 1983 年 6 月首次试飞，翌年开始服役。

结构解析

伊尔–78 加油机在两翼和机尾各安装有 1 台 UPAZ–1 加油类舱，每台吊舱的正常输油量约 1000 升 / 分。该机货舱内保留了货物处理设备，因此只要拆除货舱油箱，即可担任一般运输或空投任务。伊尔–78 加油机的机尾没有武装，炮手位置由加油控制员取代。

基本参数	
机身长度	46.59 米
机身高度	14.76 米
翼展	50.5 米
空重	72 000 千克
最大速度	850 千米 / 时
最大航程	7300 千米

作战性能

伊尔–78 加油机主要用于给前线及远程战斗飞机及军用运输机进行空中加油，还可以向飞机场紧急运送燃油。由于采用了三点式空中加油系统，伊尔–78 加油机可以同时为 3 架飞机加油。

乌克兰安-12"幼狐"运输机

安–12"幼狐"运输机是由乌克兰安东诺夫设计局研制的四发运输机，于 1956 年首次试飞，1958 年开始批量生产。

结构解析

安–12 系列有多种型别，其中安–12BP 是标准军用型。安–12 客货混合型主要用于民航运输。安–12 电子情报搜集机，机身下两侧增加了 4 个泡形雷达整流罩。安–12 电子对抗型的机头和垂尾内增加了电子设备舱。安–12 北极运输型主要适用于北极雪地和高寒地带，机身下安装有雪上滑橇，载重性能与标准型一样。

基本参数	
机身长度	33.1 米
机身高度	10.53 米
翼展	38 米
空重	28 000 千克
最大速度	777 千米／时
最大航程	5700 千米

作战性能

安–12 系列的动力装置为 4 台伊夫钦科 AH–20K 发动机，单台功率为 3000 千瓦。该机曾是苏联运输航空兵的主力，从 1974 年起逐渐被 IL–76 取代。在服役期间，安–12 曾参与了苏军的数次重大战斗行动，包括阿富汗战争。

乌克兰安-22 "雄鸡" 运输机

安-22"雄鸡"运输机是由乌克兰安东诺夫设计局研制的远程重型运输机，于 1965 年 2 月首次试飞，1966 年投入批量生产，1967 年开始交付使用。

结构解析

安-22 采用 4 台库兹涅佐夫 HK-12MA 涡桨发动机，单台功率为 11 032 千瓦。该机的货舱容积为 640 立方米，可运载地空导弹、火箭发射车、导弹运输车、坦克等。驾驶舱内乘员为 5～6 人，驾驶舱后面有一个与主货舱隔开的可容纳 28～29 名乘客的机舱。

基本参数	
机身长度	57.9 米
机身高度	12.53 米
翼展	64.4 米
空重	114 000 千克
最大速度	740 千米／时
最大航程	5000 千米

作战性能

安-22 具备在野战机场起降的能力，起落架轮胎气压可在飞行或停放时进行调节，以适应不同的跑道条件。1967 年 10 月 26 日，安-22 创造了 14 项有效载重、高度飞行纪录。由于经济性和安全性不好，安-22 订货量不多，只生产数十架就停产了。

乌克兰安 -32 "斜坡" 运输机

安 –32 "斜坡" 运输机是由乌克兰安东诺夫设计局于 20 世纪 70 年代研制的双发中短程运输机，其由安 –26 改进而来，主要型别有安 –32、安 –32B 和安 –32P 等。

结构解析

除了外翼弦长加大、平尾加装了前缘缝翼外，安 –32 运输机的其他结构均与安 –26相同。安 –32 运输机的动力装置为 2 台伊伏琴科 AI–20D 发动机，主要机载设备包括甚高频无线电收发机、高频收发机和机内通话设

基本参数	
机身长度	23.78 米
机身高度	8.75 米
翼展	29.2 米
空重	16 800 千克
最大速度	530 千米／时
最大航程	2500 千米

备、自动测向器、无线电高度表、下滑航迹接收机、下滑坡度接收机、信标接收机、气象导航雷达、航向陀螺和飞行记录仪等。

作战性能

安 –32 运输机主要用于高温、高原机场，舱内可运载 39 名乘客或伞兵，或 24 名担架伤员和 1 名医护人员。安 –32 运输机的发动机功率比安 –26 的要大，能在海拔 4000 ~ 5000 米比标准大气温度高 25℃的机场上起飞。

乌克兰安-72 "运煤车" 运输机

安－72 "运煤车" 运输机是由乌克兰安东诺夫设计局研制的双发短距起落运输机，于 1977 年 12 月 22 日首次试飞。

结构解析

安－72 运输机的最大特点是发动机放在了机翼之上，吹出的气流在机翼表面上流过，利用附壁作用，产生大量额外升力，用以改善短距离起降的能力，同时减少发动机吸入地面碎片的可能。

基本参数	
机身长度	28.07 米
机身高度	8.65 米
翼展	31.89 米
空重	19 050 千克
最大速度	700 千米／时
最大航程	4325 千米

作战性能

安－72 运输机的动力装置为 2 台洛塔列夫 D－36 高涵道比涡扇发动机。座舱内有正、副驾驶员和飞行工程师，主货舱可运送 32 名乘客或 24 名伤员和 1 名护士。机头舱内装有导航和气象雷达、多普勒自动导航系统以及地图显示装置。

乌克兰安-124"秃鹰"运输机

　　安－124"秃鹰"运输机是由乌克兰安东诺夫设计局研制的一款四发远程运输机，于1982年底首次试飞，1986年初交付使用。

结构解析

　　安－124运输机的机腹贴近地面，机头机尾均设计有全尺寸货舱门，方便装卸货物。其货舱分为上下两层。上层舱室较狭小，除6名机组人员和1名货物装卸员外，还可运载88名乘客。下层主货舱容积为1013.76立方米，载重可达150吨。货舱顶部装有2个起重能力为10吨的吊车，地板上还有2部牵引力为3吨的绞盘车。安－124装有4台推力为229.5千牛的D–18T涡扇发动机。

基本参数	
机身长度	68.96米
机身高度	20.78米
翼展	73.3米
空重	175 000千克
最大速度	865千米／时
最大航程	5200千米

作战性能

　　1985年，安－124运输机创下了载重171 219千克物资、飞行高度10 750米的纪录，打破了由美国C–5运输机创造的载重高度世界纪录。此外，安－124还拥有其他多项世界纪录。

乌克兰安 -225 "哥萨克" 运输机

安 –225 "哥萨克" 运输机是由乌克兰安东诺夫设计局研制的一款六发重型运输机，于 1989 年 5 月投入使用，目前仍是全世界上最大的运输机与飞机。

结构解析

安 –225 最初是为了运输火箭而设计，货舱形状非常平整，整个货舱全长 43.51 米，最大宽度 6.68 米，货舱底板宽度 6.4 米，最大高度 4.39 米。为了方便巨大货物的进出，安 –225 与大部分大型货机一样，采用机首可以上掀打开的 "掀罩" 机首，并把驾驶舱设在主甲板上方的二楼处。

基本参数	
机身长度	84 米
机身高度	18.1 米
翼展	88.4 米
空重	285 000 千克
最大速度	850 千米／时
最大航程	15 400 千米

作战性能

安 –225 运输机的货舱内可装载 16 个集装箱，大型航空航天器部件和其他成套设备，如天然气、石油、采矿、能源等行业的大型成套设备和部件。机背能负载超长尺寸的货物，如直径为 7 ~ 10 米、长为 20 米的精馏塔，俄罗斯的 "能源" 号航天器运载火箭和 "暴风雪" 号航天飞机。这样将大型器件从生产装配厂整运至使用场所既保证了产品质量，又缩短了运输周期。

俄罗斯伊尔 -76 "耿直" 运输机

伊尔 –76 "耿直" 运输机是由伊留申设计局研制的一款四发中远程运输机，于 1974 年 6 月开始服役。

结构解析

伊尔 –76 运输机的机身为全金属半硬壳结构，截面呈圆形。机头呈尖锥形，机舱后部安装有两扇蚌式大型舱门，货舱内有内置的大型伸缩装卸跳板。机头最前部为安装有大量观察窗的领航舱，其下为圆形雷达天线罩。该机采用悬臂式上单翼，不阻碍机舱空间。

基本参数	
机身长度	46.59 米
机身高度	14.76 米
翼展	50.5 米
空重	92 500 千克
最大速度	900 千米／时
最大航程	4300 千米

作战性能

伊尔 –76 在设计上十分重视军事要求，翼载低，展弦比大，有完善的增升装置，并装有起飞助推器，起落架支柱短粗而结实，采用多机轮和胎压调节装置、方便有效的随机装卸系统、全天候飞行设备，空勤人员配备齐全等，使飞机不依赖基地的维护支援，可以独立在野外执行任务。据统计，伊尔 –76 的千米／吨使用成本比安 –12 低 40％ 以上。

英国"哨兵"侦察机

"哨兵"侦察机是由美国雷神公司为英国空军研制的侦察机，于 2008 年开始服役。

结构解析

"哨兵"侦察机是以"环球快车"公务机为基础改装而来，采用后掠式下单翼，后掠式 T 形尾翼带下反角。该机最大的两个识别特征就是机身顶部的天线罩和腹部凸出的舟型天线罩。机身顶部天线罩内装有全球卫星通信系统

基本参数	
机身长度	30.3 米
机身高度	8.2 米
翼展	28.5 米
空重	24 000 千克
最大速度	1090 千米／时
最大航程	9249 千米

"动中通"的全向天线，腹部天线罩则是双模 ASARS–2 地面监控雷达系统的天线。"哨兵"侦察机的尾部吊挂 2 台罗尔斯·罗伊斯 BR710 涡轮风扇发动机。

作战性能

"哨兵"侦察机的 ASARS–2 雷达为合成孔径雷达，具有穿透伪装物和浅地表探测和移动目标探测的优秀能力，对地面活动小型慢速目标的作用距离达 360 千米。同时机内还搭载精密的无线电／手机信号截获／侦听／分析设备和光学侦察设备，还有箔条、热焰弹以及拖曳诱饵等多种自我防御装置，用以对抗地面肩扛导弹的袭击。"哨兵"侦察机的机载远程雷达白天和夜晚皆可工作，可以提供媲美卫星的大约 10 万平方千米内高清晰度地面图像。它能在几乎所有气象条件下发现移动的有价值的地面目标，甚至可以判断出 300 多千米外汽车的行驶速度。

英国 VC-10 加油运输机

VC-10 加油运输机是由英国在 VC-10 四发中远程民航客机的基础上改装而成的加油运输机，在 1978—2013 年服役。

结构解析

VC-10 加油运输机采用机尾安装发动机的布局，将 4 台发动机短舱悬吊在机身尾部两侧，这样既远离乘员舱，又紧靠机身，在一侧发动机故障时不会引起严重的不平衡推力，避免机翼装发动机吊舱对升力和阻力的影响。由于机尾安装发动机的位置的影响，水平尾翼不能安排在机身上，所以采用高平尾布局。平尾的控制机构需要通过垂尾结构，增加了复杂性和重量。另外，维护、更换发动机操作也不方便。

基本参数	
机身长度	48.36 米
机身高度	12.04 米
翼展	44.55 米
空重	63 278 千克
最大速度	933 千米／时
最大航程	9412 千米

作战性能

VC-10 加油运输机采用 4 台罗尔斯·罗伊斯"康威尔"涡轮风扇发动机，发动机推力较大，具有适于在高温高原的英属非洲地区的起落能力。该机有 3 套加油设备，采用软管式加油，加油点数量多。VC-10 加油运输机的航程远，加油半径大，曾是英国空军的主要加油机。

欧洲 A310 MRTT 空中加油机

A310 MRTT 加油机是在欧洲空中客车公司 A310-300 客机基础上发展而来的空中加油机，于 2004 年 9 月交付给德国空军和加拿大空军。

结构解析

A310 MRTT 加油机的空中加油系统由机翼吊舱和控制设备组成。机翼两侧下方分别挂载有 1 个 Mk32B-907 加油吊舱，其内部安装有 1 根 23 米长的加油软管和漏斗形接头。

作战性能

基本参数	
机身长度	47.4 米
机身高度	15.8 米
翼展	43.9 米
空重	113 999 千克
最大速度	978 千米／时
最大航程	8889 千米

A310 MRTT 加油机每分钟输送燃油 1500 升，可以同时为 2 架装有受油管的作战飞机加油，实施加油操作过程中没有飞行包线限制。该机在最大航程期间，可以为作战飞机加注燃油 33 吨，或者在飞行 1850 千米航程，在指定空域巡航 2 个小时期间，为作战飞机加注燃油 40 吨。

欧洲 A330 MRTT 加油运输机

　　A330 MRTT 加油机是在 A330-200 客机基础上改进而来的一款空中加油机，于 2007 年 6 月首次试飞，2011 年开始服役。

结构解析

　　A330 MRTT 加油机配备有通用电气公司生产的 CF6-80E1 发动机，实行电传操纵，安装有自我防卫的电子战设备。A330 MRTT 加油机所有的燃油都装在位于机翼吊舱和机尾的油箱里，没有占用客货舱的空间。该机在左右机翼下各配置 1 套为战斗机加油的软式锥形套管，在后机身下还设有 1 套为大型飞机加油的硬式伸缩套管。

基本参数	
机身长度	58.8 米
机身高度	17.4 米
翼展	60.3 米
空重	125 000 千克
最大速度	880 千米／时
最大航程	14 800 千米

作战性能

　　A330 MRTT 加油机的机翼内油箱的最大载油量达到了 111 吨，比 KC-767A 加油机还多 50% 以上，因此，无须增加任何附加油箱，仅安装了必要的管路系统和控制设备即可具备充足的空中加油能力。A330 MRTT 加油机可以连续飞行 4000 千米，期间为 6 架战斗机空中加油，并运送 43 吨货物，或者可以在飞行 1850 千米、预定空域巡航 2 小时期间，为作战飞机加注 68 吨燃油。

欧洲 A400M "阿特拉斯" 运输机

A400M "阿特拉斯" 运输机是由多个欧洲国家联合研制的一款四发涡轮螺旋桨运输机，于 2013 年 8 月开始服役。

结构解析

A400M 运输机采用悬臂式上单翼、T 形尾翼的常规气动布局，机翼采用超临界翼型设计，后掠角为 18°，机翼下装有 4 台 TP400 涡轮螺旋桨发动机，这是目前西方功率最大的涡轮螺旋桨发动机。每侧机翼的两副螺旋桨旋转

基本参数	
机身长度	45.1 米
机身高度	14.7 米
翼展	42.4 米
空重	76 500 千克
巡航速度	781 千米／时
最大航程	3300 千米

方向相反，既可以抵消螺旋桨转动产生的扭矩，又改善了螺旋桨滑流对机翼升力分布的影响，增加了机翼升力系数。

作战性能

与大多数运输机不同，A400M 运输机的货舱截面几乎是方形的。方形货舱的好处在于增大了有效容积、降低了地板与地面之间的距离，不过相应的代价是结构强度有所损失。A400M 运输机的货舱长度为 17.71 米，地板宽度为 4 米，高度为 3.85 米，总容积达到了 340 立方米，超出 C-130J 运输机的两倍。不仅如此，A400M 运输机的高度和宽度甚至超过了载重量更大的 C-141 运输机以及伊尔 -76 运输机。除了可以接受空中加油外，A400M 运输机还有内置的加油管路，可以为其他飞机实施空中加油。

以色列"费尔康"预警机

　　"费尔康"预警机是由以色列航空工业公司研制的世界上第一种相控阵雷达预警机，于 1994 年开始服役。

结构解析

　　与一般预警机背着一个巨大雷达天线罩的外形明显不同，"费尔康"预警机在设计上提出了一种"环"式预警机的全新概念，它以电扫描相控阵雷达取代了以往预警机机械扫描的预警雷达，甩掉了机身的雷达天线罩，在机鼻、机尾和机身两侧，加装了自行研制的"费尔康"相控阵雷达，是现代预警机技术的重大突破。

基本参数	
机身长度	48.41 米
机身高度	12.93 米
翼展	44.42 米
空重	80 000 千克
最大速度	880 千米／时
最大航程	8500 千米

作战性能

　　"费尔康"预警机采用了先进的电扫描技术，具有重量轻、造价低、可靠性高等特点。该机的主要探测设备为 EL/M–2075 主动相控阵雷达，工作频率为 40 ~ 60GHz，介于 S 波段与 VHF 波段之间，对战斗机、攻击机的探测距离为 370 千米，对 5 平方米目标机的探测距离为 360 千米，对直升机的探测距离为 180 千米。

以色列 G550 "海雕" 预警机

G550 "海雕" 预警机是以湾流 G550 公务机为基础改装而来的空中预警机，主要装备以色列空军和新加坡空军。

结构解析

出于空气动力学考虑，G550 预警机没有使用传统的驮载式雷达预警机气动结构，而是采用了少见的 "共形" 结构：飞机机首和机尾使用 S 波段雷达，机身两侧则使用 L 波段雷达，从而提供全方位覆盖。以色列为 G550 预警机

基本参数	
机身长度	29.4 米
机身高度	7.9 米
翼展	28.5 米
空重	21 909 千克
最大速度	1041 千米／时
最大航程	12 501 千米

内置了 6 个操作控制台。改良后的 G-550 预警机还在吊舱配备了电子支援调节装备，增设了卫星通信以及视距链路。

作战性能

G550 预警机的雷达是升级版的 EL/M-2075 相控阵雷达，探测距离 300 千米，该系统可保证飞机在 12 500 米高空行动时，能够在 185 千米半径范围内连续执勤 9 小时。该机滞空时间为 10 小时，使用成本大大低于波音 707 客机（美国 E-3 "望楼" 预警机的驮载平台）。

瑞典 S100B "百眼巨人" 预警机

S100B "百眼巨人" 预警机是瑞典空军装备的一款空中预警机，由萨博公司研制，其公司代号为 SAAB 340 预警机，于 1997 年开始服役。

结构解析

S100B 预警机的核心是 "爱立眼" 雷达系统，呈平衡木状的雷达天线使其具有独特的外形。"爱立眼" 雷达系统与北约空中防御指挥系统具有完全互通性，系统采用性能可靠的先进固态电子设备、利于升级的开放式系统体系结构和利于成本控制的增强型商业现货供应硬件，包括普通通用型可编程工作站和全彩液晶显示器。

基本参数	
机身长度	20.57 米
机身高度	6.97 米
翼展	21.44 米
空重	10 300 千克
最大速度	530 千米／时
实用升限	7620 米

作战性能

S100B 预警机仍然只是一种地面控制的机载监视系统，探测到的雷达图像通过数据链传送到地面防空系统的指挥中心，再进行处理分析。在 6000 米的操作高度上，S100B 预警机的雷达最大探测范围为 450 千米，能够在一个密集的敌对电子战环境、大量雷达杂乱回波和低目标高度的条件下，在 330 千米的距离发现战斗机大小的目标。

加拿大 DHC-5 "水牛" 运输机

DHC-5 "水牛" 运输机是由加拿大德·哈维兰公司研制的一款短距多用途运输机，于 1964 年 4 月 9 日首次试飞。

结构解析

DHC-5 运输机采用双发上单翼布局，机尾翘起以方便卡车装卸货物。机翼呈倒海鸥外形以缩短主起落架支柱长度并改善了飞行员的视界，后缘安装了全翼展双缝襟翼以保证短距起降能力，最外侧的襟翼也作为副翼使用。

作战性能

基本参数	
机身长度	24.08 米
机身高度	8.73 米
翼展	29.26 米
空重	11 412 千克
最大速度	467 千米／时
最大航程	1112 千米

DHC-5 运输机采用传统的全金属半硬壳结构，结构简单且坚固耐用，只需简单维护。双缝襟翼和巨大的垂尾提供了很好的操控性和机动性，尤其是在低空低速状态下。

西班牙 C-295 运输机

C-295 运输机是由西班牙卡萨公司研制的一款多用途军用中型涡轮螺旋桨运输机，于 1997 年 6 月在巴黎航展上正式对外公布。

结构解析

C-295 运输机以老式的 CN-235 运输机为基础研制，其 85% 的部件都与后者相同。虽然 C-295 运输机的货舱仅比 CN-235 的货舱长出 3 米，但它的运载能力却比 CN-235 多 50%。此外，与 CN-235 相比，C-295 运输机加固了机翼结构，在两翼下增加了 3 个外挂

基本参数	
机身长度	24.45 米
机身高度	8.66 米
翼展	25.81 米
最大起飞重量	23 200 千克
最大速度	480 千米／时
最大航程	5278 千米

点，改进了机舱的增压系统和电子设备，并改用了推力更大的发动机。

作战性能

C-295 运输机可以运送 73 名士兵，5 个标准平台或者 27 副为疏散伤员准备的担架。该机装配有 2 台 1945 千瓦的 PW127G 发动机，净载重量为 9.7 吨。

第7章
太空武器

太空武器主要用于外太空作战,目前世界上并没有明确的分类和成熟的武器出现。本章主要介绍世界各国已经投入使用或正在研制的各类军用太空装备,一些已经夭折的建造计划也有涉及。

美国天基红外系统

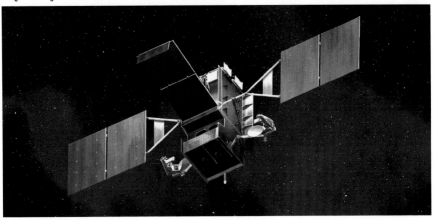

　　天基红外系统 (Space-Based Infrared System，SBIRS) 是由美国空军研制的新一代天基红外探测与跟踪系统，它是美国弹道导弹防御系统探测预警的核心环节。

结构解析

　　最早规划的 SBIRS 是一个包括高轨道卫星、低轨道卫星和地面数据接收处理设施构成的复杂的综合传感器系统。SBIRS 的高轨道卫星包括 2 颗高椭圆轨道卫星和 4 颗静止轨道卫星，低轨道卫星包括 24 颗低轨道卫星。

基本参数	
制造商	洛克希德·马丁
发射地点	卡纳维拉尔角
全长	4 米
全宽	2 米
全高	3 米

作战性能

　　SBIRS 的主要任务是为美军提供全球范围内的战略和战术弹道导弹预警，从弹道导弹助推阶段开始进行可靠稳定的跟踪，为反导系统提供关键的目标指示功能。SBIRS 提供了更为强大、可靠和灵活的弹道导弹预警信息，不仅可以更早地探测到远程和洲际弹道导弹的发射，增加了对飞行中段弹道导弹的探测跟踪能力，还在设计之初就考虑到对中短程战术弹道导弹的探测跟踪能力。

美国"科罗娜"监视卫星

"科罗娜"是美国第一个空间摄影侦察卫星计划的代号，该计划于 1958 年 2 月由艾森豪威尔总统签署，其目标是拍摄敌方的秘密设施和军事基地。

结构解析

"科罗娜"由雷神－阿金纳 A 运载火箭发射，在轨道中运行的同时，"科罗娜"会使用一部恒定旋转全景照相机系统进行拍摄，然后将曝光过的摄影胶片装入援救舱。

基本参数	
制造商	洛克希德·马丁
发射地点	范登堡
发射时间	1959 年
全长	5.9 米
全宽	1.5 米

作战性能

"科罗娜"最初的 13 次任务并没有返回任何图片。第一次成功的任务是在 1960 年 8 月 18 日，1 颗 KH–1 卫星采用 915 米长的胶片拍摄到了 427 万平方千米的苏联领土。在 1959—1972 年，美国共执行了 145 次"科罗娜"任务。1972 年 5 月 31 日，"科罗娜"拍摄了最后一批照片。至此，被"科罗娜"系列总共使用了 64 万米胶片拍摄了 80 万多张照片，这些照片被保存在 39 000 个存储罐中。

美国 193 号卫星

193 号卫星是 2006 年由"三角洲 II"运载火箭从美国范登堡空军基地发射升空的一颗间谍卫星。

结构解析

193 号卫星是一颗雷达成像侦察卫星，安装有 E-305"增强成像系统"，为美国国防部和中央情报局提供情报，是美国国家侦察办公室的"未来成像体系"计划，该计划是"美国成像和天地情报系统"建设的重要组成部分。

基本参数	
制造商	洛克希德·马丁
发射地点	范登堡空军基地
发射时间	2006 年 12 月 14 日
发射重量	2300 千克

作战性能

193 号卫星将用于替代"长曲棍球""织女星""缟玛瑙"等型号的侦察卫星。按照原有设定，193 号卫星将运行在近地点 351 千米、远地点 367 千米、倾角 58.5°的近地轨道上，绕地球一周只需 92.9 分钟。不过，该卫星发射升空后，太阳能电池帆板因故障未能张开，此后与地面控制人员失去了联系，成为一颗失控的卫星。自失控后，该卫星的轨道高度不断降低，到 2008 年 2 月 11 日，轨道参数为 268 千米，而 19 日则降为 261 千米。该卫星携带了剧毒燃料联氨以及铍，如果发生泄漏，会对人体安全构成极大威胁。2008 年 2 月 20 日，美国海军从"伊利湖"号巡洋舰发射一枚"标准"III 型导弹击落了它。

美国微卫星技术试验卫星

微卫星技术试验卫星是由美国在 2006 年用"三角洲 II"运载火箭发射至地球同步轨道的科学与技术试验卫星。该卫星是美国国家高级研究计划局和美国空军联合实施的"微卫星验证科学技术试验计划"的一部分。

基本参数	
制造商	洛克希德·马丁等
发射地点	卡纳维拉尔角航天站
发射时间	2006 年 6 月 21 日
发射重量	450 千克

结构解析

MiTEx 由美国海军研究实验室研制的先进上面级、轨道科学公司研制的 MiTEx-A 卫星（美军航天器编号 USA-187）、洛克希德·马丁公司研制 MiTEx-B（美军航天器编号 USA-188）共三部分组成。先进上面级装载轻质大容量推进剂贮箱，1 个 400N 发动机和 6 个 22.5N 发动机，采用三轴稳定姿态控制方式，装有太阳翼和锂离子电池，还带有星敏感器，具有自主制导和控制能力。该上面级与火箭分离后能够在 5 天内将 MiTEx 卫星送入地球同步轨道。

作战性能

MiTEx 的任务目标包括研制和测试新的上面级，研究和研制轻质量推进系统，研制将小卫星送入地球同步轨道的能力，研究小卫星在地球同步轨道执行军事任务的潜在效用并积累操作经验。MiTEx-A 和 MiTEx-B 卫星的设计寿命为 1 年，部署在地球静止轨道，入轨后进行了轨道机动和相互观测试验。这两颗卫星体积小，通过地面手段进行观测和监视具有难度，从而具备了一定的隐形能力。MiTEx 验证的技术在军事航天领域具有重要应用潜力。

美国国防支援计划卫星

国防支援计划（DSP）卫星是美国空军部署的侦察卫星，用于为美国的国家指挥机构和作战司令部提供导弹发射和核爆炸的早期检测和预警。

结构解析

DSP 卫星上除装有改进的红外探测器外，还装有 1 台电视摄像机。该卫星由"大力神"IV 号运载火箭 B 型携带惯性上段发射，但至少有一颗 DSP 卫星使用航天飞

基本参数	
制造商	诺斯洛普·格鲁曼
发射地点	卡纳维拉尔角航天站
发射时间	1970 年 11 月 6 日（首次）
发射重量	2400 千克

机发射升空，现在知道的一次是"亚特兰蒂斯"号航天飞机在 STS-44 号（1991 年 11 月 24 日）任务中完成的。最近的一颗 DSP 卫星（第 23 颗）在 2007 年搭乘"三角洲 IV"运载火箭发射升空，这时距离"大力神"IV 运载火箭退役已经两年。

作战性能

DSP 卫星由美国空军太空司令部维护，通过卫星上携带的传感器侦测到的热辐射来对导弹或者火箭的发射以及核爆炸提供侦测情报。比如在"沙漠风暴"行动中，DSP 卫星就多次侦测到了伊拉克"飞毛腿"导弹的发射，从而对以色列以及沙特阿拉伯的平民以及军事力量提供了及时的早期预警。DSP 卫星运行在地球同步轨道上，携带了使用施密特摄星仪的广角辐射传感器，卫星会对着地球南北极方向旋转，这样每六分钟就会对地球表面进行一次扫描。

美国"船帆座"卫星

"船帆座"卫星系统是美国国防部和美国原子能委员会联合实施的"船帆座"计划的一部分。它由 12 颗卫星组成,陆续于 1963 年 10 月到 1970 年 4 月发射升空。

基本参数	
制造商	汤普森－拉莫－伍尔德里奇
发射地点	卡纳维拉尔角航天站
发射时间	1963 年 10 月(首次)
发射重量	150—261 千克(单颗)

结构解析

"船帆座"卫星装有各种探测仪器,包括 X 射线探测器、γ 射线探测器、中子探测器、可见光敏感器、电磁脉冲敏感器等。其中,X 射线探测器是钟形萤石片敏感元件,装在卫星表面的三角形顶点处。它能探测到距离 1.6 亿千米以内的万吨级当量核爆炸的 X 射线辐射,萤石片受其激发而产生小于 1 微秒的可见光脉冲由光电倍增管转换成电脉冲,然后传输。为了防止太阳 X 射线对萤石片的激发,萤石片外面覆以铍金属薄片。

作战性能

"船帆座"卫星的任务是探测大气层和外层空间的核爆炸,运行在高度 9 万 ～ 12 万千米、倾角 32°～ 40°、周期 85 ～ 112 小时的近圆轨道,工作寿命约 1.5 ～ 5 年。1979 年 9 月 22 日格林威治标准时间零时 53 分,"船帆座"卫星系统中的 6911 号卫星探测到南大西洋和印度洋交界处爱德华王子群岛与克罗泽群岛之间的区域发生双闪(一道快而明亮,一道长且稍微暗淡),而双闪正是核爆炸的典型现象。

美国"长曲棍球"卫星

"长曲棍球"卫星是由美国国家侦察局研发的合成孔径雷达侦察卫星，首颗卫星于 1988 年 12 月由美国"亚特兰蒂斯"号航天飞机发射升空，而第五颗卫星于 2005 年 4 月 30 日由"大力神 IV"运载火箭发射升空。

结构解析

"长曲棍球"卫星主体呈八棱体，长 8 米，直径约 4 米，一对太阳能电池帆板在轨道上展开后跨度为 45.1 米，可提供 10 千瓦以上的电力。卫星设计寿命 8 年，运行在倾角 57°~68°、

基本参数	
制造商	洛克希德·马丁
发射地点	肯尼迪航天中心
发射时间	1988 年 12 月 2 日（首次）
发射重量	15 000 千克（单颗）

高 670 ~ 703 千米的轨道上。卫星上的合成孔径雷达天线呈矩形，长 14.4 米，宽 3.6 米，由 3 个平面天线阵组成，每个天线阵含 4 个长度相等的子阵。雷达的几何分辨率为 0.3 ~ 3 米，所获图像数据通过大型抛物面跟踪天线经"跟踪与数据中继卫星"传至白沙地面站，再经过国内通信卫星传到贝尔沃堡。

作战性能

"长曲棍球"卫星具有全天候、全天时侦察能力，选用合适频率可探测一定厚度的植被和干燥地表以下目标；有一定的识别伪装物的能力。可采用多种工作模式，即使用不同雷达频率、不同极化方式、不同波束入射角，不同观测次数和测绘走向，以获取同一目标的几种图像加以对比判读；还具有动目标显示功能。两颗"长曲棍球"卫星配对工作可以反复侦察地面目标。它们不仅适于跟踪舰船和装甲车辆的活动，监视机动或弹道导弹的动向，还能发现伪装的武器和识别假目标，甚至能穿透干燥的地表，发现藏在地下数米深处的设施。

美国"锁眼"卫星

"锁眼"卫星是由美国国家侦察局负责运行的光学成像侦察卫星,主要有KH-1、KH-4、KH-5、KH-6、KH-7、KH-8、KH-9、KH-11、KH-12等型号,为美国提供了重要的军事侦察能力。

▌▌▌▶ 结构解析

KH-12是"锁眼"系列最先进的型号,卫星直径4米,长约15米,其中前部的有效载荷舱长约11米,用于承载相机系统;卫星支持舱长约4米,装有卫星

基本参数	
制造商	洛克希德·马丁
发射地点	肯尼迪航天中心
发射时间	1960年10月(首次)
发射重量	15 000千克(KH-12)

电子设备和推进分系统。星体两侧装有两副刚性太阳翼,对太阳单轴定向,功率为3千瓦。卫星配备的KH-12相机光学系统仍采用反射式卡塞格伦系统。KH-12还增加了热红外成像仪,从而改善了红外观测能力。

▌▌▌▶ 作战性能

"锁眼"卫星是一种先进的光学成像侦察卫星,搭载有可见光、红外、多光谱和超光谱传感器等光学成像侦察设备,其中KH-12的最高分辨率达到0.1米。借助热红外成像仪,KH-12能够侦察导弹发射、识别利用树林和灌木丛进行的伪装。KH-12还采取了防核效应加固手段和防激光武器保护手段,增装了防碰撞探测器,这三种手段是首次运用在照相侦察卫星上,其主要目的是使卫星能够对付可能出现的激光反卫星武器、高空核爆炸和动能反卫星武器等,提高卫星的生存能力。KH-12的工作寿命也由KH-11的3年增加到8年。

美国先进极高频通信卫星

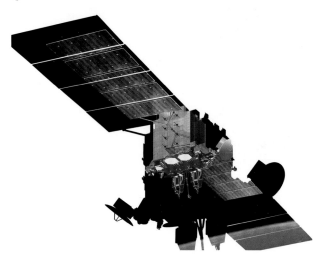

先进极高频 (Advanced Extremely High Frequency，AEHF) 通信卫星是由美国研制的通信卫星，在地球静止转移轨道运行。

结构解析

先进极高频通信卫星是基于洛克希德·马丁公司的 A2100 卫星平台设计的，核心结构包含了集成的推进系统、有效载荷舱载有电子设备、有效载荷处理器和路由器，以及执行卫星通信功能的控制硬件和软件。

基本参数	
制造商	洛克希德·马丁
发射地点	卡纳维拉尔角
全长	0.75 米
设计寿命	14 年
发射重量	6168 千克

作战性能

在最初制造的 5 颗先进极高频通信卫星中，4 颗交联卫星覆盖了地球上从北纬65°到南纬65°的区域，另外一颗则作为备用卫星。先进极高频通信卫星为美国武装部队提供了覆盖全球的、高度保密的通信服务，在大容量移动式通信卫星系统或者等效系统开始提供服务之前，先进极高频通信卫星一直是美国国防部的中期军事卫星通信系统的主要成员。

美国国防气象卫星

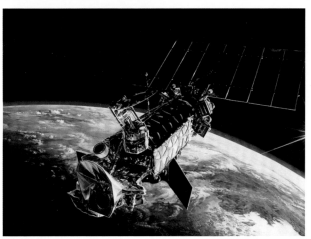

国防气象卫星 (Defense Meteorological Satellite Program，DMSP) 是世界上唯一的专用军事气象卫星，隶属于美国国防部，由美国空军空间和导弹系统中心负责实施。

结构解析

DMSP 通常运行 2 颗业务卫星和 3 颗部分业务卫星。从卫星传输下来的资料被送到国家地球物理资料中心存档。最初的 DMSP 卫星为自旋稳定卫星，装载了"快门"式照相机。现有 DMSP 为三轴姿态稳定卫星，运行在高度约 830 千米的太阳同步轨道，周期约 101 分。

基本参数	
制造商	洛克希德·马丁
发射地点	范登堡
发射时间	2006 年
全长	6.4 米
全宽	1.2 米

作战性能

DMSP 的扫描条带宽度为 3000 千米，2 颗业务卫星同时运行，每 6 小时可提供一次全球云图。DMSP 所获得的资料主要为美国军队所用，但也向民间提供服务，提供的信息有云高及其类型、陆地和水面温度、水汽、洋面和空间环境等。自投入使用以来，DMSP 在海陆空军事调度和保障中发挥了重大作用。

美国国防卫星通信系统

国防卫星通信系统(Defense Satellite Communications System，DSCS)是美国空军运转周期最长的通信卫星系统，共发展了三代，第一代在1966—1968年发射。

结构解析

DSCS是一个由5颗地球静止轨道上的卫星组成的系统，用于在重要军事终端与国家指挥机关间提供声音、数据、数字和电视传输。它主要为大容量固定用户提供保密的音频和高数据率通信，采用了超高频。

基本参数	
制造商	洛克希德·马丁
发射地点	卡纳维拉尔角
发射时间	1966 年
全长	2 米
全宽	1.9 米
全高	1.9 米

作战性能

目前，在轨的第三代DSCS具有核加固能力，能与FDMA、TDMA等多址方式通信网兼容。它为美国海陆空三军提供了安全可靠的全球通信服务，是美国军事超高频通信卫星网络中的重要组成部分，可以承载国防部所有卫星通信80%的业务以及45%的战地宽带通信业务。

美国全球定位系统

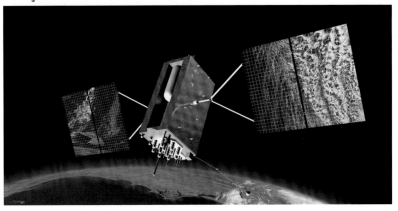

全球定位系统 (Global Positioning System，GPS) 是由美国国防部研制的一种全天候的空间基准的导航系统，是一个中距离圆形轨道卫星导航系统。

结构解析

全球定位系统由三部分组成：空间部分 (GPS 卫星)、地面控制部分 (地面监控系统)、用户设备部分 (GPS 信号接收机)。其中空间部分是由 24 颗工作卫星组成，它位于距地表 20 200 千米的上空，均匀分布在 6 个轨道面上 (每个轨道面 4 颗)，轨道倾角为 55°。此外，还有 4 颗有源备份卫星在轨运行。

基本参数	
制造商	洛克希德·马丁
发射地点	卡纳维拉尔角
发射时间	1994 年
全长	1.9 米
全宽	1.5 米
全高	1.9 米

作战性能

全球定位系统最初是美国国防部为了向部队提供精确定位信息和武器导航而开发的。目前，这个系统已经开始为全球民用、科研和商业应用提供服务。全球定位系统结合了卫星及通信发展的技术，利用导航卫星进行测时和测距。它可以满足位于全球各地或近地空间的军事用户连续、精确地确定三维位置和三维运动及时间的需要。

美国 X-15 试验机

    X-15 试验机是由美国国家航空航天局牵头，联合美国空军、海军和北美航空公司共同进行的火箭动力试验机项目，于 1959 年开始服役。

结构解析

    X-15 是美国建造的第一个载人亚轨道飞行器，它首先是挂在 1 架 B-52 机翼下被带到空中，然后火箭发动机开始工作。X-15 的机身很长且为圆柱形，向后的整流片使机身看起来很平。背部及腹部的楔形垂直尾翼很厚。可收起的起落架包括机鼻起落架和两个滑橇。

基本参数	
机身长度	15.45 米
机身高度	4.12 米
翼展	6.8 米
空重	6620 千克
最大起飞重量	15 420 千克
最大速度	7274 千米／时

作战性能

    在近十年的时间里，X-15 先后创造了 6.72 马赫和 108 千米的速度与升限的世界纪录，它的试验飞行几乎涉及了高超音速研究的所有领域，并为美国后来"水星""双子星""阿波罗"有人太空飞行计划和航天飞机的发展提供了极其珍贵的试验数据。在 X-15 整个试验飞行过程中，研究人员根据其飞行数据总共撰写了 765 份有价值的研究报告。

美国 X-20 试验机

  X-20 试验机是由波音公司为美国空军设计的载人航天轰炸机，可以超过 23 马赫的高超音速飞行，执行侦察、武器投放等军事任务。

结构解析

  X-20 试验机采用无尾三角翼布局，头部呈圆拱形，机翼后掠 72°，翼尖上折充当垂直安定面。X-20 试验机由"大力神"运载火箭送入地球轨道，可进行多圈轨道飞行。

基本参数	
机身长度	10.77 米
机身高度	2.59 米
翼展	6.34 米
空重	4715 千克
最大起飞重量	5165 千克
最大速度	28 165 千米 / 时

作战性能

  从某种意义上说，X-20 试验机是后来航天飞机的"先行者"。其他同一时期研发的宇宙飞船都是基于太空舱进行返回操作，而 X-20 试验机却更接近于多年后的航天飞机，它不仅能以洲际弹道导弹的速度推进至目标区域，还被设计成能像一架飞行员驾驶的普通飞机一样返回地面。

美国 X-37 试验机

X-37 试验机是由美国波音公司研制的可重复使用的无人航天飞行器，不仅可以进行轨道飞行，也可做再入地球轨道飞行。

结构解析

X-37 机身为全复合材料，采用 1 台 AR2-3 火箭发动机作为动力，最初使用无毒可存储的高纯度过氧化氢和 JP-8 煤油作为推进剂，推力约 32 千牛，可满足轨道机动和轨道返回之所需。之后，推进剂换成了技术成熟的 MMH 和 N_2O_4 燃料。

基本参数	
机身长度	8.9 米
机身高度	2.9 米
翼展	4.5 米
空重	3500 千克
最大速度	28 044 千米／时

作战性能

X-37 的发射方式多样，它不但能够被安装在"宇宙神"火箭的发射罩内发射，也可从佛罗里达的卡纳维拉尔角起飞。设计中的 X-37 能在轨道连续运行 21 天，返回地球后能在常规飞机跑道上着陆。作为一种无人试验机，其工作重点是推动技术进步，X-37 是第一种进行轨道飞行试验的试验机。尽管航天飞机投入飞行已有近 30 年的历史，但是作为载人飞行器，从安全性考虑无法进行一些特定试验，而这恰恰是 X-37 致力的领域。

美国 X-38 试验机

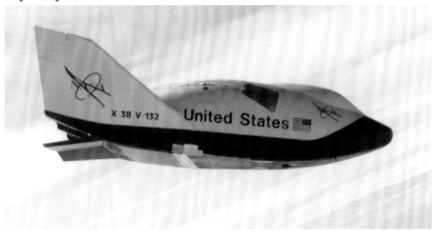

X-38 是一种太空站成员返回飞行器原型机，作为宇航员紧急逃逸装置使用，在 2002 年因资金问题被终止前，该计划已经有了 1 架试验机。

结构解析

X-38 的外形是标志性的钝头锥无主翼形体，外壳采用了大量的复合材料，如玻璃纤维和碳纤维环氧树脂等，并在受力点上使用钢材料和铝材料进行加固。此外，外壳上还覆盖有一层特殊的

基本参数	
机身长度	7.31 米
机身高度	2.22 米
翼展	3.81 米
空重	10 660 千克

热防护层。除了使用降落伞实施降落以外，X-38 机体底部还安装有和 X-15 类似的滑橇降落装置。

作战性能

根据设计构想，X-38 由围绕轨道飞行的航天飞机从货舱中释放，然后与太空站进行对接，最后携载最多 7 名宇航员离开。X-38 上的生命维持系统最长工作时间为 7 个小时，当它进入地球大气层后到达 12 000 米高度后着陆降落伞会展开以保证安全降落。

美国"企业"号航天飞机

"企业"号航天飞机是美国建造的第一架航天飞机，于 1977 年首次发射，2012 年最后一次发射。

结构解析

"企业"号航天飞机的机身分为前部的加压宇航员舱，中部的载荷舱和支撑主发动机的尾舱。其中，宇航员舱又分为上中下三个区，上部为飞行舱，中部的拴闸门为宇航员出入口，下部为设备区。中部的载荷舱上部是两扇长门，沿中轴线一分为二，并各自用铰链连接在载荷舱两侧的边缘，舱门用环氧石墨制成，并装有环状氟利昂冷却器。

基本参数	
机身长度	37.2 米
机身宽度	23.8 米
机身高度	17.4 米
空重	72 600 千克

作战性能

由于"企业"号航天飞机属于研究阶段的产物，所以一直没有使用，没有进行正式的太空飞行。它只是一个测试平台，发射过多次，全部为遥控控制，从来没有载过人。尽管"企业"号航天飞机从未飞上太空，但在它身上所得到的宝贵的试验数据，为其后的第一架实用航天飞机"哥伦比亚"号的顺利升空奠定了基础。

美国"哥伦比亚"号航天飞机

"哥伦比亚"号航天飞机是美国宇航局第一架实际执行太空飞行任务的航天飞机，于1981年首次发射，2003年最后一次发射。

结构解析

"哥伦比亚"号航天飞机的外形像一架大型三角翼飞机，机尾装有三个主发动机。该机总长约56米，翼展约24米，起飞重量约2040吨，最大有效载荷29.5吨。它的核心部分轨道器长37.2米，与一架DC-9客机的大小相仿。

基本参数	
升空次数	28次
总飞行时间	300.74天
总飞行轨道数量	4808个
搭载卫星数量	8颗

作战性能

"哥伦比亚"号航天飞机是美国第一架用于在太空和地面之间往返运送宇航员和设备的航天飞机，它的第一次飞行任务是测试轨道飞行和着陆能力，在太空飞行54小时、环绕地球飞行36周之后安全着陆。"哥伦比亚"号航天飞机每次飞行最多可载8名宇航员，飞行时间7~30天，可重复使用100次。2003年2月，"哥伦比亚"号航天飞机在美国得克萨斯州北部上空解体坠毁，7名宇航员全部遇难。

美国"亚特兰蒂斯"号航天飞机

"亚特兰蒂斯"号航天飞机是美国宇航局第四架实际执行太空飞行任务的航天飞机，于1985年首次发射，2011年最后一次发射。

结构解析

"亚特兰蒂斯"号航天飞机的机体分为机头、机身、机尾三段。机头是乘员密封舱，通常最多容纳7人。机身是一个大货舱，可以与国际空间站对接，里面还安装有遥控机

基本参数	
升空次数	32 次
总飞行时间	293.77 天
总飞行轨道数量	4648 个
搭载卫星数量	14 颗

械臂，用于搬运货物或进行轨道器检查等工作。机尾是3台主发动机。该机空重68 635千克，装发动机后重77 564千克。在建造"亚特兰蒂斯"的过程中，美国宇航局选择不同的承包商生产一套结构备件，以便在出现偶然事件时方便修理。后来，这些备件被用到了"奋进"号航天飞机上。

作战性能

由于每次升空的任务都不尽相同，所以"亚特兰蒂斯"号航天飞机在设计时就突出了任务适应性。该机从前任航天飞机中吸取了许多经验，各方面的性能都有所提升。

美国"奋进"号航天飞机

"奋进"号航天飞机是美国宇航局第五架实际执行太空飞行任务的航天飞机，于1992年首次发射，2011年最后一次发射。

结构解析

从某个角度来说，"奋进"号是一架"拼装航天飞机"，它是以"发现"号和"亚特兰蒂斯"号的建造合约中一批同时生产的备用结构零件为基础，额外组装出来以便取代"挑战

基本参数	
升空次数	25次
总飞行时间	280天
总飞行轨道数量	4429个
搭载卫星数量	3颗

者"号意外坠毁后留下来的任务空缺。"奋进"号的电子设备有所改进，并在尾部增加了1个减速伞，可以缩小着陆后在跑道上滑行的距离。

作战性能

拼装并不代表"奋进"号的表现就会逊色一截，事实上因为是最后才开始建造，"奋进"号在建造过程中吸取了许多经验教训，拥有更多新开发的硬件装备。美国大部分新一代的航天飞机仪器设备都是在"奋进"号上率先采用之后，才在稍后趁着停飞维修的期间，改装追加到其他几架航天飞机上。

美国"猎户座"飞船

"猎户座"飞船是美国国家航空航天局"星座计划"的一个关键组成部分，长远计划用作接载航天员离开地球轨道，登陆小行星甚至火星进行探索。

结构解析

"猎户座"飞船由服务舱、乘员舱、发射中止系统（逃逸塔）以及飞船适配器组成，直径约5米。其加压舱容积约为19.5立方米，可居住容积8.9立方米。除增大了直径以外，"猎户座"飞船增大

基本参数	
制造商	洛克希德·马丁
发射地点	卡纳维拉尔角航天站
发射时间	2014年12月5日（首次）
发射重量	23 000 千克

内部可用空间的措施之一是使用了更少的仪表盘（10个左右）。"猎户座"飞船的隔热罩采用先进耐高温复合材料，由数十万个蜂窝结构组成，可以有效阻绝飞船以26马赫速度接近地球大气层时，飞船表面高达1763℃的高温。每次返回地面后隔热罩还可以替换。

作战性能

"猎户座"飞船融入了电脑、电子、维生系统、推进系统及热防护系统等领域的诸多最新技术。同航天飞机比，"猎户座"飞船的使用成本更加低廉，安全系数也提高了10倍，而且与航天飞机一样可以回收再利用。这种飞船比"阿波罗"飞船以及航天飞机更为先进，飞船采用经过"阿波罗"飞船和各项航天飞机计划验证过的可靠技术。这种飞船适合进行长期太空探索活动，并且更加安全，功能也更为齐备。

苏联"阿拉克斯"侦察卫星

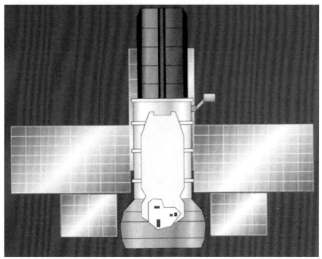

"阿拉克斯"是由苏联于 20 世纪 80 年代开始研制的军事图像侦察卫星系统，以高加索山脉的一条河流的名字命名。

结构解析

"阿拉克斯"卫星由"质子 K"运载火箭送到停泊轨道，然后通过布洛克 DM5 上面级发动机的两次点火，将卫星移动到它的运行轨道。"阿拉克斯"卫星有一个具有很长焦距的发射望远镜系统，能够向地面传送分辨率为 2 ~ 10 米的图像，根据不同的高度，条带成像宽度为 15 ~ 35 千米。

基本参数	
制造商	拉夫契金设计局
发射地点	拜科努尔
发射时间	1997 年
全长	9.75 米
发射重量	2600 千克

作战性能

"阿拉克斯"卫星配备了 1 个电荷耦合元件传感器，能够在可见光和红外线范围内的 8 个波段工作。在低温下工作的红外线探测器要求卫星的一面上安装有大型冷却系统。卫星能指向距天底 20° 的地方，并且具有快速重访能力。

俄罗斯全球导航卫星系统

全球导航卫星系统 (Global Navigation Satellite System，GLONASS) 是一个基于无线电通信技术的卫星导航系统，也被称为"格洛纳斯"导航系统。该系统最早开发于苏联时期，目前由俄罗斯空军管理运营。

结构解析

"格洛纳斯"导航系统相当于美国的全球定位系统 (GPS)，标准配置为 24 颗卫星，而 18 颗卫星就能保证该系统为俄罗斯境内用户提供全部服务。该系统卫星分为"格洛纳斯"和"格洛纳斯 –M"两种类型，后者使用寿命更长，可达 7 年。

基本参数	
制造商	雷席特涅夫
发射地点	拜科努尔
发射时间	2006 年
全长	24 米
全高	3.7 米

研制中的"格洛纳斯 –K"卫星在轨工作时间可长达 10 ~ 12 年。

作战性能

"格洛纳斯"导航系统于 2007 年开始运营，当时只开放了俄罗斯境内的卫星定位及导航服务。到 2009 年，其服务范围已经拓展到了全球，主要服务内容包括确定陆地、海上及空中目标的坐标及运动速度信息等。

俄罗斯"眼睛"导弹预警卫星

"眼睛"导弹预警卫星是俄罗斯的导弹早期预警卫星中的一个系列，与美国的国防支援计划 (DSP) 相似。

结构解析

"眼睛"卫星系统包含三个主要的部分，即发动机、有效载荷和光学部分。它有一个圆柱形的星体，装有两个太阳能电池阵列。有 4 个用于轨道修正的液体发动机和 16 个用

基本参数	
制造商	拉沃契金设计局
发射地点	普列谢茨克
发射时间	1972 年
全长	2 米
全高	1.7 米

来定向和稳定的液体发动机。第一代"眼睛"卫星有 1 个直径 50 厘米的望远镜和 1 个红外的固态探测器，可以探测到导弹发出的热量。此外，还有几个小一些的望远镜能够在红外线和可见光谱段提供出广角的地球景象。卫星图像能够实时发往地面。

作战性能

"眼睛"导弹预警卫星系统共需要 9 颗卫星，每颗分别运行 160 分钟。苏联建造这个系统是为了探测美国和西欧发射的弹道导弹，它不能探测从海上和其他地区发射的导弹。

俄罗斯"穹顶"卫星

基本参数	
制造商	科罗廖夫能源火箭航天集团
发射地点	普列谢茨克航天发射基地
发射时间	2015 年 11 月 17 日（首次）
发射重量	2200 千克

　　"穹顶"卫星是俄罗斯从 2015 年开始发射的导弹预警卫星，随着第四颗"穹顶"卫星于 2020 年发射入轨，俄罗斯天基预警系统已完成最低能力的部署，可持续探测美国可能发动的弹道导弹攻击。

结构解析

　　"穹顶"卫星的许多技术细节尚未公开。据媒体报道，"穹顶"卫星很可能采用了科罗廖夫能源火箭航天集团的"通用卫星平台"（USP）。该平台净重 1200 千克，可支持 1000 千克的载荷，除了采用液体燃料推进系统外，还可以安装电力推进系统来增加机动能力。"穹顶"卫星的载荷由俄罗斯彗星中央科学研究所研制，卫星的两个太阳能电池板可为载荷系统提供达 2.2 千瓦的电能。"穹顶"卫星本身还具备优异的星上数据处理能力，而以前这些数据处理必须在地面进行。

作战性能

　　目前在轨的 4 颗"穹顶"卫星均部署在一种大椭圆轨道上，即轨道的倾角达 63.4° 的"莫尼亚"轨道上，远地点在北半球，从而使所搭载的热红外传感器在每 12 小时的轨道周期内，能长时间在北半球上空执行观测任务。与上一代"眼睛"卫星相比，"穹顶"卫星在整体性能上实现了飞跃，探测灵敏度更高，视场更宽，1 颗卫星可替代 5～6 颗老式预警卫星，不仅能探测洲际弹道导弹和潜射导弹，也能探测中近程导弹、巡航导弹和太空火箭。此外，该卫星将能执行一定的通信功能，其主要目的是向俄罗斯战略导弹部队下达施报复性打击的指令。

俄罗斯"角色"卫星

"角色"卫星是俄罗斯发展的传输型详查遥感卫星，属于对地观测卫星，主要作用是为俄罗斯军方提供光学成像侦察能力。

结构解析

"角色"卫星共发射 3 颗，分别于 2008 年 7 月 26 日、2013 年 6 月 7 日和 2015 年 6 月 23 日由"联盟"号运载火箭发射升空。"角色"卫星源自俄罗斯军民两用的

基本参数	
制造商	进步火箭航天中心
发射地点	普列谢茨克航天发射基地
发射时间	2008 年 7 月 26 日（首次）
发射重量	7000 千克

"资源 – DK"卫星平台，而"资源 – DK"卫星平台是在"琥珀"成像侦察卫星的基础上发展而来的。"角色"卫星主体为长 7 米、最大直径 2.7 米的圆柱体。卫星运行在高度 714/732 千米的太阳同步近圆轨道，倾角 98.3°。

作战性能

"角色"卫星的设计寿命为 7 年，其光学系统采用三镜消像散的科尔斯型望远镜，光学口径 1.5 米，焦距 20 米，相对孔径 f/13.3。相机焦平面单元由光学科研生产联合体研制，采用俄罗斯电子光导科研生产联合公司研制的 CCD 相机。"角色"卫星的星下点全色分辨率为 0.33 米，是俄罗斯目前分辨率最高的传输型成像卫星。另外，2015 年 6 月 23 日发射的第三颗"角色"卫星带有激光数据传输系统，可通过俄罗斯"射线"和"射线 –5B"地球静止轨道数据中继卫星向地面传输数据。

俄罗斯"暴风雪"号航天飞机

"暴风雪"号航天飞机是苏联唯一进行过自动驾驶模式下太空飞行的航天飞机，于 1988 年首次试飞。

结构解析

"暴风雪"号航天飞机大小与普通大型客机相差无几，外形同美国航天飞机相仿，机翼呈三角形。它有 1 个长 18.3 米、直径 4.7 米的大型货舱，能把 30 吨货物送上近地轨道，将 20 吨货物运回地面。其头部有一个容积 70 立方米的乘员座舱，可乘 10 人，设计飞行寿命 100 次。

基本参数	
机身长度	36.37 米
机身高度	16.35 米
翼展	23.92 米
空重	105 000 千克
着陆速度	360 千米／时

作战性能

"暴风雪"号在某些技术方面优于美国的航天飞机，它的主发动机是在"能源"号火箭上，大大地减轻了航天飞机的入轨重量。虽然它比美国的航天飞机略大了一些，但它的重量反而减轻了约 5 吨，这样就可以多装一些有效负荷。虽然"暴风雪"号没有主发动机，但有 2 台小型机动发动机，着陆时如果第一次着陆不成，还可以像普通飞机一样拉起来，再次进行着陆，安全性能比较高。

英国"天网"通信卫星

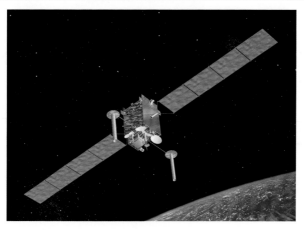

"天网"是英国军用通信卫星系统的总称。该系统自1969年11月22日由美国"德尔塔"运载火箭发射"天网"1卫星以来,共发射了"天网"2、"天网"4和"天网"5系列卫星共11颗。

结构解析

目前,在轨的"天网"卫星共有3颗工作星和1颗备用星。"天网"卫星的通信模块安装有两个螺旋形特高频天线和一个中央S波段的遥测遥控柱状天线。"天网"卫星有多个可操纵的点波束,是在轨卫星中X波段转发能力最强的卫星。卫星上的液体远地点火箭发动机用于轨道旋转。

基本参数	
制造商	阿斯特里厄姆
发射地点	库鲁
发射时间	1969年
全长	4.5米
全宽	2.9米
全高	3.7米

作战性能

"天网"卫星的主要任务是为英军和北约部队提供安全、可靠的战略通信和政府通信服务。它是性能先进的大型通信卫星,可为英军提供全球通信服务,同时也能与美国国防卫星通信系统链接,也可与"铱星"等商用卫星并联。

法国"太阳神"监视卫星

"太阳神"卫星是法国第一代光学监视卫星，由"太阳神"1计划和"太阳神"2计划组成。

结构解析

"太阳神"1计划由2颗卫星和相应的地面设施组成。每颗卫星重约2.5吨，基于遥感卫星SPOT-4平台设计，但其光学成像系统和磁带记录仪的性能比SPOT-4卫星大为提高。"太阳神"2计划也包括2颗卫星，采用SPOT-5卫星相同的平台，重4.2吨。

基本参数	
制造商	阿斯特里厄姆
发射地点	库鲁
发射时间	1995年
全长	6米
全宽	3.4米
全高	3.7米

作战性能

"太阳神"1卫星运行在高约680千米、倾角98°的太阳同步圆形极地轨道上，地面分辨率为1米。与"太阳神"1卫星相比，"太阳神"2卫星提供了更高的分辨率、更强的成像能力、更多的图像、更快的图像获取和分发速度，更大的目标瞄准敏捷性，更新的情报资料，还具备一定的夜视成像能力。

德国 TerraSAR-X 雷达卫星

TerraSAR-X 是由德国研制的一款先进综合孔径雷达卫星系统，也是首颗由德国宇航中心和阿斯特里厄姆公司共同研制的卫星。

结构解析

TerraSAR-X 雷达卫星的太阳能电池阵列可提供 800 瓦的电量，X 波段综合孔径雷达天线安装在卫星侧面，能够提供不同模式的雷达数据。可观察天底点的卫星另一侧装有 1 个 S 波段通信天线，1 个 3.3 米长的吊杆作为综合孔径雷达数据下行链路天线，以及 1 个激光反射器用于精确的轨道测定。

基本参数	
制造商	阿斯特里厄姆
发射地点	拜科努尔
发射时间	2007 年
全长	5 米
全高	2.4 米

作战性能

TerraSAR-X 综合孔径雷达的点光源模式能够提供最高分辨率的图像数据，对于一个 10 千米 × 10 千米的图像，分辨率可达到 1 米像素。扫描综合孔径雷达模式在 100 千米宽的扫描带上可以传递 16 米分辨率。TerraSAR-X 的设计寿命至少为 5 年，运转周期是 11 天，穿过赤道交点的时间大约在格林威治时间下午 6 时。

德国 SAR-Lupe 侦察卫星

SAR-Lupe 侦察卫星是由德国研制的雷达侦察卫星，第一次发射在 2006 年 12 月进行，第二颗卫星在 2007 年 7 月 2 日发射。

结构解析

SAR-Lupe 卫星有 1 个固定的两用抛物面天线，可用于雷达观测和通信，还有一排侧装的太阳能电池阵列。整个系统包括 5 颗相同的卫星，发射这些卫星的时间间隔是半年。卫星在三个不同的轨道面飞行，这使得它们能够在从北纬 80°到南纬 80° 的范围内观测地球表面。

基本参数	
制造商	OHB
发射地点	普列谢茨克
发射时间	2006 年
全长	4 米
全宽	2 米
全高	3 米

作战性能

SAR-Lupe 卫星具有很高的空间分辨率，合成孔径雷达能够发现小到直径 50 厘米的物体。它也能以较低的分辨率形成较大的卫星扫描带，在各种气象或光线（白天或夜间）条件下，提供全球区域内的实时高清晰度图像。

意大利"西克拉尔"通信卫星

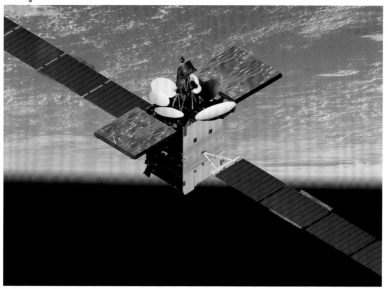

"西克拉尔"是意大利服役的第一颗军事通信卫星，为北约组织内的各国提供电信服务。

结构解析

"西克拉尔"为三轴稳定的卫星，载有两排太阳能电池阵列，能够提供 3.28 千瓦的电力。卫星上的 9 个转发器能够传送超高频、特高频和极高频波段的数据，能够转换星载数据波段，从而在世界范围内实现远距离安全通信。

基本参数	
制造商	阿尔卡特 - 阿莱尼亚
发射地点	库鲁
发射时间	2001 年
全长	4.9 米
全宽	2.8 米
全高	3.4 米

作战性能

"西克拉尔"卫星的设计寿命为 10 年，它将数据输送到意大利军方的固定和移动终端（其中也包括战斗机），为军方提供通信服务。此外，"西克拉尔"卫星同美国和欧洲其他卫星系统都有互操作性。

加拿大 Radarsat 雷达卫星

Radarsat 是由加拿大和美国合作完成的雷达卫星系统，由麦克唐纳 – 德特威尔联合有限公司及其合作单位负责建造并运行。

结构解析

Radarsat-1 携带新一代的遥感传感器 – 合成孔径雷达，能够在各种条件下拍摄图像。该卫星有 1 个长 15 米的合成孔径雷达天线和两个太阳能电池阵列，可产生 2.5 千瓦的电能。与 Radarsat-1 相似，

基本参数	
制造商	麦克唐纳 - 德特威尔
发射地点	范登堡
发射时间	1995 年
全长	1.5 米
全高	1.2 米

Radarsat-2 也提供 C 波段的合成孔径雷达数据，但它还有 1 个 3 米高分辨率的模式，1 个信号极化的全程模式，拥有优良的数据存储功能，以及对卫星位置、高度更精确的测量能力。

作战性能

作为提供地球表面图像的第一批商业雷达成像卫星中的一颗，Radarsat 使加拿大在地球观测方面处于领先地位。Radarsat 的设计寿命为 5 年，但实际运行时间已经大大超出。

韩国"阿里郎"多用途卫星

"阿里郎"卫星是韩国开发的一系列多用途的实用卫星,第一颗卫星"阿里郎"1号于1999年12月21日发射,最新的"阿里郎"2B号卫星于2020年发射。

结构解析

"阿里郎"1号的有效载荷包括地面分辨率为6.6米的CCD成像系统,以及用于海洋和地球资源监测的低分辨率摄像机。卫星上还搭载了测量地球电离层、磁场的设备,以及1部高能粒子探测器。"阿里郎"2号采用与"阿里郎"1号相似的设计,装备了1部由以色列提供的光学成像仪。"阿里郎"5号则装备1部由阿尔卡特-阿莱尼亚空间公司提供的合成孔径雷达成像仪。

基本参数	
制造商	阿尔卡特 - 阿莱尼亚
发射地点	奥德赛
发射时间	1999 年
全长	4 米
全宽	2 米
全高	2.2 米

作战性能

"阿里郎"2号能够在黑白模式下探测到直径为1米的目标,而在多光谱模式下的分辨率则为4米。"阿里郎"5号的雷达成像仪的地面分辨率达到1 ~ 3米。

韩国"韩星"通信卫星

"韩星"通信卫星是由韩国研制的通信卫星系统，目前正在工作的为"韩星" 5 号。

结构解析

"韩星" 5 号是基于阿尔卡特 - 阿莱尼亚航天公司的 4000 CI 平台设计制造的，其有效载荷为 36 个转发器，供卫星的共同拥有者韩国国防开发局和韩国电信公司使用。

基本参数	
制造商	阿尔卡特 - 阿莱尼亚
发射地点	奥德赛
发射时间	2006 年
全长	4 米
全宽	2 米
全高	2.2 米

作战性能

"韩星" 5 号是韩国第一颗商业和军事两用通信卫星，其 SHF 波段的 8 个通道和 4 个 KA 波段转发器能够保障韩国军方安全通信。

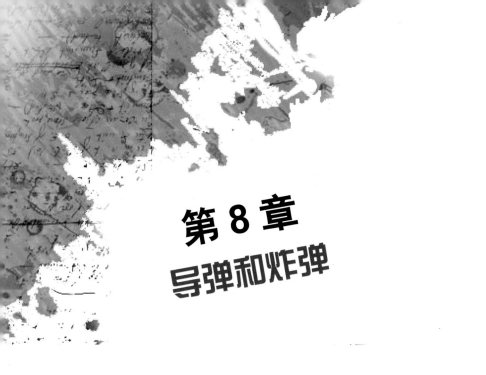

第8章
导弹和炸弹

导弹和炸弹是现代空军各式战机使用最多的机载武器，其包括空对空导弹、空对地导弹、反辐射导弹、空射巡航导弹、制导炸弹、集束炸弹、无导引炸弹、核弹等，在空战中起着至关重要的作用。

美国 AIM-4 "猎鹰" 空对空导弹

AIM-4 "猎鹰" 空对空导弹是由美国研制的一款短程空对空导弹，也是美军装备的第一种空对空导弹，于 1956 年开始服役。

结构解析

AIM-4 导弹采用圆柱形弹体、半球形天线罩，其中弹体为镁合金铸件，导弹头部靠后为 4 片梯形翼面，在弹体上呈十字形布局，也为镁合金制造，并覆盖了一层塑料薄膜。而弹尾则安装有 4 片方向舵，也呈十字形布局。AIM-4 导弹主要采用半主动雷达制导方式，采用比例引导方式。

基本参数	
全长	198 厘米
直径	16.3 厘米
翼展	50.8 厘米
总重	61 千克
最大射程	9.7 千米
最大速度	3 马赫

作战性能

作为世界上第一种服役的空对空导弹，AIM-4 导弹无疑具有划时代的意义，但是限于当时科技水平和空对空导弹设计经验的匮乏，加上项目设计初衷有问题（为轰炸机研制一种自卫武器），这决定了 AIM-4 导弹的总体设计相当失败。早期的 AIM-4 导弹有一个小型破片战斗部，重 3.4 千克，由于战斗部威力太小，其杀伤半径也很小，限制了 AIM-4 导弹的战术运用。更为严重的是 AIM-4 导弹的战斗部没有配备近炸引信，而且引信安装位置也不太合理。这两点使得 AIM-4 导弹必须采用直接撞击的办法才能杀伤目标。后期型号进行改进后，这些问题才得到缓解。

美国 AIM-7 "麻雀" 空对空导弹

AIM-7 "麻雀" 导弹是由美国雷神公司研制的一款中程空对空导弹，于 1956 年开始服役。

结构解析

"麻雀" 导弹的外形从初始型号到最终型号变化很大，以使用最为广泛的 AIM-7E/F/M 型为例，导弹为细长圆柱弹体，头部呈尖卵形，有 4 个全动式十字形三角弹翼位于弹体中部，4 个固定的三角形安定面位于弹体尾部。全动弹翼和安定面在弹身上的配置为串联 X-X 型。弹体内部从前到后依次为：雷达半主动导引头舱、自动驾驶仪舱、舵机舱、战斗部和引信保险执行舱，最后是火箭发动机舱。

基本参数	
全长	370 厘米
直径	20 厘米
翼展	81.3 厘米
总重	230 千克
最大射程	40 千米
最大速度	4 马赫

作战性能

作为第二代空对空导弹的代表，"麻雀" 导弹奠定了现代中程空对空导弹的基本设计布局：高弹径比使得弹体显得细长，减小了飞行阻力，使得导弹无须采用大推力发动机就能获得高速度和远航程；选择雷达半主动制导技术使得导弹在可靠性和命中精度之间获得了较好平衡。与其他半主动雷达制导的导弹相同，"麻雀" 导弹自身不发射雷达波，而是借由发射平台的雷达波在目标上反射的连续波信号导向目标。

美国 AIM-9"响尾蛇"空对空导弹

AIM-9"响尾蛇"导弹是由美国雷神公司研制的一款短程空对空导弹，于1956年开始服役。

结构解析

AIM-9"响尾蛇"导弹各个型号的结构并不相同，最新型号AIM-9X的外形与之前的型号有很大差异，它取消了原型导弹陀螺舵的设计，这是因为导弹内部已经有专门的姿态控制系统保证导弹飞行过程中不会发生自旋。AIM-9X的弹身细长，有4个很小的矩形尾翼。此外，AIM-9X采用了矢量控制系统，通过改变发动机尾喷口的喷气方向来控制导弹的飞行方向。

基本参数	
全长	285 厘米
直径	12.7 厘米
翼展	63 厘米
总重	91 千克
最大射程	18 千米
最大速度	2.5 马赫

作战性能

AIM-9导弹的大多数型号为红外线导引，只有AIM-9C为半主动雷达导引。AIM-9C之前的型号只能由目标的后方锁定攻击，使用上的限制比较大，而配备AIM-9C的战斗机就可以采取对头攻击。多数"响尾蛇"导弹采用了 Mk 36 无烟发动机作为动力系统，由于导弹飞行时没有明显的尾迹，敌机飞行员难以通过肉眼发觉。总体来说，"响尾蛇"导弹具有近距离格斗能力，能全方向、全高度、全天候作战。

美国 AGM-12 "犊牛犬" 空对地导弹

AGM-12 "犊牛犬" 是由美国于 20 世纪 50 年代研制的一款短程空对地导弹，被美国空军和海军同时采用。

结构解析

"犊牛犬" 导弹采用尖锥状弹头，圆柱形弹体。该导弹有两组控制翼面，第 1 组在弹体前部，位于粗细过渡段，共有 4 片，呈小三角形。第 2 组位于弹体后部，在底端略靠前位置上，也有 4 片，面积较大，前缘后掠，呈梯形翼面。

基本参数	
全长	410 厘米
直径	46 厘米
翼展	120 厘米
总重	810 千克
最大射程	19 千米
最大速度	1.8 马赫

作战性能

"犊牛犬" 导弹采用无线电指挥导引设计。飞行员先以目视标定目标，在发射导弹之后利用尾端的两个火焰信号作为追踪和调整的来源。"犊牛犬" 导弹的导引装置非常简单，发射用的飞机不需要特别改装，因此当时许多飞机，包括直升机在内都可以使用。然而，这种设计需要飞行员将自己、导弹与目标放在同一条直线上才能顺利瞄准与修正，在导引过程中，飞机不能进行回避动作。

美国 AGM-28 "猎犬" 空射巡航导弹

AGM-28 "猎犬" 空对地导弹是由北美航空公司研制的一款多用途超音速喷气动力空射巡航导弹，最初代号为 B-77，随后更改为 GAM-77，最终定为 AGM-28。

结构解析

AGM-28 导弹采用鸭式气动布局，装有小型三角弹翼。该导弹由 1 台普惠 J52-P-3 发动机驱动，安装在尾部弹身下方的吊舱内，使其外形与洛克希德 X-7 高速试验无人机十分相像。

基本参数	
全长	1295 厘米
直径	71 厘米
翼展	371 厘米
总重	4603 千克
最大射程	1263 千米
最大速度	2.1 马赫

作战性能

AGM-28 导弹安装的热核弹头是 W28 级核弹，可以产生 7 万吨到 145 万吨 TNT 当量的威力，可以设定为着地或在固定高度空爆。空爆可以用于攻击大片区域的软目标，地表接触起爆则用于攻击硬目标，如导弹基地或指挥控制中心。

美国 AIM-54 "不死鸟" 空对空导弹

AIM-54 "不死鸟" 导弹是由美国研制的一款主动雷达制导的远程空对空导弹,于 1974 年开始服役。

结构解析

"不死鸟" 导弹采用尖卵形弹头、圆柱形弹体,弹径较大,比一般空对空导弹粗大许多。该导弹采用了二组各 4 片控制翼面,第一组安装于弹体底端,矩形,尾端较小。第二组靠近第一组安装,三角形,弦长较大,翼展较小,前缘起点位于弹体中部。

基本参数	
全长	390 厘米
直径	38 厘米
翼展	90 厘米
总重	460 千克
最大射程	184 千米
最大速度	3.8 马赫

作战性能

"不死鸟" 导弹的使用范围广,可全天候使用,受自然环境影响小。该导弹射程远,能在各种高度上拦截战斗机、轰炸机和巡航导弹。"不死鸟" 导弹共有四种制导方式:连续数据半主动制导、采样数据半主动制导、主动制导和对干扰源寻的。在截击过程中,通常采用混合制导以达到最佳攻击效果。在攻击目标中,"不死鸟" 导弹具有三种发射方式:边跟踪边扫描发射、单目标跟踪发射、空战机动主动发射。

美国 AGM-65 "小牛" 空对地导弹

AGM-65 "小牛" 导弹是由美国研制的一款短程空对地导弹，于 1972 年开始服役。

结构解析

"小牛" 导弹的弹体为圆柱形，4 个三角形弹翼与尾舵为 X 形配置，动力装置为双推力单级固体火箭发动机。战斗部为穿甲爆破杀伤型，可采用四种发射架发射。由于采用了模块化舱段设计，"小牛" 导弹能根据作战要求，由不同的载机选择适用的导弹型号，所以具有全天候、全地形的作战使用能力。

基本参数	
全长	250 厘米
直径	30.5 厘米
翼展	71.9 厘米
总重	136 千克
最大射程	27 千米
最大速度	1 马赫

作战性能

"小牛" 导弹有电子制导、激光制导和红外热成像制导三种成像制导类型。电子制导适宜在晴朗的白天使用，当发现目标后，飞行员通过电视摄像机锁定的目标，发射并操纵导弹进行攻击；激光制导无论白天和黑夜都能使用，但在不良气象条件下（如雨天、雾天）使用效果不佳；红外热成像制导优点突出，具有全天候作战能力，在白天、黑夜、不良气象条件下和能见度低的战场环境中均能使用。

美国 AGM-86 空射巡航导弹

　　AGM-86 巡航导弹是由波音公司为美国空军研制的空射巡航导弹，主要由 B-52H 战略轰炸机携带并发射。

⟩ 结构解析

　　AGM-86 巡航导弹的外形如同一架小型飞机，弹体为上窄下宽的箱形，弹头为卵形。发动机进气口在弹体上方，采用两翼面加垂尾布局，弹体中部弹翼安装在弹体下方，尺寸较大，后掠明显，弹尾部弹翼尺寸较小，安装有垂直翼面。

基本参数	
全长	630 厘米
直径	62 厘米
翼展	370 厘米
重量	1430 千克
最大射程	2400 千米
最大速度	0.73 马赫

⟩ 作战性能

　　AGM-86 巡航导弹的体积小、高度低，雷达难以探测和跟踪。该导弹的射程达 1100 ~ 2400 千米，发射载机距离目标防区远，是防区外空中火力打击的主要力量。AGM-86 巡航导弹的威力大，精度也较高，圆概率误差为 30 米，战斗部也可加装非核电磁发生器，能准确打击并有效摧毁预定目标。AGM-86 巡航导弹的弱点在于速度低，容易被拦截。另外，打击运动目标效果差，作战效费比低于激光制导武器。

美国 AGM-88 "哈姆" 反辐射导弹

　　AGM-88"哈姆"导弹是由美国德州仪器公司研制的一款反辐射导弹，美国空军、海军和海军陆战队均有装备。

结构解析

　　AGM-88 导弹采用卵形弹头、柱形弹体。它拥有两组控制面，第一组位于弹体后部，4 片对称安装，前缘后掠，后缘平直，外端平行于导弹轴线。第二组位于弹体中部，4 片对称安装，前缘后掠角度由大变小，后缘垂直弹体。

作战性能

基本参数	
全长	417 厘米
直径	25.4 厘米
翼展	112 厘米
总重	360 千克
最大射程	150 千米
最大速度	1.8 马赫

　　AGM-88导弹作战使用时有三种方式，即自卫方式、攻击随机目标方式、预定攻击方式。该导弹射速高，射程远，可最大限度压缩敌方的反应时间。频带宽，可以攻击现役各种型号雷达。AGM-88 导弹有记忆功能，导引头锁定目标后，即使雷达关机，导弹自主式导引头仍能锁定并攻击目标。此外，AGM-88 导弹不受载机过载及机动限制。

美国 AGM-114 "地狱火" 空对地导弹

AGM-114 "地狱火" 是由洛克希德·马丁公司研制的一款空对地导弹，有 A、B、C、D、K、M、N、L 等多种型号。

结构解析

"地狱火" 导弹采用模块化设计，可根据战术需要和气象条件选用不同的制导方式，配备不同的导引头。弹体呈棍状，采用两组控制面。第一组位于弹体后部，4 片对称安装，径向长度较大，前端有切角，翼展不大。第二组位于弹体前部，尺寸较小，呈方形。头部有激光束接收窗口，可见内部装置。

基本参数	
全长	160 厘米
直径	17.8 厘米
翼展	33 厘米
总重	49 千克
最大射程	8 千米
最大速度	1.3 马赫

作战性能

"地狱火" 导弹具有发射距离远、精度高、威力大等优点，采用激光制导，抗干扰能力强，需要目标照射保障。该导弹可以全天候使用，能在战场上的烟尘、雨雾环境中锁定目标。载机发射 "地狱火" 导弹后，行动不会受到限制，可以立刻回避敌人攻击。

美国 AIM-120 "监狱" 空对空导弹

AIM-120 "监狱" 空对空导弹是由美国休斯飞机公司研制的一款主动雷达导引中程空对空导弹，于 1991 年开始服役。

结构解析

AIM-120 导弹广泛应用了 20 世纪 70 年代以来美国在结构材料、制导和控制、雷达技术、固态电子学、高速数字计算机等领域所取得的成果。它采用大长细比、小翼展、尾部控制的正常式气动外形布局，各个型号的外形略有差异。

基本参数	
全长	370 厘米
直径	18 厘米
翼展	53 厘米
总重	152 千克
最大射程	180 千米
最大速度	4 马赫

作战性能

AIM-120 导弹具有全天候、超视距作战的能力，它比美国以往的空对空导弹飞得更快，弹体更小、更轻，也更能有效地对付低空目标。一旦接近目标，AIM-120 导弹将会启动自身的主动雷达来拦截目标。这种称为"射后不管"的功能，让驾驶员无须持续地以雷达锁定敌机，也让驾驶员能同时攻击数个目标，并在导弹锁定敌人后进行回避动作。

美国 AGM-130 空对地导弹

AGM-130 导弹是由罗克韦尔公司在其为美国空军研制的 GBU-15 制导炸弹基础上发展的防区外空对地导弹，用来攻击敌方严密设防的坚固目标。

结构解析

AGM-130 导弹采用了与 GBU-15 炸弹完全相同的气动外形布局，即采用 GBU-15 的全套空气动力组件，弹体前部有 4 片固定式梯形前翼，弹体尾部有 4 片较大的矩形弹翼，每片弹翼后缘各带有 1 片控制舵面，弹体呈圆柱形，头部呈半球形，发动机吊挂在弹体下方。

基本参数	
全长	390 厘米
直径	46 厘米
翼展	150 厘米
重量	1323 千克
最大射程	75 千米
最大速度	亚音速

作战性能

AGM-130 导弹可选用的战斗部有三种。第一种是 Mk 84 炸弹，壳体较薄，属爆破杀伤型。第二种是 Suu-54 子母弹箱，内装 396 枚 BLU-97/B 复合效应小炸弹或混合装备 15 枚 BLU-106/B 带推力动能破甲炸弹和 75 枚 HB876 型杀伤地雷。第三种是 I-2000 战斗部，用 BLU-109/B 炸弹制成，弹壳很厚，弹头尤为坚固，在接触角为 60° 时可穿透 2.4 米厚的水泥板。

美国AIM-132"阿斯拉姆"空对空导弹

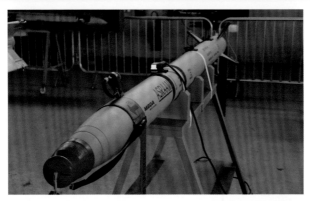

AIM-132"阿斯拉姆"(ASRAAM)导弹由欧洲导弹集团设计，与美国联合生产，也被称为先进近距空对空导弹。

结构解析

AIM-132导弹采用无弹翼、升力弹体和尾翼控制气动外形布局，4片切梢三角形控制舵面位于弹体尾部，沿弹体方向配置了3个弹耳。弹体采用模块式舱段结构，从前到后分为4个舱段：导引头舱，内有位标器、传感器、制冷装置和结构组件；电子和引信战斗部舱，内装电子器件和电源、近炸引信、战斗部和结构组件；固体火箭发动机舱；舵机舱。

基本参数	
全长	290 厘米
直径	16.6 厘米
翼展	45 厘米
总重	88 千克
最大射程	50 千米
最大速度	3 马赫

作战性能

AIM-132导弹采用由美国休斯公司研制的红外成像导引头和数字式信号处理技术，使导弹具有很强的抗人工红外干扰和瞄准目标要害部位的能力，以获得较高的命中概率。同时，采用英国研制的主动激光引信，并采用德国研制的带有综合触发引信和保险执行机构的高爆杀伤战斗部，以及包括光纤陀螺和固态加速度计在内的惯性测量装置，使导弹具有发射前或发射后锁定目标，实施全向攻击的能力。

美国 AGM-154 联合防区外武器

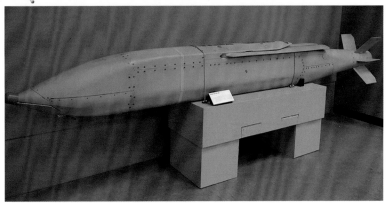

AGM-154 联合防区外武器 (Joint Standoff Weapon，JSOW) 是雷神公司研制的中程投掷滑翔制导炸弹，主要用于打击防空设施。

结构解析

　　AGM-154 弹体头部为锥形、中部为箱形，至弹体后部，主尺寸逐渐收缩。弹尾翼有 6 片，呈花瓣形排列，整体似一艘缩小的潜艇。A 型为基本型，装有 154 个 BLU-97/B 子弹药，既能杀伤人员、破坏装备，又具有一定的穿甲能力，采用惯性制导加 GPS 制导。B 型为反装甲型，内装有 6 个 BLU-108/B 分子炸弹药，每个子弹又含有 4 个小炸弹。每个小炸弹都带有红外制导，其战斗部为聚能定向装药，能穿透坦克装甲，采用惯性制导加 GPS 中段制导方式。

基本参数	
全长	410 厘米
直径	33 厘米
翼展	270 厘米
重量	497 千克
最大射程	130 千米
最大速度	亚音速

作战性能

　　AGM-154 的射程远，杀伤力强。低空投掷时的最大射程为 22 千米，高空投掷时最大射程可达 130 千米。该制导炸弹采用模块化设计，可使用各种子弹药、一体化战斗部和装载非杀伤载荷。该制导炸弹拥有发射后不管的能力，子弹药为末敏弹，能自行寻的攻击。

美国 AGM-158 联合空对地防区外导弹

AGM-158 联合空对地防区外导弹 (Joint Air-to-Surface Standoff Missile, JASSM) 是由洛克希德·马丁公司研制的空射巡航导弹，主要用于精确打击敌方严密设防的高价值目标。

结构解析

AGM-158 导弹采用涡轮喷射发动机，可使用爆破杀伤弹和穿甲弹等多种类型的战斗部，采用惯性制导加 GPS 中段制导与红外成像制导，并可进行攻击效果评定。该导弹加装了抗干扰模块，能在对 GPS 干扰的环境下使用，并大量采用隐形技术，具有全天候作战能力。

基本参数	
全长	427 厘米
直径	55 厘米
翼展	240 厘米
重量	1021 千克
最大射程	1000 千米
最大速度	亚音速

作战性能

AGM-158 是目前世界上最先进的巡航导弹之一，具有精确打击和隐形突防能力，可攻击固定和移动目标，并具有大面积杀伤能力。美国空军计划在未来战争中首先使用该导弹，用于摧毁敌方防空系统和指挥控制系统，然后由轰炸机等作战飞机携带较便宜的联合直接攻击弹药实施进一步打击。

美国 AIM-260 联合先进战术导弹

AIM-260 联合先进战术导弹是美国于 2017 年开始研发的主动雷达导引空对空导弹，于 2021 年开始测试，并于 2022 年实现初始作战能力。

结构解析

在动力系统方面，AIM-260 导弹没有选择使用冲压式火箭发动机，而是继续使用 AIM-120"监狱"空对空导弹的固体火箭发动机。美国尚未公布 AIM-260 导弹的布局结构，但其外形、尺寸与 AIM-120 导弹估计不会有太大区别。不过，为了改进飞行性能，导弹直径可能会加大，质量也会有一定提升。

基本参数	
最大射程	200 千米
最大速度	5 马赫

作战性能

AIM-260 导弹将采用红外 / 雷达 / 双向数据链复合制导，还将具有较强的抗电子干扰和自动搜索目标能力，虽然射程大幅增加，但是导弹体积不会变得很大，应能装进 F-22"猛禽"战斗机与 F-35"闪电 II"战斗机的机腹弹舱内，以具备让先进战斗机携载的能力。AIM-260 联合先进战术导弹计划先与美国空军的 F-22"猛禽"战斗机以及美国海军的 F/A-18E/F"超级大黄蜂"战斗 / 攻击机整合，接着再部署于 F-35"闪电 II"战斗机。

美国 GBU-15 激光制导炸弹

　　GBU-15 炸弹是由罗克韦尔公司研制的空对地激光制导炸弹，于 1975 年开始服役。

结构解析

　　GBU-15 炸弹的原理是将新的模块式尾翼和头部组件固定在 900 千克的 Mk 84 普通炸弹上。该组件还能装配在其他炸弹甚至是集束弹药上。GBU-15 炸弹的头部带有三角形弹翼，尾部有较大的梯形尾翼，尾翼呈十字形在弹体周围排列，因此有时也将 GBU-15 炸弹称为"十字形武器"。

基本参数	
全长	390 厘米
直径	47.5 厘米
翼展	150 厘米
弹头重量	910 千克
最大射程	28 千米
最大投放高度	9 千米

作战性能

　　GBU-15 炸弹是一种使用灵活（导引头模块可以交换），命中精度高，可远距离投放的精确制导武器。使用 Mk 84 的 GBU-15 炸弹具备"投放后不管"的功能，还可通过 AN/AXQ-14 或较新的 ANZSW-1 数据链进行指令制导。数据链制导使飞机可以在阴雨云层上投放炸弹，在能见度很差的云层中使用指令制导，穿出云层后再利用光电制导系统锁定目标。

美国"铺路"激光制导炸弹

　　"铺路"系列炸弹是由美国于 20 世纪 60 年代中期研制的精确打击武器，至今已发展了三代。目前，GBU–10C/D、GBU–12C、GBU–24、GBU–27 和 GBU– 28 等型号仍在美国空军服役。

结构解析

　　"铺路"炸弹各种型号在结构上基本相似，都是由 Mk 82、Mk 83、Mk 84 或 BLU–109、BLU–113 等普通航空炸弹加装制导装置和稳定尾翼改造而成，且都采用半主动激光制导，因此具有较高的命中精度。

基本参数	
全长	566 厘米
直径	38.8 厘米
翼展	170 厘米
重量	2268 千克
最大射程	9 千米

作战性能

　　"铺路"系列激光制导炸弹与其他精确制导弹药相比，最明显的优势就是价格低，激光制导炸弹是最廉价的精确制导武器之一。从成本上来看，虽然一枚激光制导炸弹是普通炸弹的 3 ~ 4 倍，但是从效费比来看，反倒比普通炸弹要高。"铺路"系列的命中精度达到了 1 米以内，射程最远的超过了 15 千米。

美国 GBU-39 小直径炸弹

GBU-39 小直径炸弹是由波音公司研制的导引炸弹，美国空军于 2006 年 10 月在伊拉克首次使用了这种炸弹。

结构解析

GBU-39 小直径炸弹的外形细长，壳体采用硬度极高的材料制造，并采用了先进的抗干扰全球卫星定位系统 (GPS)/ 惯性导航系统 (INS) 制导装置。大多数美国空军战机可以在原挂载 BRU-61/A 挂架处，装设一组 4 枚的小直径炸弹投射器。

基本参数	
全长	180 厘米
翼展	19 厘米
命中精度	5 米
总重	130 千克
弹头重	93 千克
最大射程	110 千米

作战性能

GBU-39 是一种低成本、高精确度和低附带毁伤的小直径炸弹，其命中精度一般小于 5 米。测试证实，GBU-39 可穿透至少 90 厘米的钢筋混凝土，可用于恶劣天气，并可在 110 千米的敌防空区外投掷。该炸弹配备可由驾驶员座舱选择装定时间的电子引信，该引信具有空爆、触发或延期起爆功能。由于 GBU-39 炸弹体积小、重量轻，所以每架战机可携带更多的该弹，每个飞行架次较以往攻击的目标更多。

美国 GBU-43/B 大型空爆炸弹

　　GBU–43/B 大型空爆炸弹 (Massive Ordnance Air Blast bomb，MOAB) 是由美国制造的非核子重型炸弹，也被称为"炸弹之母"，于 2003 年开始服役。

结构解析

　　"炸弹之母"使用 8480 千克 H–6 装药作为它的高爆装填物。H–6 是美军使用的一种强力炸药，为黑索金、三硝基甲苯和铝的一个易爆组合。"炸弹之母"的体积和重量巨大，必须从像 C–130 或 C–17 运输机之类的大型飞机投放。

基本参数	
全长	917 厘米
直径	102.9 厘米
装药量	8480 千克
总重	9450 千克
爆炸当量	11 000 千克

作战性能

　　"炸弹之母"可将半径 300～500 米的氧气燃烧到只有原来 1/3 的浓度。该炸弹由全球定位系统引导，并且使用降落伞投放，与美国早期的炸弹相比，它可以在更高的地方投下，准确性也更高。虽然"炸弹之母"的作用经常被与核武器比较，但它的威力只有"小男孩"原子弹的千分之一。

美国 Mk 20 "石眼" Ⅱ型集束炸弹

　　Mk 20 "石眼" Ⅱ型集束炸弹是由霍尼韦尔公司研制的大面积反坦克子母弹，也被称为 CBU−100 集束炸弹，主要用于攻击暴露状态下的装甲目标和人员。

结构解析

　　Mk 20 集束炸弹的弹箱为圆柱形，头部为半球形，并有花状凸出物，弹尾有 4 片控制面。Mk 20 集束炸弹的子弹药为 Mk 118 双用途子弹药，头部为前粗后细的锥形装药，尾翼为箭形。Mk 20 集束炸弹的抛投方法与其他炸弹一样，不受限制。

基本参数	
长度	233 厘米
直径	33.5 厘米
翼展	43.7 厘米
重量	222 千克
穿透力	800 毫米
杀伤面积	4800 平方米

作战性能

　　Mk 20 集束炸弹维护简便，易于保存。该炸弹的杀伤范围较大，其战斗部为 247 枚 Mk 118 双用途子弹药，每枚子弹药重 0.63 千克，装药 0.18 千克。Mk 20 集束炸弹的破甲能力强，子弹药以高速冲击装甲目标顶部，可击穿 80 毫米钢甲。面对岩石时的穿透力为 156 毫米，面对土壤时的穿透力则可达到 800 毫米。

美国 Mk 80 系列低阻力通用炸弹

Mk 80 炸弹是一种无导引装填传统炸药的空用炸弹，全名为低阻力通用炸弹 (LDGP)，主要有 Mk 81、Mk 82、Mk 83、Mk 84、BLU-110、BLU-111 和 BLU-126 等型号。

结构解析

Mk 81 是 Mk 80 系列炸弹中最小最轻的一种，现已不再使用；Mk 82 名义上重量是 227 千克，但实际重量则视不同的造型而有差异；Mk 83 名义上重量为 460 千克，实际重量也

基本参数（Mk 84 炸弹）	
长度	328 厘米
直径	45.8 厘米
弹头重量	429 千克
重量	925 千克

视不同的造型而有差异；Mk 84 是 Mk 80 系列炸弹中最大最重的一种，昵称为"铁锤"；BLU-110 是内装 PBXN-109 热不敏感性炸药的 Mk 83，BLU-111 是装填 PBXN-109 热不敏感性炸药的 Mk 82，BLU-126 则是在 BLU-111 炸弹中加入非爆炸性填充物。

作战性能

Mk 80 系列炸弹的主要特点是弹体细长，弹道性能好。同时，由于其气动外形由高阻力发展为低阻力，使航空炸弹得以由作战飞机炸弹舱内挂方式发展为外挂方式，从而进一步扩大了航空炸弹的使用范围，为战术攻击飞机实施高速突防轰炸，提供了适宜的进攻武器。

美国联合直接攻击弹药

联合直接攻击弹药 (Joint Direct Attack Munition，JDAM) 是由波音公司研制的一种空投炸弹配件，主要有 GBU-31、GBU-32、GBU-35、GBU-38 和 GBU-54 等型号，其中美国空军除 GBU-35 外均有装备。

结构解析

联合直接攻击弹药装在由飞机投放的传统炸弹上，将本来无控的传统航空炸弹转变为可控并能在恶劣气象条件下使用的精确制导武器。美军以现役 Mk 80 系列炸弹为基础，加装了使用惯性制导和全球卫星定位系统的套件。

基本参数	
全长	389 厘米
翼展	64 厘米
总重	907 千克
最大射程	28 千米

作战性能

联合直接攻击弹药的制导功能是由炸弹尾翼控制附件以及全球定位系统或惯性导航系统提供，与美军多种军用飞机的火控系统相容。联合直接攻击弹药的单价约 2 万美元，装配了联合直接攻击弹药的炸弹重量一般在 227 ~ 907 千克。在全球定位系统的辅助下，联合直接攻击弹药的圆概率误差可达到 13 米（美军测试标准）。

美国 B61 核弹

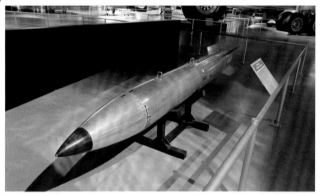

　　B61 核弹是由美国洛斯阿拉莫斯国家实验室研制的战略 / 战术核弹，可由 F-16 战斗机、F-35 战斗机、B-1 轰炸机、B-2 轰炸机等飞机投放。

结构解析

　　B61 核弹主要分为四个部分，第一部分是钻地头子组件，包括一个双信道雷达空爆引信和两个压电晶体撞击引信和用于低空投射的冲击缓冲材料；第二部分是弹头核心子组件，装载真正热核弹头的

基本参数	
长度	356 厘米
直径	33 厘米
翼展	57 厘米
重量	320 千克

"硬壳"，用聚氨酯垫层密封和保持干燥，以支撑弹头并防止撞击；第三部分是后部子组件，包括飞行前保险控制、引信选择开关、安全分离调节仪，以及稳定自由降落武器的旋转火箭；第四部分是尾翼子组件，包括弹翼、后部弹体结构、带开伞装置的降落伞及投弹装置。

作战性能

　　B61 核弹投放后的爆炸范围超过 500 千米，爆炸中心直径 4 千米内永久性无法生存，爆炸直径 100 千米内会遭到毁灭性打击。B61 核弹的最新型号为 B61 Mod 11，是一种反碉堡钻地核弹，于 1997 年开始服役。之后，美国空军对 B61 Mod 11 进行了升级，为其加装了联合直接攻击弹药所使用的制导组件用以提高命中精度。

苏联 K-5 空对空导弹

　　K-5 空对空导弹是苏联于 20 世纪 50 年代自行研制并大量装备部队的第一种空对空导弹，北约代号为 AA-1"碱"。

结构解析

　　K-5 导弹采用鸭式气动布局，由 5 个舱段组成，前部有 4 个舵面，后部有 4 个三角形弹翼。动力装置为单级固体火箭发动机，制导方式为雷达波束制导。在导弹飞向目标期间，需机载火控雷达始终照射目标。

基本参数	
全长	250 厘米
直径	20 厘米
翼展	65.4 厘米
总重	82.7 千克
最大射程	6 千米
最大速度	800 米／秒

作战性能

　　作为雷达型空对空导弹，K-5 导弹具有全天候作战能力。不过，它必须与载机的火控雷达配合工作，不具有"发射后不管"的能力。同时，受当时技术水平的限制，机载雷达和导弹本身的性能很差，如米格 -17 的机载雷达作用距离不超过 10 千米，而导弹的作战高度受地杂波影响不低于2000 米，载机只能从尾后攻击机动性差的敌方轰炸机，不能满足现代空战的需要。

苏联 K-13 空对空导弹

K-13 导弹是由苏联研制的第一种红外线导引空对空导弹，北约代号为 AA-2"环礁"。该导弹于 1960 年开始服役，苏联军方给予的代号为 K-13、R-3 和 R-13。

▶ 结构解析

K-13 导弹采用鸭式气动外形布局，由 5 个舱段组成。第一舱为被动式红外导引头舱，第二舱为能源系统舱，第三舱为战斗部舱，第四舱为红外近炸引信舱，第五舱为火箭发动机舱。4 片稳定弹翼固定在第五舱后部外表面，与 4 片控制舵面串列配置。

基本参数	
全长	283 厘米
直径	12.7 厘米
翼展	63.1 厘米
总重	90 千克
最大射程	35 千米
最大速度	2.5 马赫

▶ 作战性能

K-13 导弹是苏联早期外销最广，实战经验最多的空对空导弹之一。其第一种生产型只能在目标尾部很小的范围才能锁定，性能不如美国 AIM-9"响尾蛇"导弹。改进型 K-13R 变为半主动雷达导引，可攻击的角度也扩大为全向位，不受只能攻击尾部的限制。最后一种型号 K-13M 的弹体长度比早期型短，但火箭发动机能提供两倍的推力。此外，K-13M 还能够对付发出高热量的小型地面目标。

苏联 K-8 空对空导弹

K-8 导弹是由苏联于 20 世纪 60 年代初研制的中程空对空导弹，北约代号为 AA-3 "阿纳布"。

结构解析

K-8 空对空导弹是一种既可安装半主动雷达导引头，也可以使用红外导引头的空对空导弹。该导弹采用鸭式气动外形布局，4 片小切梢三角形控制舵面装在弹头后部，4 片大切梢三角形弹翼装在弹体后部，4 片弹翼后缘各带有 1 个横滚稳定片。

基本参数	
全长	430 厘米
直径	28 厘米
弹头重量	40 千克
总重	292 千克
最大射程	23 千米
最大速度	2 马赫

作战性能

K-8 空对空导弹采用半主动雷达制导时，有效射程主要受导引头接收目标回波灵敏度的限制。该系列导弹采用模块化舱段结构，通过互换导引头的办法，可在半主动雷达型基础上发展为被动红外型，但由于受当时红外器件性能限制，早期的被动红外型仅可用于尾追攻击。

苏联 R-4 空对空导弹

R-4 导弹是由苏联研制的大型空对空导弹，北约代号为 AA-5 "灰"，于 1963 年开始服役。

结构解析

R-4 导弹采用正常式气动外形布局，两对弹翼和舵面分别位于相互垂直的两个平面内，呈 X-X 配置。弹体采用模块化结构，分为 4 个舱段：第一舱为导引头；第二舱为引信战斗部；第三舱为固体火箭发动机；第四舱为控制部分。

基本参数	
全长	544 厘米
直径	31 厘米
弹头重量	53 千克
总重	492.5 千克
最大射程	25 千米
最大速度	1.6 马赫

作战性能

R-4 导弹的模块化设计保证了它在舱段结构上具有互换性，通过雷达导引头、红外导引头，以及雷达引信、光学引信等不同部件的互换来满足不同的作战使用要求。该导弹是当时现役空对空导弹中最大的一种，能够对飞行高度 8 ~ 21 千米、位于载机下方 7 ~ 8 千米、飞行速度达 2000 千米 / 时、侧向机动过载不超过 2G 的空中目标进行攻击，其较大的战斗部足以确保一发导弹命中即可击毁目标。

俄罗斯 R-40 空对空导弹

R-40 导弹是由苏联于 20 世纪 60 年代为米格 -25 战斗机研制的远程空对空导弹，北约代号为 AA-6 "毒辣"。

结构解析

R-40 导弹采用与 K-5 导弹和 K-8 导弹相同的鸭式气动外形布局，4 片小切梢三角形控制舵面装在弹头后部，4 片大切梢三角形弹翼装在弹体后部。在结构上也采用舱段布局，从前到后为：导引头、舵机和能源、战斗部和引信、主发

基本参数	
全长	622 厘米
直径	31 厘米
弹头重量	70 千克
总重	461 千克
最大射程	80 千米
最大速度	5 马赫

动机、助推发动机和指令接收装置。该导弹采用两级式固体火箭发动机，主发动机在前，两个排气喷口位于发动机舱后部的弹体两侧，与相邻弹翼的后缘平齐。助推发动机舱位于弹体后部，用于导弹发射时使之加速。

作战性能

R-40 导弹使用的导引头有半主动雷达和红外两种，可在地面互换。该导弹专门用于拦截高空目标，它可以攻击飞行高度 30 千米、飞行速度 3500 千米 / 时的目标。

俄罗斯 R-23 空对空导弹

R-23 导弹是由苏联研制的中程空对空导弹，北约代号为 AA-7 "顶点"，于 1974 年开始服役。

结构解析

R-23 导弹采用带固定式小前翼的正常式气动外形布局，即 4 片小切梢三角形安定面装在弹体前部，4 片大切梢三角形弹翼固定安装在弹体中部，4 片小后斜切梢舵面安装在弹体尾部。这种气动外形布局使 R-23 导弹获得了较大的横向

基本参数	
全长	450 厘米
直径	22.3 厘米
弹头重量	25 千克
总重	222 千克
最大射程	35 千米
最大速度	3 马赫

过载，有利于提高末端攻击时的机动性。此外，舵面可差动偏转，起横滚稳定作用。

作战性能

由于 R-23 导弹是专门为前线战术空军战斗机与敌方战斗机实现中距空战而设计，所以其与专门为拦击敌轰炸机而设计的雷达型中距空对空导弹有显著区别，既要求体积小、重量轻，还要求过载大、稳定性好。R-23 导弹的机动性能较好，射程也较远，但其较相同类型导弹最大速度较低，只达到了 3 马赫。

俄罗斯 R-60 空对空导弹

R-60 空对空导弹是苏联为了配合米格-23 战斗机而研制的红外线导引短程空对空导弹，北约代号为 AA-8"蚜虫"，于 1974 年开始服役。

结构解析

R-60 导弹采用双鸭式气动布局，头部有 4 片矩形固定鸭翼，其后有 4 片三角形活动舵面，尾部有 4 片三角形切梢弹翼，每片弹翼后缘各有 1 个横滚稳定用的陀螺舵。双鸭式气动布局有利于提高导弹的升力，头部的四片固定鸭翼起反安定面作用，提高导弹的机动性。

基本参数	
全长	209 厘米
直径	12 厘米
翼展	39 厘米
总重	43.5 千克
最大射程	8 千米
最大速度	2.7 马赫

作战性能

R-60 导弹采用短程空对空导弹最常用的红外线导引，最初只能锁定在飞机后方，后来推出了可以全方位锁定的型号。该导弹重量轻，几乎当时所有服役的苏式战机都可携带，但缺点是战斗部的装药量较少，即使命中敌机也不能保证把敌机击落。

俄罗斯 R-33 空对空导弹

R-33 空对空导弹是由苏联研制的一款远程空对空导弹，北约代号为 AA-9 "阿摩司"，于 1982 年开始服役。

结构解析

R-33 导弹有四片切梢三角形弹翼和四片矩形尾翼，内部结构分为五个舱段：雷达天线罩、制导和引信、战斗部、发动机、控制舵机。

作战性能

基本参数	
全长	414 厘米
直径	38 厘米
翼展	112 厘米
总重	490 千克
最大射程	120 千米
最大速度	4.5 马赫

R-33 导弹主要作为米格 -31 战斗机的主力武器，类似于美国 F-14 战斗机和 AIM-54 "不死鸟" 导弹的组合。与 AIM-54 导弹的主动雷达导引不同，R-33 导弹为半主动雷达导引，因此射程较短，但配合米格 -31 战斗机的相控阵雷达，仍能有效摧毁低飞的战略轰炸机、巡航导弹或者在高空飞行的战略侦察机。

俄罗斯 R-27 空对空导弹

R-27 空对空导弹是由苏联研制的一款半主动雷达制导中远程空对空导弹，北约代号为 AA-10 "白杨"，于 1983 年开始服役。

结构解析

R-27 导弹的外形极具特色，弹体中段的四片倒梯形弹翼构成主要的控制面，搭配寻标头段的四片梯形稳定翼和弹体末段的四片固定式双三角尾翼。各型 R-27 导弹均安装有 1 个重 39 千克的延伸杆状弹头和主动无线电近爆引信，其中 R-27EM 为了提高对低空目标的猎杀能力，引信位置改在了控制翼的后方。

基本参数	
全长	408 厘米
直径	23 厘米
翼展	77.2 厘米
总重	253 千克
最大射程	130 千米
最大速度	4.5 马赫

作战性能

R-27 导弹可由苏-27、苏-30、苏-35、米格-23、米格-29、雅克-141 和 T-50 等多种战斗机发射。无论配备哪种寻标头，R-27 发射初期均以惯性飞向目标，中段导引则以资料链对弹道进行修正，末段制导由导弹寻标头进行控制，能有效攻击飞行高度在 20 米至 27 千米高度的目标。

俄罗斯 R-73 空对空导弹

R-73 空对空导弹是由苏联研制的短程空对空导弹，北约代号为 AA-11 "箭手"，于 1982 年开始服役。

结构解析

R-73 导弹采用鸭式气动布局，弹翼上采用了稳定副翼，弹翼前采用了前升力小翼，弹翼和舵面位置呈 X 形。

作战性能

R-73 导弹可由苏-24、苏-25、苏-27、米格-21、米格-23、米格-29 等战机携带，也可由米-24、米-28 和卡-50 等直升机发射。该导弹采用红外线导引，配有 1 台低温冷却式的寻标器，真正具有"离轴攻击"的能力。寻标器可以追踪距导弹中心轴上 60°角的目标。它可由配戴头盔瞄准具的飞行员以目视的方式锁定目标，最小的攻击范围约 300 米，在同一高度下最大射程达 30 千米。

基本参数	
全长	293 厘米
直径	16.5 厘米
翼展	51 厘米
总重	105 千克
最大射程	30 千米
最大速度	2.5 马赫

俄罗斯 R-77 空对空导弹

R-77 空对空导弹是由俄罗斯研制的中程空对空导弹，北约代号为 AA-12 "蝰蛇"，于 1994 年开始服役。

结构解析

R-77 导弹采用主动雷达导引，其中途导引为惯性加指挥修正资料链，导弹资料链和发射平台之间的传送距离最远为 50 千米，当接近目标至 20 千米时，R-77 导弹自带的主动雷达就会开启，导引 R-77 导弹追踪目标。该导弹在外观

基本参数	
全长	371 厘米
直径	20 厘米
翼展	35 厘米
总重	190 千克
最大射程	110 千米
最大速度	4 马赫

上最大的特点是网状尾翼，这种设计在苏联弹道导弹上早有运用，能让 R-77 导弹适应 12G 的高机动性动作。

作战性能

R-77 导弹可供苏-35、米格-29 和 T-50 等战斗机使用，有全天候和 "射后不理" 的攻击能力，还有一定的抗电子干扰能力，其自带的主动雷达可以发现最远在 20 千米处、雷达反射波面积为 5 平方米的空中目标。

俄罗斯 R-37 空对空导弹

R-37 导弹是由苏联研制的远程空对空导弹，北约代号为 AA-13 "箭"，主要用于远程攻击情报、侦察和监视平台，以及信息战 / 电子战平台。

▶ 结构解析

R-37 导弹的弹体中部安装了大型导流片来提高导弹的升力，尾翼可折叠。该导弹采用玛瑙设计局的 9B-1388 主动导引头，能在 40 千米外攻击 5 平方米大小的目标。

基本参数	
全长	420 厘米
直径	38 厘米
翼展	70 厘米
总重	600 千克
最大射程	398 千米
最大速度	6 马赫

▶ 作战性能

R-37 导弹现在装备到了俄罗斯米格 -31BM 改进型截击机和出口至叙利亚的米格 -31 战斗机上。该导弹的射程根据飞行剖面不同而不同，直接攻击时射程为 148 千米，以巡航滑行剖面飞行时射程为 398 千米。在 1994 年的一次试验时，导弹击中了 300 千米以外的目标，创下远程导弹的攻击距离纪录。

俄罗斯 KAB-500L 制导炸弹

KAB-500L 制导炸弹是由苏联于 20 世纪 70 年代研制的激光制导炸弹，目前仍服役于俄罗斯空军。

结构解析

KAB-500L 制导炸弹由风标式半主动激光寻的器、电子引信、控制系统部件、弹药、涡轮发动机、控制面气动装置、固定式尾翼等组成。它的整体外形与美制"铺路"炸弹相似，其激光寻标套件能用来修改自由落体炸弹，但 KAB-500L没有"铺路"的弹体前、后大型稳定控制翼，运动路径由尾翼的控制面控制。

基本参数	
全长	305 厘米
直径	40 厘米
翼展	70 厘米
总重	525 千克
装药量	450 千克
投掷高度	500 米

作战性能

KAB-500L 制导炸弹是苏联装备的第一种激光制导炸弹，具有射程远、命中精度高、威力大的优点，并具备较强的抗电子干扰能力。KAB-500L制导炸弹在普通气象条件下捕获目标率高，但遇到雨、雾、灰尘等障碍时的命中精度有所降低。

俄罗斯 KAB-500KR 制导炸弹

KAB-500KR 制导炸弹是苏联军队于 20 世纪 80 年代初期开始装备的一款制导炸弹，由俄罗斯比姆派尔设计局在 KAB-500L 基础上改进而来。

结构解析

KAB-500KR 制导炸弹是以重 350 千克的自由落体穿透炸弹为主体，换装电视导引寻标头，再整合弹尾控制而制成的精确导引武器。KAB-500KR 较修长的弹体前段装有 4 片小型稳定翼，4 片尾翼装有控制面可控制炸弹的运动方向，其电视导引寻标头装有大型光罩，是其外形的一大特色。

基本参数	
全长	305 厘米
直径	40 厘米
翼展	85 厘米
总重	520 千克
最大速度	9 千米／时

作战性能

KAB-500KR 制导炸弹的电视导引寻标头在选定目标后可自动予以锁定，若攻击隐蔽性目标，投弹员只需在投弹前将参考点标定在机上的电视显示屏上即可。若载机挂载有电视接收标定吊舱，炸弹也能以电视导引指挥模式攻击目标。KAB-500KR 制导炸弹的投弹高度在 500 ～ 5000 米，命中精度约 4 米。

英国"火闪"空对空导弹

　　"火闪"导弹是由英国自行研制并装备部队使用的第一种空对空导弹，也是英国第一种短程雷达型空对空导弹，于 1955 年开始服役。

结构解析

　　"火闪"导弹采用独特的外形结构，即在无动力、非制导弹体上，加装 2 台相连的固体火箭助推器，通过连接支架将 2 台固体火箭助推器固定到弹体头部。

作战性能

基本参数	
全长	283 厘米
直径	15.2 厘米
翼展	71.4 厘米
总重	150 千克
最大射程	3.1 千米
最大速度	2 马赫

　　"火闪"导弹性能落后，发射时必须由载机雷达对目标进行跟踪照射，限制了载机的机动性，不能满足现代空战的需要。因此，"火闪"导弹很快就被英国新研制的空对空导弹取代，仅供训练使用。

英国"火光"空对空导弹

"火光"导弹是由英国自行研制并装备部队的第二款空对空导弹，也是英国第一种被动红外制导的空对空导弹，于 1958 年开始服役。

结构解析

"火光"导弹采用正常式气动外形布局和模块化舱段结构。4 片大的前缘后掠梯形弹翼与 4 片小的矩形舵面均呈十字形配置，且位于同一平面，弹翼位于弹体中后部。该导弹采用被动红外制导，导引头位于弹体前舱，其头部为八棱锥体整流罩，由八块能透过红外线的三角形耐热玻璃制成。

基本参数	
全长	319 厘米
直径	22.2 厘米
翼展	75 厘米
总重	136 千克
最大射程	4.8 千米
最大速度	3 马赫

作战性能

"火光"导弹受太阳辐射和薄云层环境的影响较小，导弹发射角度没有太阳盲区限制。该导弹的制导和控制组件装在泡沫塑料内，电子组件采用印制电路板和树脂密封微型器件，不受震动和大气条件影响，可靠性好。不过，由于"火光"导弹的电子器件填充了树脂，结构复杂，维修困难。

英国"红头"空对空导弹

"红头"导弹是由英国自行研制并装备部队使用的第三款空对空导弹，于1964年开始服役。

结构解析

"红头"导弹采用与"火光"导弹相同的正常式气动外形布局，但弹翼和舵面的形状与尺寸有较大差异，4片大的固定式弹翼为后缘切梢梯形，位于弹体中部的发动机舱外部，4片小的活动式舵面为前缘后掠三角形，位于弹体尾部，较大的翼面和舵面使导弹在任何高度都具有良好的机动性。该弹采用模块化舱段结构，从前到后分为四个部分：导引头舱、引信战斗部舱、火箭发动机舱和控制舱。

基本参数	
全长	332 厘米
直径	23 厘米
翼展	91 厘米
总重	154 千克
最大射程	12 千米
最大速度	3.2 马赫

作战性能

"红头"导弹的研发目的是能以较大速度和高度对付机动飞行的亚音速和超音速飞机，因其外形尺寸与"火光"导弹相似，曾被称为"火光"Mk4型导弹，但由于该弹采用了当时的最新技术，使其性能显著提高，实际上是一种重新设计的空对空导弹，成为20世纪70年代英国空军战斗机的标准武器装备。

英国"天闪"空对空导弹

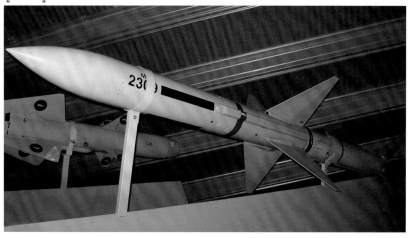

"天闪"空对空导弹是英国以美国 AIM-7"麻雀"空对空导弹为基础改进而来的半主动雷达导引空对空导弹。

结构解析

"天闪"导弹和"麻雀"导弹在外观上非常相似，但前者借助电子科技的进步而大幅改善了后者的诸多缺点。早期型的"天闪"导弹直接采用"麻雀"导弹的材料生产而成，导弹的控制面在弹体中央，共有四片三角形的可动翼面，在

基本参数	
全长	368 厘米
直径	20.3 厘米
翼展	102 厘米
总重	193 千克
最大射程	45 千米
最大速度	4 马赫

接近尾部还有 4 片固定翼面稳定导弹的飞行。在外观上，"天闪"导弹与"麻雀"导弹最明显的差别是靠近导弹中央的黑色雷达引信天线。

作战性能

英国军队的 F-4 战斗机能在不进行大幅改装的情况下同时使用"天闪"导弹和"麻雀"导弹。除 F-4 战斗机外，能够使用"天闪"导弹的战机还有"狂风"战斗机、F-16"战隼"战斗机和 JAS-37"雷电"战斗机等。

英国"蓝剑"空对地导弹

"蓝剑"导弹是由英国宇航公司于 20 世纪 60 年代研制的战略空对地导弹，于 1963 年开始服役。

结构解析

"蓝剑"导弹采用带鸭式前翼的飞机式气动外形布局，一对用于俯仰控制的三角形活动翼面位于弹体头部，一对大三角形带副翼的弹翼位于弹体尾部，一对上短下长的带方向舵的切梢三角形垂直尾翼位于弹体尾部稍前处，较长的下垂尾可横向折叠，以便在载机携带时保持足够的离地高度。弹体由不锈钢制成，蒙皮内层采用铝合金，控制舵面采用钛合金。

基本参数	
全长	1070 厘米
直径	122 厘米
翼展	400 厘米
总重	7700 千克
最大射程	240 千米
最大速度	2.3 马赫

作战性能

"蓝剑"导弹是英国空军拥有的第一种远程战略空对地导弹，服役后即成为"火神"和"胜利者"战略轰炸机的标准武器装备。该导弹的动力装置为 1 台罗尔斯·罗伊斯 BSST1 液体火箭发动机，燃料为过氧化氢和煤油，有 2 个燃烧室，呈上下排列。

英国 BL755 集束炸弹

　　BL–755 集束炸弹是由英国杭廷公司研制的可低空投放的子母弹，于1972 年装备英国空军，并外销给加拿大、荷兰、德国等国。

结构解析

　　BL–755 集束炸弹的弹体为圆柱形，后段弹体主尺寸略内缩，头部为圆形，顶端带有风帽。弹翼为 6 片组合式，翼展较小，不超过弹体最粗段，与弹体轴线呈一定角度安装。

基本参数	
长度	245.1 厘米
直径	41.9 厘米
翼展	56.6 厘米
重量	264 千克

作战性能

　　BL–755 集束炸弹主要用于攻击坦克、装甲车、停放的飞机，以及人员和车辆等。这种炸弹杀伤面积大、用途广、破甲效果好，能低空投放。

英国 JP233 反跑道子母炸弹

JP233 反跑道子母炸弹是由英国杭廷公司专门为战术攻击机进行反航空兵作战，攻击空军基地而研制的高速低空反跑道子母炸弹，于 1987 年开始服役。

结构解析

JP233 炸弹的弹箱有气动流线型外形，采用模块化舱段结构，每个舱段均为矩形结构，从而组合成为矩形弹体，然后加上头锥和尾翼，即构成一颗完整的子母炸弹。该子母弹箱是固定式，而不是所谓瞄准式弹箱。

基本参数	
全长	655 厘米
直径	84 厘米
全宽	60 厘米
总重	2335 千克
引信装置	触发引信

作战性能

JP233 炸弹主要装备于英国的"狂风"GRI 战斗机和北约组织各国的其他攻击型飞机，主要攻击机场、交通枢纽、破坏工事和杀伤有生力量等。该炸弹于 1991 年首次用于海湾战争，不仅能炸毁跑道，而且能投放延时不等的地雷，阻止修复跑道，在反跑道作战中发挥了重要作用。但由于飞越目标区实施投弹，易受伊拉克防空火力的杀伤，英国空军也为此付出了巨大的代价。

法国"魔术"空对空导弹

　　"魔术"空对空导弹是由法国马特拉公司研制的红外线制导空对空导弹，基础设计参考了美国 AIM-9"响尾蛇"空对空导弹。

▌▌▌▶ 结构解析

　　虽然"魔术"导弹参考了"响尾蛇"导弹的设计，但两者在外观上的差异极大。"魔术"导弹从头到尾依次是红外线寻标头、控制面、弹头和固态火箭推进段。该导弹有两组弹翼：第一组是4片固定式三角翼安定面，后方有另外4片可动控制面，负责导弹在滚转与俯仰轴上的运动。这

基本参数	
全长	272 厘米
直径	15.7 厘米
弹头重量	13 千克
总重	89 千克
最大射程	15 千米
最大速度	3 马赫

种设计有别于"响尾蛇"导弹的4片弹翼，在高攻角下的控制性较佳。

▌▌▌▶ 作战性能

　　"魔术"导弹于 1975 年开始服役，改进型"魔术"2 型导弹于 1986 年开始服役，可使用该系列导弹的战机有"阵风"战斗机、"幻影 2000"战斗机、"幻影 F1"战斗机、"幻影 Ⅲ"战斗机、F-16"战隼"战斗机、"海鹞"战斗/攻击机、"超军旗"攻击机等。

法国马特拉 R-530 空对空导弹

马特拉 R-530 导弹是由法国马特拉公司研制的一款短程空对空导弹。

结构解析

马特拉 R-530 导弹采用正常式气动外形布局，弹体内部采用模块化舱段结构，分为导引头舱、控制舱、战斗部、发动机 / 舵机 / 电源舱。该导弹采用可互换使用的红外和雷达导引头，从而将导弹分为被动红外型和半主动雷达型。

基本参数	
全长	358 厘米
直径	26.3 厘米
翼展	110 厘米
总重	192 千克
最大射程	12 千米
最大速度	2.7 马赫

作战性能

马特拉 R-530 导弹采用两种可互换使用的战斗部：雷达型导弹用的破片式和红外型导弹用的连续杆式。前者总重 30.3 千克，三硝基甲苯装药重 11.8 千克。后者总重 30 千克，理论散布半径 10.5 米。该导弹的动力装置为 1 台两级推力固体火箭发动机，总重 66 千克，双基药柱重 43.2 千克，第一级工作时间为 2.7 秒，第二级工作时间为 6.5 秒。

法国"米卡"空对空导弹

"米卡"空对空导弹是由法国马特拉公司研制的一款先进中程空对空导弹，于1996年开始服役。

结构解析

"米卡"导弹采用窄长边条式弹翼和后缘呈阶梯形的尾翼，尾喷口内安装有4个可大大提高导弹机动性的燃气偏转装置。在导弹发射后的几秒钟内，空气动力控制系统的操纵效率低，因此仅用燃气偏转装置进行推力矢量控制，当导弹达到超音速后，两者才能共同控制导弹的飞行。

基本参数	
全长	310 厘米
直径	16 厘米
翼展	32 厘米
总重	112 千克
最大射程	50 千米
最大速度	4 马赫

作战性能

"米卡"导弹可由"阵风"战斗机、"幻影2000"战斗机和F-16"战隼"战斗机等战机发射。该导弹的机动性能极佳，其最大过载超过35G。这种导弹采用两种可互换的导引头：一种是主动雷达导引头；另一种是被动红外导引头。由于它射程远、机动性好、制导精度高，既可用于中距拦射，也可用于近距离格斗。

欧洲 "流星" 空对空导弹

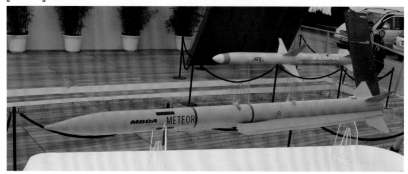

"流星"空对空导弹是由欧洲导弹集团研制的超视距作战空对空导弹，于 2016 年 7 月开始服役，能够在高电子干扰环境下提供对远距离空中目标的齐射打击能力。

结构解析

"流星"空对空导弹的动力装置 1 台可变流量的固体火箭冲压发动机，采用双下侧二元进气道，弹体中部有两片弹翼。弹体主要由导引头天线罩、电子系统舱、战斗部舱，以及整体式固体火箭发动机舱四个部分组成。数据链接收机安装

基本参数	
全长	365 厘米
直径	17.8 厘米
翼展	120 厘米
总重	185 千克
最大射程	320 千米
最大速度	4 马赫

在两个进气道之间，数据链天线则安装在弹体的尾部。导弹采用正常的气动布局，静稳定尾翼控制，进气道间隔为 90° 径向角，呈面对称配置。4 片全动式梯形尾舵、2 片固定弹翼，与二元进气道一起呈轴对称配置。

作战性能

"流星"空对空导弹采用固体火箭冲压发动机和弹载脉冲多普勒雷达，具有全天候攻击能力，在相当广的空域内具有同时对付多个目标的能力，即使目标做 8 ～ 9G 的机动过载，"流星"空对空导弹依然能够跟踪到目标并将其摧毁。

意大利"阿斯派德"空对空导弹

"阿斯派德"空对空导弹是由意大利研制的雷达导引空对空导弹，与美制 AIM-7"麻雀"空对空导弹类似。

结构解析

由于意大利曾经由美国授权生产约 1000 枚 AIM-7"麻雀"空对空导弹，加上两者外形相仿，导致一般认为"阿斯派德"导弹与"麻雀"导弹有深厚的血缘关系，实际上"阿斯派德"导弹是意大利独立发展的导弹。该导弹采用单脉冲角跟

基本参数	
全长	372 厘米
直径	23.4 厘米
翼展	80 厘米
总重	220 千克
最大射程	25 千米
最大速度	3.7 马赫

踪系统，电子设备固体化、集成化，压缩了电子舱体积，将空出的空间装了新的主动雷达引信；将飞行控制舱的电子部件装在舵机舱后端；战斗部改装为破片式，并移装在舵机舱的前面；能源改为液压循环系统，并装在舵机舱前端；将固体发动机增长约 50%。

作战性能

"阿斯派德"导弹的战斗部为预制破片杀伤式，重约 34 千克，其中装药 10 千克，破片约 10 000 块，每块重量约为 2 克。破片飞散角 40°，有效杀伤半径约 10 米。战斗部采用触发引信。在进行试验和演习时，战斗部内可装遥测装置，用于监视导弹的飞行状态，以分析和鉴定导弹的性能。

以色列"怪蛇"3型空对空导弹

"怪蛇"3型导弹是由以色列拉斐尔公司研制的一款短程空对空导弹，于1981年6月在巴黎航展上首次露面，1982年进入以色列空军服役。

结构解析

"怪蛇"3型导弹采用三角形鸭式舵面，平行四边形的弹翼较以色列早期的"蜻蜓"系列导弹明显加大，在每个弹翼的翼尖上安装有陀螺舵，使导弹得到横滚稳定。

作战性能

基本参数	
全长	295 厘米
直径	16 厘米
翼展	80 厘米
总重	120 千克
最大射程	15 千米
最大速度	3.5 马赫

"怪蛇"3型导弹采用新设计的破片式高能炸药战斗部，重量为11千克。红外导引头采用氮制冷的锑化铟探测元件，大大提高了导弹制导系统的灵敏度，实现了导弹的全向攻击。

以色列"怪蛇"4 型空对空导弹

　　"怪蛇"4 型导弹是由以色列拉斐尔公司研制的一款短程空对空导弹，于 1993 年进入以色列空军服役，装备 F-16 战斗机。

结构解析

　　"怪蛇"4 型导弹采用与法国"魔术"2 型导弹和俄罗斯 R-73 导弹相似的双鸭式气动外形布局，依靠空气动力控制面而不是推力矢量控制来获得高敏捷性。"怪蛇"4 型导弹采用了一种"准成像"焦平面阵列导引头，有更好的抗红外干扰能力和识别目标图像以及瞄准点选择能力。

基本参数	
全长	300 厘米
直径	16 厘米
翼展	50 厘米
总重	120 千克
最大射程	15 千米
最大速度	3.5 马赫

作战性能

　　"怪蛇"4 型导弹和"响尾蛇"导弹的体积相差不大，而且在稍微改装内部电子元件之后，两者可以做到发射挂架通用兼容。此外，"怪蛇"4 型导弹还装备有 1 个 DASH 头盔瞄准具，以显示数字化的空战界面并支持导弹进行 ±90° 离轴发射。

以色列"怪蛇"5型空对空导弹

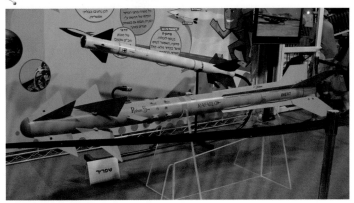

"怪蛇"5型导弹是由以色列拉斐尔公司研制的一款短程空对空导弹，于2006年开始服役。

结构解析

"怪蛇"5型导弹被定义短程空对空导弹，但它的射程已超出了常规导弹的范围，从技术上称为"超视距导弹"更加接近。"怪蛇"5型导弹运用航空动力学原理而没有运用更先进的推力矢量控制技术，即使在火箭停止工作的时候，其空气动力结构对导弹的性能发挥很大的作用。

基本参数	
全长	310 厘米
直径	16 厘米
翼展	64 厘米
总重	105 千克
最大射程	20 千米
最大速度	4 马赫

作战性能

"怪蛇"5型导弹的突出特点是具有发射前和发射后锁定目标的能力，发射距离从近距到超视距，无论目标作何种规避机动或采用何种干扰措施，该导弹均可取得很高的杀伤概率，并具有极强的抗干扰能力。该导弹采用双波段焦平面阵列导引头和先进的制导算法，能在下视、不良背景和云层条件下截获小型目标。"怪蛇"5型导弹发射后的有效工作时间，已经由"怪蛇"4型导弹的最大40秒延长到80秒，而固体火箭发动机的燃烧时间均为7~8秒，这样就使发射后锁定目标的距离加大。

日本 90 式空对空导弹

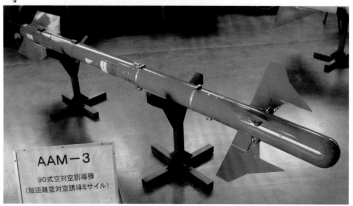

AAM-3
90式空对空诱导弹
（短距离空对空诱导ミサイル）

90 式空对空导弹是日本为替换 AIM-9L"响尾蛇"导弹而独立研制的一款小型短程空对空导弹，项目编号为 AAM-3，于 1990 年开始服役。

结构解析

90 式空对空导弹是美国 AIM-9L"响尾蛇"导弹的仿制改进型，其主要改进之处，是采用日本电气公司的双色红外导引头与主动激光引信和小松公司的破片杀伤战斗部，同时吸取了法国"魔术"导弹在气动外形布局上的优点，取消了弹翼后缘的陀螺舵，尾部弹翼呈小翼展矩形。

基本参数	
全长	310 厘米
直径	12.7 厘米
翼展	64 厘米
总重	91 千克
最大射程	35 千米
最大速度	2.5 马赫

作战性能

90 式空对空导弹主要装备日本航空自卫队的 F-15J、F-4E 以及 F-2 等战斗机，它在机动性、抗干扰性和目标捕捉等各方面的性能同 AIM-9L 相比都实现了质的飞跃。90 式空对空导弹采用激光近炸引信，导弹向弹体斜前方发射激光束，当侧面的传感器接收到反射波后即引爆战斗部。同时该引信装备了大量传感器进行激光束的发射和接收，可以精确测定目标，从而保证导弹可以装备定向弹头，进行全向攻击。

日本 99 式空对空导弹

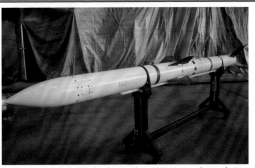

99 式空对空导弹是日本航空自卫队现役的主动雷达导引中程空对空导弹，也被称为 AAM-4 空对空导弹，于 1999 年开始服役，由三菱重工业制造，设计构想来自美国 AIM-7 "麻雀"空对空导弹。2008 年，推出了改进型 AAM-4B。

结构解析

99 式空对空导弹采用了中央主弹翼加尾翼的气动布局。尾翼作为操纵舵面，中央主弹翼在发射后的飞行和急转中提供升力，并保持导弹的稳定。

作战性能

基本参数	
全长	366.7 厘米
直径	20.3 厘米
翼展	80 厘米
总重	222 千克
最大射程	100 千米
最大速度	4 马赫

99 式空对空导弹具有"发射后不用管"功能，即使在强大的电子战环境下也可以对付飞机或导弹等小型目标。而改进型采用 Ka 波段有源相控阵雷达导引头，转入自主制导模式的距离比基本型远 40%，大幅提高了载机的生存能力。加上安装了定向战斗部，导弹在爆炸时会将破片集中到一个方向，大幅提高了命中精度和概率。此外，还更换了新的处理系统，导弹不仅具备较强的抗干扰能力，反巡航导弹能力也有显著增强。

南非"弯刀"空对空导弹

"弯刀"空对空导弹是由南非阿姆斯科公司研制的一款红外制导的短程空对空导弹，参考了法国"魔术"空对空导弹和以色列"蜻蜓"空对空导弹的某些技术。

结构解析

"弯刀"空对空导弹的气动布局设计与众不同，它采用的是一种非对称双鸭式气动布局，在一个平面内，有两组串列的双鸭式翼面（前翼面固定，后舵面可动）；而在另一个平面内，没有固定翼，只有一对二角形控制舵。串列式舵面控制导弹的俯仰，单独的三角形舵面控制导弹的滚转。

基本参数	
全长	294.4 厘米
直径	12.7 厘米
翼展	53 厘米
总重	73.4 千克
最大射程	23 千米
最大速度	1.8 马赫

作战性能

"弯刀"空对空导弹的一大特点是可与头盔瞄准具配合使用，飞行员借助头盔瞄准具捕获目标，待发导弹的导引头则与头盔瞄准具联动，这样有利于导引头快速捕获和跟踪目标，缩短导弹的反应时间。使用头盔瞄准具，同时扩大了导引头视野，载机不需做大机动就能攻击位于偏离机轴大角度的目标。"弯刀"空对空导弹除了装备战斗机外，还可以挂载在武装直升机的短翼上。

参考文献

[1] 赵伊林，覃荣峥. 世界喷气式战斗机全解剖 [M]. 北京：电子工业出版社，2017.

[2] 西风. 火力·经典战斗机 [M]. 北京：中国市场出版社，2014.

[3] 姚荣，董奎. 美国空军图鉴：战机与导弹 [M]. 北京：人民邮电出版社，2013.

[4] 李大光. 世界著名战机 [M]. 西安：陕西人民出版社，2011.

[5] 畲田. 通往太空的天梯——航天武器篇 [M]. 西安：西北工业大学出版社，2009.

现代舰船 鉴赏指南 第3版

现代飞机 鉴赏指南 第3版

现代战机 鉴赏指南 第3版

单兵武器 鉴赏指南 第3版

特种作战装备 鉴赏指南 第3版

世界名枪 鉴赏指南 第3版

坦克与装甲车 鉴赏 第3版

二战尖端武器 鉴赏指南

世界手枪 鉴赏指南 第2版

早期经典战机 鉴赏指南 第2版

美国海军武器 鉴赏指南

空战武器 鉴赏指南 第2版

陆战武器 鉴赏指南 第2版

无人装备 鉴赏指南 第2版

特殊武器 鉴赏指南 第2版

海战武器 鉴赏指南 第2版